평생 교육
어떻게 할 것인가

평생 교육
어떻게 할 것인가

이규호 · 임길진 · 강상진 외

민음사

이 책은 교보생명교육문화재단에서 기획 · 개최한
교육 심포지엄 〈뉴 밀레니엄의 모든 이를 위한 평생 교육 시스템〉의
주제 논문집입니다.

책을 펴내면서

이 책은 교보생명교육문화재단이 개최한 교육 심포지엄 〈뉴밀레니엄의 모든 이를 위한 평생 교육 시스템〉에서 발표되고 토론된 글을 모은 것이다. 교보생명교육문화재단은 〈국민 교육 진흥과 민족 자본 형성〉을 창립 이념으로 교보생명보험주식회사를 일으킨 대산(大山) 신용호(愼鏞虎) 선생의 뜻에 따라 교보생명의 출연으로 창립된 재단이다.

이 심포지엄 주제에는 〈뉴 밀레니엄〉, 〈모든 이〉, 그리고 〈평생 교육 시스템〉이라는 세 가지 화두가 조합되어 있다. 〈뉴 밀레니엄〉이라는 핵심어로 1000년에서 2000년으로 전환되는 분기점 개념을 첫머리에 강조하여 시간적 패러다임 전환과 아울러 교육의 패러다임을 바꿔보자는 염원을 담아보았다. 교육의 대상을 일부 선택된 이들이 아닌 〈모든 이〉로 확대해야 한다는 희망을 두 번째 화두에 담았다. 유아에서부터 노인에 이르기까지 남녀노소를 불문하고, 교육의 대상인 모든 이들은 사회적 지위나 경제적 지위와 관계없이 변화하는 세상에서 계속적인 배움을 통해 삶의 질을 향상시켜 자아 실현을 구현하려는 욕구를 가진 사람들이다. 이것이 현실로 나타나기 위해서 필요한 틀을 세번째 화두인 평생 교육 시스템에 담아보았다.

평생 교육 시스템은 요람에서 무덤까지 모든 이들에게 배움의 기회를 제공할 수 있어야 한다. 모든 이를 위한 평생 교육 시스템은 한번의 심포지엄으로 완성될 수 있는 것이 아니다. 그렇지만 이 심포지엄이 평생 교육 시스템을 구축할 수 있는 논의의 시발점을 제공했다는 것은 매우 의미가 있다. 그렇기 때문에 한 권의 책으로 엮을 가치가 있다고 판단된다. 기조 강연을 해주신 이규호 전 교육부 장관은 새 천년을 위한 교육은 윤리학적 위기 의식과 생태학적 위기 의식을 극복할 수 있는 평생 교육과 환경 교육이라고 처방하였다. 평생 교육은 지식과 기술의 보충 교육 차원이 아닌 전인 교육의 차원에서 접근하고 생태 중심적인 가치관을 중심으로 환경 교육을 전개해 나갈 것을 제안하였다.

심포지엄의 제1주제에서는 기초 교육, 제2주제는 전문 직업 교육, 제3주제는 고등 교육, 제4주제는 성인 교육으로 이루어져 각 부분의 교육 시스템에 관한 논의가 개진되었다.

제1주제에서는 〈기초 교육의 탄탄한 기초가 없이는 고등 교육이나 평생 교육의 성공 가능성을 예견한다는 것은 쉽지 않은 일〉이라는 점을 진단하며, 유아 교육과 초중등 교육의 기초를 탄탄히 하여 교육의 기본을 바로 세우는 과제에 관해 논의하였다. 제2주제에서는 변화하는 환경 속에서 정규 교육 못지않게 중요하게 제기되는 비정규 교육을 통하여 직업 전문 교육을 강화하는 방안에 관해 발제하였고, 교육 자원 공유와 인재 선발 방법이 혁신되어야 직업 전문 교육이 제자리를 잡을 수 있다는 주장이 제기되었다. 제3주제는 평생 교육 발전을 위한 고등 교육의 역할이 정보화와 국제화 차원에서 조망되었다. 제4주제는 모든 이를 위한 평생 교육 공동체 구성의 과제가 시스템 구축 차원에서 논의되었다.

발제자들의 강한 주장과 토론자들의 귀한 반응을 엮은 것이 이 책이다. 아무리 좋은 글이라 할지라도 여러 사람들의 도움이 없이는 한 권의 책으로 세상의 햇볕을 볼 수 없다. 바쁜 가운데서도 귀중한 원고를 내주신 집필자들과 심포지엄에 참석해 주신 교육계와 언론계 여러분, 그리고 심포지엄의 결과물을 책으로 엮어준 민음사 관계자 여러분에게 고마움을 표하고 싶다. 책의 내용이 모아질 수 있도록 심포지엄을 주최하고 책이 나오도록 힘써준 교보생명의 신창재 회장과 교보생명교육문화재단 김병수 이사장을 비롯한 여러 관계자 여러분께 심심한 사의를 표한다. 아울러 앞으로도 교보생명교육문화재단이 국민 교육 진흥을 위한 교육 문화 공익 사업과 환경 친화적 사회 실현을 위한 환경

공익 사업을 통하여 문화 복지 국가 건설에 계속 이바지해 주기
를 기대한다.

2000년 11월

기획 위원   왕기항(고려대 명예교수)

서풍일(남서울중학교 교장)

이종재(서울대 교수)

박찬구(한국외대 교수)

한준상(연세대 교수)

권대봉(고려대 교수)

강상진(연세대 교수)

10

차례

새 천년을 위한 교육의 성격
—— 평생 교육과 환경 교육

이규호

1 위기의 극복

인류는 새 천년을 맞으면서 20세기부터 이어받은 두 가지 위기 의식에 시달리고 있다. 하나는 윤리학적 위기 의식이고 또 하나는 생태학적 위기 의식이다. 이 두 가지 위기 의식들은 서로 밀접하게 그리고 복잡하게 연관되어 불가분의 관계에 있지만, 그 성격은 서로 다른 측면에서 이해되어야 할 것으로 생각된다. 이 두 가지 위기 의식은 모두 과학 기술 문명이 가져온 것으로서 산업화의 산물이라고 말할 수 있다. 두 가지 위기 의식은 서로 밀접하게 연결되어 있어서, 윤리학적인 위기 의식은 생태학적인 위기 의식에 영향을 주고 있고 생태학적 위기 의식은 다시 윤리학적 위기 의식에 작용하고 있다. 그래서 우리가 교육적인 측면에서 이 위기 의식들을 극복하려고 한다면 오늘날의 사조로서 공통된 사상적 기반을 토대로 하여 대처하지 않으면 안 될 것이다. 이 사상의 공통 기반을 포스트모더니즘이라고 할 수 있다. 나는 이 기회에 인류가 당면한 윤리학적 위기 의식에 대처하기 위해서 평생 교육의 문제를 생각해 보고 생태학적 위기 의식에 대처하기 위해서 환경 교육의 문제를 생각해 보려고 한다. 이미 말한 바와 같이 윤리학적 위기 의식이 생태학적 위기 의식을 더 복잡하게 만들고 있고 생태학적 위기 의식이 윤리학적 위기 의식을 더 긴박하게 만들고 있다. 그리고 이러한 위기 의식들에 대처할 수 있는 사상적인 기반은 역시 포스트모더니즘이라고 나는 알고 있다. 이러한 위기 의식들은 역시 포스트모던의 산물이며 인류의 멸망을 재촉하고 인류 역사의 종말을 가져오려고 하고 있기 때문이다. 이에 필자는 평생 교육의 문제가 새 천년을 위해서 왜 그렇게도 절실한 문제이며 환경 교육의 문제가 이와 관련해서 왜 그렇게 긴박한 문제인가를 알아보려고 한다. 새 천년을 향한 교육의 성격을 규정하는 평생 교육과 환경 교육의 문제가 왜 그렇게 절실하고 필연적인 것인가를 알아보려는 것이다.

우리가 여기에서 말하는 윤리학적 위기 의식은 도덕의 암흑과 가치의 혼돈으로 인한 것이며, 생태학적 위기 의식이라는 것은 공해의 확산과 생명의 위협으로 말미암은 것이다. 윤리학적 위기는 서구 문명의 소산이며 생태학적 위기는 산업 문명의 결과로, 이 둘은 모두 과학 기술 문명이라는 현대 문명이 가져온 것이다. 그러므로 이러한 복합적인 심각한 위기를 극복하기 위해서는 현대의 과학 기술 문명 자체에 대한 반성을 필요로 한다. 그것은 첫째로는 아무래도 철학의 과제이다. 그리고 앞으로의 새 천년을 지향해야 되는 교육의 과제이기도 하다. 도덕적인 질서를 위한 평생 교육 그리고 공해의 극복을 위한 환경 교육은 어떤 한 나라의 하나의 교육의 과제가 아니고 앞으로의 새 천년을 지향하는 인류의 생존과 인간다운 삶을 위한 보편적인 교육의 성격을 규정하는 것이다. 이데올로기 대립이 끝났을 때만 해도 평화를 위한 기회가 왔다고 생각하는 사람들이 많았다. 그러나 오히려 그 후 더 많은 분쟁과 전투가 일어나고 있으며 이제는 중진국들까지도 원자탄과 생화학 무기로 승자와 패자가 없는 전쟁을 준비하고 있다.

  인간의 삶을 위한 바람직한 윤리와 질서를 찾아볼 수가 없게 되어가고 있다. 그리고 세계는 자본주의의 장악 아래 급속하게 변하면서 윤리적인 성찰을 거부하는 감각 문화에 사로잡혀 정신 문화의 마지막 규범까지 칠흑 같은 어둠 속으로 사라지게 하고 있다. 그리고 효율적인 살인 무기들과 인류를 멸망으로 몰고 갈 무기의 재고가 그 한계를 넘어서고 있다고 한다. 그 위에 산업 공해는 지구에서 〈생명〉을 위한 삶의 조건을 빼앗아 버리려고 하고 있다. 앞으로의 새 천년에 인류는 이러한 심각한 위기 의식 하에서 살아가야 되기 때문에 그 극복을 위한 교육의 과제는 중대하고도 필연적이라고 하지 않을 수가 없다. 인류가 살아남기 위해서 윤리적인 질서를 위한 평생 교육과 생태학적인 생명을 위한 환경 교육의 중대성과 장기적인 필요성을 주장하고자 한다. 이런 의미에서 평생 교육과 환경 교육은 해도 좋고 안해도 되는 교육의 과제들 중의 하나가 아니다. 실패하면 인류의 역사에 종말이 오는 그런 교육의 과제라고 말하지 않을 수가 없다. 그러므로 평생 교육과 환경 교육의 성격을 다시 한번 살펴보는 것은 의의가 크다고 할 것이다. 교육의 구체적인 과제들은 특정 시대와 나라에 따라 추구되어야 하겠지만 앞으로의 새 천년의 교육의 성격은 평생 교육과 환경 교육을 떠나서는 생각할 수가 없기 때문이다.

2 평생 교육이란 무엇인가?

생물학적인 비교 연구에 의하면 인간은 다른 동물에 비하면 미완성의 상태로 태어난다고 한다. 철학자 니체도 인간을 〈아직 미완성의 동물 Das noch nicht festgestellte Tier〉이라고 했다고 한다. 그래서 인간은 다른 동물에 비하면 가소성이 크고 교육 기간이 더 길고 생활 환경이 더 넓다. 가소성이 크기 때문에 환경에의 적응도가 더 높고 생활 환경이 더 넓은 것이다. 완성되지 않았기 때문에 환경에 따르는 교육 기간이 더 길 수밖에 없다. 동물의 경우에는, 열대 지방에서만 살 수 있는 동물이 있는가 하면 한대 지방이나 사막 지방에서 사는 동물이 있고 삼림 지대에 사는 동물도 있다. 그런데 인간은 오대양 육대주 삼림 속이나 사막의 도처에서 살아갈 수가 있다. 인간은 후천적으로 생활 방식에 따라서 자기 자신을 환경에 맞도록 적응시켜 간다. 그래서 인간은 자연으로부터 출생하는 상태에는 미완성의 존재이지만 후천적으로 자기 자신을 완성해 가기 때문에 교육 기간이 더 길 수밖에 없다는 것이다. 또한 인간은 자연 환경 외에도 제2의 환경으로서 문화를 창조하면서 살기 때문에 이를 익히기 위한 교육 기간이 더 길어질 수밖에 없게 된다. 20세기 이전까지만 해도 인간은 태어나서 약 20년 동안은 교육을 받고 나서 자주적인 생활을 한다고 믿어졌다. 그래서 유치원에서 대학까지 거의 20년이 걸리는 셈이었다. 그러나 20세기 중반부터 우리가 다음 세대에 전달해 주어야 할 지식이 폭발적으로 늘어나고 기술이 말할 수 없이 복잡해지면서, 자연히 교육 기간이 더 길어지게 되었다. 20세기 중반까지만 해도 각급 학교에서 가르쳐주는 지식의 생명이 반세기쯤 되는 것으로 알고 각급 학교의 커리큘럼을 조정할 수 있었다. 그러나 20세기 중반부터는 갑자기 학교에서 가르치는 지식과 기술의 생명이 말할 수 없이 짧아졌다. 일부 과학사학자들은, 20세기 중반부터의 지식의 생명이 몇백 배 짧아진 것으로 계산한다. 그래서 대학에서의 전문 교육도 2, 3년 후면 그 전문적인 지식들이 낡은 것이 되기 때문에 다시 배워야 하는 것으로 계산한다. 그래서 평생 교육이라는 개념이 논의되기 시작했다. 인간이 그 사회의 책임 있는 자리에서 자기의 역할을 다하자면 일평생 늘 새롭게 교육을 받아야 된다는 것이다. 그러한 평생 교육의 이념 아래서는 인간은 이제 니체가 말한 것처럼 〈아직 미완성의 존재〉가 아니고 죽을 때까지 미완성의 존재로 남아 있게 된다. 〈아직 미완〉이 아니고 본질적으로 미완이라는 것이다. 인간은 평생 항상 배우면서 자기 자신을 변화시켜 가야 된다는 것이다. 인간관이 크게 달라진 셈이다. 인간은 고정적인 완성된 존재 방식을 가지고 있는 것이 아니고 영원히 미완의 존재로 남아 있으며 따라서 늘 배우면서 자기 자신을 완성해 가야 하는 존재라는 것이다. 이러한 평생 교육의 이념에 따라 교육관과 교육 제도와 교육의 방법론도 바꾸어질 수밖에 없다.

오늘날과 같이 급변하고 지식의 생명이 짧아진 삶의 조건 아래에서 산다는 것은 배운다는 것을 의미한다. 교육은 인간 삶의 한 부분으로서 삶의 일정한 기간을 차지하는 것이 아니다. 삶 전체가 교육이라는 것이다. 교육도 삶의 일정한 기간 동안에 책임 있는 사람을 만들기 위해 준비하는 것을 의미하는 것이 아니고 산다는 그 차제가 교육이라는 것이다. 말하자면 교육도 의미가 달라져서 그 자체가 산다는 것을 의미한다. 본질적으로 미완의 존재로서의 인간은 일평생의 삶이 곧 교육이며 그 교육이라는 것은 바로 일평생의 삶을 의미한다는 것이다. 이제는 교육을 효과적인 삶을 위한 준비로 생각할 수 없고 교육이 곧 삶을 의미한다는 것이다. 평생 교육의 이념은 우리의 삶에 대한 이해 곧 인생관을 바꾸어놓았을 뿐만 아니라 우리의 삶의 수단으로서의 교육을 삶 그 자체로서의 교육으로 우리의 교육관을 바꾸어놓게 되었다는 것이다. 그래서 산다는 것은 배운다는 것이며 배운다는 것은 산다는 것이다.

우리가 교육을 이렇게 이해하면 교육 제도나 학교들의 형태도 달라질 수밖에 없다. 1970년대 초에 프랑스가 교육 제도의 개혁을 시작했을 때 그들이 내세운 구호들 중의 하나가 〈사회의 학교화〉와 〈학교의 사회화〉였다. 사회을 전체적으로 학교화하고 대신 학교는 사회화되어야 한다는 것이었다. 말하자면 학교와 사회를 갈라놓는 담을 헐어버리자는 것이다. 사회 생활을 하면서도 언제나 필요하면 또는 본인이 원하면 언제나 학교에 다닐 수 있고 반대로 학교에 다니면서도 언제나 사회에서 직장 생활을 할 수 있도록 학교 제도와 사회 체제를 고치자는 것이다. 학교와 사회를 갈라놓는 제도는 학교를 위해서도 사회를 위해서도 바람직하지 못하다는 것이다. 학교와 사회를 갈라놓는 장벽은 교육을 위해서도 사회를 위해서도 도움이 되지 못하기 때문이다. 배울 필요가 있고 배우기를 원하는 사람은 언제든지 학교에서 배울 수 있고 사회 생활에 능력이 있고 사회를 위해서 이바지할 수 있는 사람은 언제나 사회 생활을 할 수 있어야 된다는 것이다. 평생 교육의 이념, 즉 배우는 것과 산다는 것을 구별하지 않고 하나로 이해하려고 하는 것은, 〈학교의 사회화〉, 〈사회의 학교화〉와 그 맥을 같이하는 것이라 하겠다.

평생 교육의 이념을 실천에 옮기기 위해서는 학교 교육의 내용 곧 교과 과정 편성에도 변화가 있어야 한다. 종래에는 인류가 역사적으로 축적한 과학적인 지식들과 생활에 필요한 기술들을 모조리 가르쳐야 하는 것으로 생각했었다. 말하자면 문화의 역사를 남김없이 가르쳐주어야 한다는 것이었다. 그렇게 생각하다 보니 시대가 지나갈수록 가르쳐야 할 지식과 전달해야 할 기술이 많아져서 교육 기간이 늘어날 수밖에 없었다. 그러나 한마디로 말하면 이제는 앞으로의 인간의 삶을 위해서 흥미 있는 것을 가르쳐주어야 한다는 것이다. 물론 여기에서 흥미라는 것은 여러 가지 의미를 가진다. 인류의 생존과 인간다운 생활을 위해서 필요한 관점에서 선택된 내용을 가르쳐주어야 한다는 뜻이다. 〈흥미〉라는 말을 이렇게 이해하고 보면 그것은 매우 어려운 기준이 될 수밖에 없다. 그러나 진보주의라는 이름 아래서든 합리주의라는 이름 아래서든, 어떤 일이 있어도 흥미가 독단적인 기준이 되어서는 안 된다. 복수주의 원칙, 개방주의 원칙을 떠나서는 흥미라는 개념이 기준이 되어서는 안 된다는 것이다. 그러므로 각급 학교 교육에서 커리큘럼의 선택은 개방적으로 결정되어야 하며 여러 가지 서로 반대되는 주장들이 반영되어야 한다. 이것이 학교 교육의 중요한 원리이다. 흥미라는 것은 어디까지나 미래 지향적인 성격의 것이며, 일류 전체를 위한 공동의 것이라야 한다. 나의 흥미가 아니고 우리의 흥미에 이끌려가야 한다는 것이다. 흥미라고 하면 개인적인 성격의 것인 것처럼 생각되지만 우리가 다음 세대에 전달해 줘야 할 지식과 기술을 선택하는 데 있어서의 흥미는 인류의 생존과 행복을 위한 공동의 성격의 것이라야 된다. 평화와 번영과 모두의 행복을 위한 흥미라야 된다는 것이다. 어쨌든 학교 교육에 있어서는 그 내용의 선택이 매우 중요하지만 특히 평생 교육의 이념 아래서의 교육 내용의 선택은 최고의 양식과 예지를 필요로 하는 흥미를 가진 사람들의 작업이라야 한다.

마지막으로 평생 교육의 이념 아래서의 교육은 방법도 종래의 교육과는 달라야 한다. 평생 교육의 교육 방법과 종래의 학교 교육의 교육 방법은 서로 달라야 한다는 것이다. 우리나라에서처럼 대학에 들어가기 위한 입시 준비 때문에 정작 대학에 들어가서는 공부하는 것을 게을리 하거나 혹은 어떤 학생들에게 나타나는 것처럼 학습하는 것을 포기해 버리는 교육 방법과 평가 방법은 피해야 한다. 평생 교육의 이념에 의하면 교육 방법은 일생

동안 배우려는 의욕을 북돋아 주는 것이라야 한다. 학습하는 것
이 재미가 없으면 평생 교육의 체제도 무너져 버리고 평생 교육
의 커리큘럼도 쓸데없는 것이 되어버릴 수밖에 없다. 그러므로
평생 교육의 이념 아래서의 교육 방법은 늘 공부하고자 하는 의
욕을 길러주어야 한다. 그러한 항구적인 의욕 곧 책임 있게 살기
위해서는 늘 배워야 한다는 의지를 심어주고 강화해 주는 교육
이라야 한다는 것이다. 첫째로 학습에 대한 의욕을 길러주고 다
음으로 필요한 지식과 유용한 기술을 배우게 하는 것이 올바른
순서이다. 학습의 효율화를 위한다고 하면서 공부하는 데 취미를
잃어버리게 한다면 평생 교육의 취지를 무너뜨리는 교육이라고
말할 수 있다. 평생 교육의 교실에서 첫째로 추구되어야 하는 것
은 우리 모두의 행복이고 둘째로는 그러한 우리 모두의 행복을
위한 책임 의식이며 셋째가 늘 뒤떨어지지 아니한 지식과 기술
을 익히는 것이다.

3 평생 교육과 전인 교육

교육학자들 중에는 흔히 평생 교육을 보충 교육을 위한 하나
의 프로그램인 것처럼 이해하는 사람들이 많다. 평생 교육이 보
충 교육의 성격을 가지고 있는 것은 사실이지만 그것만은 아니
다. 과학과 기술의 발전이 매우 빠르고 환경의 변화가 급속한 시
대에 전문적인 직업 생활에서 책임을 다할 수 있기 위해서는 늘
보충 교육이 필요하기 때문이다. 그러나 만약 우리가 평생 교육

을 직업 생활을 위한 보충 교육으로만 이해하면 평생 교육을 바르게 인식하는 것이 못 된다. 평생 교육을 요구하는 격동하는 세계와 지구촌의 질서와 도덕의 암흑을, 그리고 인간이라는 생물학적인 종의 존재를 위협하는 생태학적 위협을 생각하면, 평생 교육은 단순한 직업 교육을 위한 보충 프로그램만은 아니라는 것이다. 평생 교육이 오늘의 시대가 부과한 과제를 수행하기 위해서는 문자 그대로 〈인간 교육〉이라야 하며 바람직한 의미에서의 전인 교육이어야 하기 때문이다.

윤리 교육이란 처음부터 전체적인 인간 교육을 말하는 것이며 바로 전인 교육을 뜻한다. 특히 자유가 보편화된 상황 속에서의 바람직한 질서를 위한 교육은 전인 교육을 말하는 것이며 전인 교육을 뜻하는 것이라야 한다. 오늘날 우리가 새 천년을 내다보면서 평생 교육을 삶의 과제로 삼아야 된다는 것도 이미 말한 바와 같이 인류의 미래와 인류의 역사에 대한 책임 의식 때문이다. 만약 우리에게 책임 의식이 전혀 없다면 평생 교육의 문제는 우리에게 부상될 수 없을 것이다. 그런데 책임 의식의 문제는 이미 윤리 교육의 문제이며 윤리 교육은 처음부터 전인 교육의 문제이다. 그러므로 평생 교육은 지식과 기술의 보충 교육만이 아니고 전인 교육의 문제라는 것이다.

흔히 우리들 중에는 윤리 교육의 문제를 이론적인 설득의 문제라고 생각하는 사람들이 많다. 합리주의자들은 그렇게 믿고 있다. 서양 철학은 처음부터 인간의 의식을 삼분해서 이성과 감정과 의지라고 했다. 그런데 윤리의 문제는 이성의 영역에 속하는 문제라는 것이다. 인간이 합리성을 추구하면서 그의 행동을 결정한다면 이성이 윤리의 문제를 통괄할 수 있는 것은 틀림없다. 그러나 인간은 합리성만을 추구하지는 않는다. 독일의 철학자 쇼펜하우어는 의지가 인간을 움직이는 역할을 맡고 있다고 말하면서 이성은 다만 보조적인 역할을 할 뿐이라고 했다. 그 후 니체는 권력에의 의지가 인간을 움직이는 힘이라고 했고, 알려진 바와 같이 프로이트는 성에의 의지가 인간을 움직이는 주동적인 힘이라고 말했다. 물론 계몽주의가 이성을 중요시하는 데 대해서 낭만주의자들은 감정을 중요시했다. 정서가 인간을 움직이는 본질적인 힘이라는 것이었다. 최근에 포스트모더니즘의 대표자라고 할 수 있는 리오타르는 리비도의 경제학을 말하면서 경제를 움직이는 기능은 리비도의 개념으로 대표될 수 있는 전인적인 성격의 것이라고 주장했다.

사실 인간의 이성은 인간학적으로 반성되기 이전에는 사실을 계산하고 분석하는 기능에만 치중하는 일이 많다. 사실이 어떠하냐 하는 것을 분석하고 따지는 일은 이성이 할 일이지만 사태를 평가하는 일은 이성만이 할 일은 아니다. 이성은 존재를 파악하기는 해도 당위를 규정하지는 못한다고 말할 수 있다. 흔히 현대 철학자들은 이성에 대한 비판적인 태도로 〈이성의 도구화〉라는 말을 쓰는 일이 많다. 이성은 인간이 일정한 목표를 추구할 때 그 도구의 역할은 하지만 목표 그 자체를 결정하는 데는 단독으로는 관여하지 못한다는 것이다. 윤리적인 규범이나 질서를 추구하는 데 있어서는 도구의 역할밖에 하지 못한다는 것이다. 극단의 경우를 예로 들면 이성은 완전 범죄를 저지르는 것을 결정하지는 못하고 그 도구의 역할만 한다는 것이다. 즉 이성적으로 생각하면서 살아간다는 사람이 완전 범죄를 저지르기는 하지만, 그 경우 이성은 기술적인 면만을 결정만 한다는 것이다. 오늘날 원자탄이나 생화학 무기로 승자도 패자도 없는 전쟁, 인류를 멸종시킬 수 있는 범죄적인 전쟁을 준비하는 것은 이성의 역할이지만 평화를 추구하는 데는 이바지하지 못한다. 이것을 이성의 도구화라고 비판한다. 규범의 정당성을 추구하는 것은 전인적인 인격의 과제이다.

삶에의 의지와 정서적인 지향과 이성적인 분석이 합해져서 한 인간의 인격이 인간의 삶의 규범을 결정하는 것이다. 그러므로 윤리 교육은 전인 교육이라야 된다는 것이다. 인간은 이성적으로 납득만 되면 그렇게 행동하는 것이 아니고 삶의 이해 관계와 정서적인 기호가 함께 인간의 행동을 결정한다. 그리고 사실 인간의 삶의 방향을 결정하고 행동의 규범을 규정하는 것은 따지고 계산하는 이성의 일이라기 보다는 늘 아름다움을 추구하는 정서와 삶에의 부동의 의지가 결정하는 일인지 모른다. 현대 철학은 여러 가지 역사적인 경험과 학문적인 이론들에 의해서 인간 이성의 무력함을 한탄한다. 그러나 아름다운 정서와 정당한 의지에 의해서 밑받침된 이성이면 제구실을 할 수 있다는 것이다. 그래서 오늘날 정신 문화의 지도자들이 이성으로 돌아가자고 할 때에는 그러한 정상적인 정서와 바른 의지에 의해서 밑받침된 이성을 말한다. 그래서 우리는 이것을 〈성찰된 이성〉이라고 말하고자 한다. 이와 같이 성찰된 이성의 복원을 위해서도 교육적으로는 역시 전인 교육이 필요하다. 도덕의 등불을 다시 밝히고 윤리적으로 바람직한 질서를 추구하는 것은 전인 교육의 과제임에

24

틀림없다. 성찰된 이성은 바람직한 질서를 추구하지만 도구화된 이성은 전쟁도 불사하고 범죄에 이용될 수 있기 때문이다.

20세기 중엽까지만 해도 진리라는 개념이 인간 교육을 위해서 중요한 역할을 했다. 진리라고 하면 객관적이고 절대적이고 보편적인 것이라고 생각했었다. 그런데 그런 진리가 오늘날 포스트모더니즘의 시대에 있어서는 사라져 버렸다. 객관적인 진리는 없고 절대적인 진리도 없고 따라서 보편 타당한 진리도 없다는 것이다. 그래서 과학에서도 진리의 개념이 사라져 버렸고 따라서 우리의 생활에서도 진리의 개념이 사라져 버렸다. 한때는 〈사실〉이라는 개념이 진리의 개념을 대신 했었다. 거기에서 사실을 절대화하는 실증주의 철학이 나왔다. 그러나 이제는 진리라는 개념도 사실이라는 개념도 무의미하게 되어버렸다. 양자역학에서 마지막 실재로서 종래 이해되고 있었던 실체라는 개념의 객관적인 의미가 없어지면서부터 객관적이라는 말도 절대적이라는 말도 함께 의미가 없어지고 상대성 원리 이후에는 보편 타당성이라는 개념도 의미가 없어졌다. 진리라는 말 대신에 인간의 지식의 최후의 보루로서의 역할을 한 사실이라는 개념도 그 위치를 잃어버리게 되었다. 이제는 〈데이터〉가 사실을 대신하게 되었다. 그리고 진리를 포함한 인간의 모든 언설이 말놀이라는 표현으로 이해될 수밖에 없게 되었다. 말놀이는 인간의 삶과 연결되면서 그 위치를 더욱 굳혀가고 있다. 이제 인간 교육은 생활 교육을 떠나서는 생각할 수 없게 되었다. 인간의 생활 속에서만 의미를 가질 수 있는 말놀이가 진리와 사실을 대신할 수 있게 되었기 때문이다. 앞으로 포스트모더니즘이 더 체계화되어 가면 모르겠지만 우선이 사조는 이성이라는 개념에 대해서 심히 저항하고 있고 로고스 중심주의라고 해서 서양 철학의 전통에 대해서도 심히 반발하고 있다. 그러므로 자연히 생활과 말놀이가 중요시 될 수밖에 없다. 평생 교육이 그 성격이나 앞으로의 전망으로 보아서 생활 교육임에 틀림이 없다. 사회의 학교화와 학교의 사회화라는 프랑스 교육 개혁의 구호가 알려주는 바와 같이 평생 교육은 그대로 생활 교육이라야 한다. 이런 의미에서도 평생 교육은 단순한 보충 교육으로서의 지식 교육이나 기술 교육은 아니라는 것이다. 그것은 먼저 윤리 교육으로서의 인간 교육이며 전인 교육이며 생활 교육이라야 한다.

포스트모더니즘, 앞으로의 새 천년을 적어도 당분간 지배하게 될 이 사조는 허무주의가 그 특징이다. 더 정확하게 말하면 상대주의에서 오는 허무주의를 말한다. 진리도 없고 사실도 제 위치를 잃어버렸고 따라서 규범과 가치도 칠흑 같은 암흑 속으로 사라져 버린 그런 시대라는 것이다. 니체가 말한 것보다 더 철저한 허무주의를 보여주고 있다. 이러한 허무주의에 대응하기 위해서는 의미 있는 가치관과 바람직한 질서를 알려주는, 또는 그러한 가치관과 그러한 질서를 체험하게 하는 윤리 교육이 필요하다. 이러한 윤리 교육은 지식의 전달과 기술의 습득과는 성격이 다르기 때문에 전인 교육이며 생활 교육이라야 한다는 것이다. 그러므로 평생 교육은 특히 앞으로의 평생 교육은 전인 교육이며 생활 교육이라고 나는 주장한다.

26

4 환경 교육이란 무엇인가?

우리나라에서는 환경 정책이나 혹은 환경 교육이라고 하면 등산길이나 공원에서 휴지나 줍고 청소나 하는 것으로 생각하는 사람들이 아직 많다. 그러나 우리가 애쓰고 있는 산업화의 결과로 우리의 생명이 전적으로 의존하고 있는 자연 환경의 심각한 파괴를 염려하는 사람은 드물다. 그 결과 우리의 건강과 행복은 심한 위협을 받게 되었다. 우리의 주요 도시는 매연과 황색 스모그의 막으로 덮여 있어서 도시에 거주하는 우리들은 매일 이를 목격할 수 있으며 눈이 따갑고 폐를 자극할 때 우리는 이것을 느낄 수 있다. 1970년대 초반의 일이지만 캘리포니아 의과 대학교의 교수단 60명의 조사 발표에 따르면 로스앤젤레스에서는 최근 대기 오염이 이 지역의 중요한 건강 저해 요인으로 대두하게 되었다고 한다. 스모그 현상은 미합중국 대도시에만 국한된 것이 아니다. 정도의 차이가 있기는 하지만 멕시코시티, 아테네, 이스탄불에서도 같은 현상이 나타나고 있다.

이 지속적인 대기 오염은 인류의 건강에 영향을 미칠 뿐만 아니라 생태계를 교란시키고 있다고 한다. 이 오염은 식물을 상하고 죽게 하며, 이러한 식물의 변화는 그것들에 의존하고 있는 동물들의 숫자 또한 변화시키고 있다. 오늘날 세계에서 스모그는 대도시 주위에서만 발견되는 것이 아니라 지구 대기권으로 확산되어 지구 전체의 기후에 중대한 영향을 끼치고 있다. 기상학자들은 전지구를 둘러싼 오염된 대기의 성운대를 경고하고 있다.

산업계에서는 고의로 모르는 척하면서 덮어두려고 하지만 핵

발전소의 위협은 더욱 말할 수 없이 심각하다. 한때 전세계의 지도자들은 평화를 위한 원자력 사용을 결정하고 원자력 사용이 신빙성이 있고 깨끗하며 값싼 미래의 에너지원이라고 선언했다. 그러나 오늘에 와서는 원자력 발전이 결코 안전하거나 깨끗하지 않을 뿐만 아니라 결코 싼 것도 아니라는 사실을 인정하게 되었고, 전세계적으로 가동되고 있는 약 400개 및 건설중인 100여 개의 원자로는 우리의 생명에 대한 중요한 위협이 되어버렸다고 인정하지 않을 수가 없게 되었다. 원자로에서 방출되는 방사선 원소들은 원자탄의 낙진과 동일한 해를 끼친다. 이미 수천 톤의 독성 물질이 핵 실험과 원자로 누출에 의해서 대기 중으로 방출되었다. 이 물질이 우리가 숨쉬는 공기, 먹는 음식물, 마시는 식수에 계속 축적되는 경우, 암과 유전병의 위험은 증대될 것이라고 한다. 그래서 미국에서는 이미 원자력 발전소의 증설을 중단했으며 유럽의 선진국들은 가동중인 원자력 발전소들을 헐어버리라는 주장과 여론이 점점 강화되고 있다. 반면 우리나라에서는 이런 세계적인 추세와는 상관없이 또다른 원자력 발전소들의 건설을 계획하고 있고 북한에서는 외세의 도움으로 지금까지 없던 원자력 발전소를 건설하고 있는 형편이다. 이러한 사태는 공해의 심각성과 그 생태학적 위협이 어떤 것인가를 알지 못하고 있다는 증거이다. 산업화의 속도가 다소 늦어지더라도 우리나라에서는 원자력 발전소를 더 건설해서는 안 되며 북한에서도 외세의 도움까지 받으며 원자력 발전소를 건설해서는 안 될 것이라 생각된다. 원자로의 누출에 의해서 대기 중으로 방출되는 물질을 처리하는 데 막대한 비용이 들 뿐만 아니라, 그 물질들은 어떻게 처리하더라도 앞으로 수천 년 동안은 독성이 없어지지 않기 때문이다. 산업 공해와 원자로에서 누출되는 독성 물질이 계속 확산되는 한 지구 파멸의 가능성은 날마다 증대되는 셈이다.

비록 핵 보유국 지도층의 최소한도의 이성을 신뢰하고 핵전쟁에 의한 파국의 위협은 논외에 둔다 하더라도 지구의 생태계와 지구상의 생물의 분포는 중대한 위협에 직면하고 있으며 대규모의 생태적 재해로 인한 종말이 올지도 모른다. 산업 공해뿐만 아니라 인구 증가의 문제도 심각한 위협이 된다. 인구의 증가로 인한 과밀과 산업 기술의 발전은 만약 그것이 복잡하게 상호 작용하면 우리의 생명이 전적으로 의존하고 있는 자연 환경의 심각한 파괴를 여러 면에서 촉진하게 될 것이며, 그 결과 우리의 건강과 생명은 심한 위협을 받게 될 것이다.

지금까지 산업화가 우리의 생활에 가져오는 자연의 저항에 관해서 논술하였다. 산업화를 밑받침한 과학과 기술의 발전은 자연을 억압하고 지배함으로써 그 길을 열었고 더욱 발전해 왔다. 그런데 이제 자연이 이에 대하여 저항을 하기 시작한 것이다. 자연 환경의 저항이 심각해지면 그런 자연 환경에 의존하고 있는 인간과 동식물의 생명까지도 위협을 받게 되어 있다. 따라서 우리가 말하는 환경 교육은 여기서는 자연 환경을 말하는 것이다. 그런데 자연 환경이 이와 같이 저항을 하기 시작하고 생태학적 위협을 가하기 시작한 것은 앞에서 말한 바와 같이 자연을 이용하고 자연을 지배하려는 인간의 의지와 문화적인 환경의 소산이라는 것이다. 그러므로 이제 우리는 변화하고 있고 또한 변화되어야 할 문화 환경에 대해서도 그것이 어떻게 변하고 있으며 그 변

화가 무엇을 뜻하며 무엇을 지향하는가를 알아보아야 할 차례가
되었다. 종래 우리의 문화 환경이 자연을 이용하고 자연을 지배
하는 패러다임 위에 건설된 것이라면 새로운 문화의 성격은 자
연과 협조하고 자연과 더불어 살아가는 패러다임 위에 건설되어
야 하겠기 때문이다. 이것은 패러다임 전환이라고 불리는 것으
로, 그것은 일정한 철학적인 성격을 형성하는 사상, 인식, 가치의
변화를 말한다. 이제 변화되어 가고 있는 이 낡은 모형은 수백
년 동안 우리의 문화를 지배해 왔으며 그 동안에 근대 서구 사회
를 형성했을 뿐만 아니라 기타의 세계에도 중대한 영향을 주어
온 문화의 모형이다. 이 모형은 중세의 것과는 현저히 다른 몇
가지의 사상과 가치로 구성되어 있다. 그 가치는 서구 문명의 여
러 가지 흐름과 연결되어 있는데, 그중에는 과학 혁명과 계몽 사
상 그리고 합리주의 사고, 산업 혁명 등이 포함되어 있다. 그 속
에는 과학적 방법만이 지식을 얻을 수 있는 유일한 접근법이라
는 신념 곧 실증주의 철학, 기계론적 우주관, 인간의 삶을 생존
경쟁이라고 보는 사회관, 무제한의 물질적 진보에 관한 신념 등
이 내포되어 있다. 그런데 이러한 사상과 가치들은 당연한 것이
아니며 따라서 근본적인 재평가를 필요로 하는 것임이 20세기 중
엽부터 드러나기 시작했다. 앞에서 말한 바와 같이 문화적인 환
경의 중추 개념이라고 할 수 있는 진리의 개념이 달라지고 있다.
종래 진리라고 하면 객관적인 사물과 그것을 묘사하는 기호의
일치를 뜻하는 것이었다. 그러나 인간의 주관을 떠난 객관적인
사물은 이제 생각할 수 없게 되었다. 이제는 실체라는 개념부터
가 과학적인 근거를 잃어버리게 되었다. 현대 물리학의 양자역학

30

이 미시의 세계를 연구하면서 발견한 것이지만 최종적인 실재로서의 실체는 존재하지 않으며 관찰자의 주관에 따라서 〈파동〉으로도 생각할 수 있는 곧 주관적인 묘사에 의존하는 것이 우리가 종래에 생각한 최종적인 실재라는 것이다. 따라서 언어철학적으로 말하면 언어를 통한 묘사를 떠난 객관적인 실체란 없다는 것이다. 만약 객관적인 실체가 없다면 진리관의 합치설은 성립될 수가 없다.

종래 우리가 계몽주의의 전통을 이어서 이성적이고 합리적인 것을 진리라고 믿고 싶어해도 그 동안 현대 철학은 이성에 대해 매우 비판적이었기 때문에 이성의 시녀화와 이성의 도구화라는 표현이 나타날 수가 있었다. 따라서 합리주의는 의지의 시녀로서 또는 기성의 지배 체제에 의한 목적의 달성을 위한 도구로 이용당할 때가 많다는 것도 부인할 수가 없다. 그러므로 합리적인 것이 진리라는 인식론도 성립될 여지가 거의 없어졌다. 그래도 우리가 진리에 관해서 말한다고 하면 그것은 인식론적으로 확실한 근거가 없는 진리이며 또한 객관적인 실체가 없는 존재론이기 때문에 허무주의에 빠질 수밖에 없다. 우리가 포스트모더니즘의 시대에 그래도 진리라는 개념을 사용한다면 말놀이의 연극적인 효과나 실존적인 만남의 감동을 뜻하는 것이 될 것이다. 진리관의 이러한 변화는 철학과 모든 과학들에도 영향을 줄 수밖에 없다. 철학의 변화만을 예로 들었지만 이러한 문화 환경의 변화도 우리의 삶에 충격을 줄 수가 있다.

따라서 환경 교육이라고 하면 자연 환경이 주는 충격과 문화 환경이 주는 충격을 함께 다룰 수밖에 없다. 흔히 환경 교육이라고 하면 자연 환경만을 생각하곤 한다. 그러나 우리가 자연 환경의 충격을 더 깊이 생각하면 생각할수록 그리고 그 충격을 극복할 길을 생각하면 생각할수록 문화 환경의 충격 문제도 함께 생각하지 않을 수가 없다. 우리가 만약 자연 환경에서 오는 충격을 생태학적 문제라고 한다면 자연과 관계되는 문화 환경의 패러다임 전환에서 오는 모든 충격도 생태학의 문제라고 말할 수 있다. 환경 교육은 이러한 생태학적 문제들을 그 관련성에서 동시에 연구하고 학습하는 세기적인 큰 교육의 과제라고 말할 수 있다. 자연 환경과 문화 환경을 동시에 다루려는 심층 생태학을 위한 패러다임의 전환은 20세기 중반부터 현대 과학의 이론과 현대 철학에 의해서 준비되어 온 것이다.

5 심층 생태학의 패러다임 전환

심층 생태학 deep ecology의 패러다임 전환은, 현대 과학 이론에서는 현대 물리학에 의해서, 현대 철학에서는 현상학에 의해서, 인문학의 대표로서는 심리학에 의해서 준비되었고 길이 열렸다고 할 수 있다. 절대 공간과 절대 시간을 기반으로 했던 기계적이고 결정론적인 근대의 세계관이 아이슈타인의 상대성 원리와 양자역학에 의해서 무너지고, 객관적이고 보편적이라고 믿어졌던 근대의 고전적인 과학적 방법론과 그 사고 방식이 그 절대성을 잃어버리면서 근대 과학적인 사고 방식에서 현대 과학적인 사고 방식으로의 패러다임의 전환이 이루어지기 시작했다. 현대 물리학의 새로운 사고 방식에 의하면 자연 법칙은 〈인간의 물음에 대한 자연의 응답〉이며 절대적이라기보다는 통계적인 성격의 것이라는 것이다. 후설의 현상학은, 근대 과학주의에 의한 기계적인 세계관과 물량주의를 극복하고 의미의 세계를 찾으려는 불굴의 의지에 의해서 창시되어 현대 철학에 빛을 던져주었다. 그리고 형태 심리학은 전체는 늘 부분들의 집합이라는 종래의 분석주의적인 사고 방식에 붉은 신호를 보여주었다. 이렇게 해서 과학 기술 문명의 기반이 되고 있었던 기계적인 세계관 즉 자연 환경을 말살하며 지배하려는 세계관이 바뀌어질 수 있는 패러다임 전환을 유도하게 되었고, 20세기 말부터의 포스트모더니즘이 이를 이어받았다고 말할 수가 있다. 포스트모더니즘이 근대적인 과학 기술 문명을 대신할 수 있는, 곧 산업 문명을 대신할 수 있는 새로운 생태 문명의 철학적 기반이라는 뜻은 아니다. 아직 여러 가지 측면을 보아서 체계화되지 못했다고 말할 수 있지만 현대 철학에서 길이 열리기 시작한 패러다임 전환을 몇 가지 관점들에서 공고하게 만든 것은 사실이다. 그래서 〈포스트〉 모더니즘이라고 이름이 붙여진 것일 것이다. 어쨌든 포스트모더니즘이 새 천년을 내다보면서 우리들로 하여금 새로운 문화적인 환경에로의 패러다임의 전환을 감지하게 하는 데는 충분할 만치 종래의 근대 문명에 대해서는 혁명적으로 비판적이다.

　여기에서 패러다임이라고 하는 개념을 발견해서 그야말로 패러다임 전환에 크게 이바지한 사람으로서 토머스 쿤을 잊어버려서는 안 될 것 같다. 그는 과학사학자로서 모든 과학의 혁명적인 발전에는 늘 패러다임의 작용이 숨어 있다는 것을 발견한 사람이다. 쿤은 패러다임을 어떤 과학자 사회가 공유하고 그 과학자 사회가 적합한 문제와 해결책들을 규정하는 데 사용하는 업적들의 〈개념, 가치, 기술〉 등의 구성총체라고 정의한다. 쿤의 주장에 따르면 패러다임 변화는 패러다임 전환이라고 불리는 불연속적이고 혁명적인 단절을 통해서 일어난다. 그런데 쿤에 의하면 이런 혁명적인 단절은 신화적인 언어에 의해서 유도될 수도 있다는 것이다.

1920년대에 양자물리학자들이 겪었던 정신적 위기 곧 적절한 언어를 찾지 못해서 괴로워했던 그 괴로움은 오늘날 그와 유사하지만 훨씬 폭넓은 문화적 위기에도 반영되어 있다. 따라서 지금 우리가 체험하고 있는 것들은 과학 내에서뿐만 아니라, 보다 큰 사회적인 장에서 벌어지고 있는 패러다임 전환인 셈이다. 이러한 문화적 변화 혹은 더 정확하게 말하면 문명적 변모를 분석하기 위해서, 과학적 패러다임에 대한 쿤의 정의를 사회적 패러다임에 대한 정의로 일반화시킬 수 있다고 생각한다. 사회적 패러다임을 한 공동체가 공유하는 개념, 가치, 인식 그리고 실천으로 이루어지는 총체로서, 이것이 그 공동체가 스스로를 조직하는 방식의 기본이 되는 기반에 대한 특정한 관점을 형성한다고 정의하고 싶다.

오늘날에는 차츰 희미해져 가는 그 패러다임이 지난 수백 년 동안 우리 문화를 지배해 왔고 그 과정에서 현대 서구 사회를 형성했으며 서양 이외의 다른 사회, 곧 현대화를 추구하는 사회들에도 중요한 영향을 미쳤다. 이 패러다임은 수많은 사상과 가치로 구성되어 있으며, 그 속에서 역학적 체계로서의 우주관, 기계로서의 인체관, 생존하기 위해 치열한 경쟁을 벌이는 장소로서의 사회관, 경제 성장과 기술 발전으로 무제한의 물질적 진보가 이룩될 것이라는 신념 그리고 마지막으로 —— 그러나 그 중요성이 결코 덜하지 않은 —— 여성들이 남성에게 종속되는 사회가 자연의 기본 법칙에 따르는 사회라는 믿음이 가장 근본적인 구성 요소를 이루고 있었다. 이 모든 가정들은 최근에 일어난 사건들로 치명적인 도전을 받아왔다. 그리고 오늘날 이런 신념들에 대한 급격하고 혁명적인 수정 작업이 벌어지고 있다. 이러한 신념들이 낡은 패러다임에 종속되어서 인간의 사회 생활을 지배했던 것이다. 그러므로 패러다임의 전환은 매우 중대한 의의를 가졌다.

이와 같이 현대 문명의 운명이 걸려 있는 생태학적 관점을 생각하면서 여기에서 〈심층 생태학〉이라는 말을 그대로 사용하고자 한다. 이 심층 생태학이라는 말은 노르웨이의 철학자 아르네 나에스 Arne Naes와 환경 운동을 지휘한 그의 학파가 쓰기 시작한 말인데 그들은 표층 생태학과 심층 생태학을 구분하였다. 표층 생태학은 인간 중심적 또는 인간을 그 중심에 놓는 관점의 생태학이다. 표층 생태학은 인간을 자연의 바깥쪽 또는 그보다 위에 놓인 존재로 간주하며 모든 가치의 근원으로 생각한다. 그리고 자연을 도구적 가치 또는 사용 가치로 다룬다. 반면 심층 생태학은 인간을 자연으로부터 분리시키지 않고 그 일부로 간주하는 것이다. 문화와 자연과 인간은 서로 분리될 수 없다는 것이다. 심층 생태학의 사고 방식은 세계를 분리된 사물들의 집합으로 보지 않고 근본적으로 상호 연결되어 있는 상호 의존적인 네트워크로 본다. 심층 생태학은 모든 생물들을 본질적으로 가치 있는 존재로 인정하고 인간을 생명이라는 직물 속에 포함되어 있는 한 가닥의 〈씨줄〉에 불과한 것으로 본다. 궁극적으로 심층 생태학적 인식은 종교적이며 영적인 인식이라고 말할 수가 있다. 인간 생명이라는 개념을 각 개인이 전체로서의 우주에 속해 있음을 느끼는 의식의 양식으로 이해할 때, 심층 생태학적 인식이 가장 깊은 본질에 있어서 영적이라는 사실이 명료해질 것이다. 나이스가 이야기하는 심층 생태학에는 또 하나의 중요한 특징이 있다. 그는 말하기를 심층 생태학의 본질은 보다 심오한 물음을 제기하는 것이다. 이 말은 패러다임 전환의 본질을 지적하는 것이기도 하다. 심층 생태학은 우리의 현대적, 더 정확하게는 근대적 과학적 성장 지향적 세계관과 생활 양식에 심각한 물음을 내던진다. 심층 생태학은 생태학적 관점에서, 즉 지금 살고 있는 사람들의 상호간의 관계, 현재의 세대와 미래의 세대 사이의 관계 그리고 우리 자신이 그 일부인 생명의 그물과 우리의 관계에 대한 관점에서, 이러한 패러다임 전환에 대한 중대하고 심각한 물음을 제기한다. 이것은 우리가 다가오는 새 천년을 살면서 두고두고 대답해야 할 물음인 것이다. 말하자면 환경 교육이 대답을 주어야 할, 또는 교육에 본질적으로 내던져진 윤리적인 문제인 것이다. 따라서 환경 교육의 문제는 단순한 자연의 도전에 대해 살아남기 위한 우리의 응전만이 아니다. 자연의 도전에 효과적으로 대응하기 위해서는 사회 체제가 우리의 공동체로 바뀌어져야 하고 자연의 반격을 효과적으로 무의미하게 만들려면 지구촌이 바람직한 질서 아래 놓여져야 한다. 그런데 사회가 참다운 의미에서 우리의 삶의 공동체가 되고 지구촌이 바람직한 질서 아래 놓여지기 위해서 현재의 남북의 대립 곧 가난한 나라와 부유한 나라의 차이, 강대한 나라와 빈곤한 나라들의 대결 그리고 무력에 의한 제국주의적인 위협은 그대로 남아 있어도 된다는 말인가? 이것도 진정한 의미에서 환경 교육을 걱정하는 사람들이 제기해야 할 물음이다.

6 맺음말

심층 생태학에서 핵심적인 것은 가치의 문제이다. 산업 혁명이 인간의 생활을 편리하게 만들고 행복하게 만든 것 같지만 또한 다른 면에서는 자연의 저항이라는 형식으로 역사를 위협하게 되었다. 이러한 자연의 저항은 산업 문명의 패러다임이 불러온 것이다. 근대적인 산업 문명의 패러다임은 그 가치관에 의해서 간단하게 말하면, 지배와 경쟁과 확장을 그 특징이라 요약할 수 있다. 자연을 지배하고 다른 인간들과 경쟁하고 물질적인 부를 확장해 가려는 것이었다. 지배와 경쟁과 확장을 지향하는 패러다임이 전환되지 아니하면 자연의 저항 곧 공해의 위협은 끝나지 않을 것이며 인간의 생존이 끝나는 날까지 지속되고 증대될 것이다. 그래서 우리는 근대 문명의 패러다임 전환을 주의 깊게 주목하면서 바람직한 전환에로의 진전을 교육을 통해서 의식적으로 돕자는 것이다. 과거의 낡은 패러다임이 지배, 경쟁, 확장 등 인간 중심적인 가치들에 기초하고 있는 반면, 심층 생태학은 생태 중심적인 가치들을 토대로 하고 있다. 종래의 낡은 패러다임에 의하면 지배를 하려다가 방해가 되면 언제나 어떤 생명이라도 죽이고 없애버릴 수 있었고, 경쟁에서는 어떤 수단을 동원해서라도 이겨야 했으며, 끝없는 재부의 확장을 위해서는 방법을 가리지 않았다. 그럼에도 불구하고 그러한 가치들이 정당화된 것은 인간 중심적이라는 명분 때문이었다.

그러나 심층 생태학은 생태 중심적인 가치관을 중심으로 하고 있기 때문에 인간이 아닌 다른 생물의 고유한 가치들도 인정한다. 모든 생명은 상호 의존성이라는 연결망 속에 서로 얽혀 있는 생태학적 공동체의 구성원인 것이다. 이러한 심층 생태학적 인식이 우리의 일상적인 인식이 될 때, 혁명적으로 새로운 윤리 체계가 출현하게 될 것이다. 오늘날 이러한 심층 생태학적 윤리학이 시급하게 요구되고 있는데, 이것은 평생 교육과 환경 교육의 가장 절실한 과업이기도 하다. 그러나 오늘날의 지식인들은 가치의 문제가 과학과 기술의 주변적인 것이 아니라 과학과 기술의 기반이며 그것을 유도하는 원동력이라는 사실을 거의 인식하지 못하고 있다. 17세기 과학 혁명의 과정에서 가치는 사실과 분리되었고, 그 이후 우리는 과학적 사실이 우리가 하고 있는 일들과는 무관하며 따라서 우리의 가치와는 독립적인 것이라는 신념을 갖게 되었다. 그러나 실제로는 과학적 사실이란 인간의 인식, 가치 그리고 행동의 전체적인 배열 속에서만 개발되는 것이다. 언어철학적으로 말하면 과학적인 사실도 말놀이의 소산이며 인식, 가치, 행동과 결코 분리될 수 없는 것이다. 상세한 연구의 상당 부분이 명백히 과학자의 가치 체계에 의존하고 있기 때문에, 이러한 연구가 추구하는 것은 결코 과학자의 의식적인 또는 무의식

38

적인 가치 체계로부터 자유로울 수 없을 것이다.

따라서 과학자들은 단지 지적으로뿐만 아니라 도덕적으로도 자신들의 연구에 책임이 있다. 심층 생태학의 맥락에서 볼 때, 가치가 모든 생물의 본성에 고유한 것이라는 관점은 자연과 자아가 하나라는 심층 생태학적 경험의 기반이 된다. 이러한 자연과 자아의 일치를 통해 모든 방향으로의 자아의 확장은 심층 생태학의 기반이다. 여기에서 심층 생태학이 말하는 가치관이 바로 앞으로의 평생 교육의 윤리적인 과제이다. 우리는 어떻게 하면 지배가 아니고 존중을, 경쟁이 아니고 사랑을, 확장이 아니고 나눔을 생각하는 가치관을 생활화할 수 있을까의 최종적인 문제에 부딪히게 된다. 이러한 가치관의 변화만이 도덕의 등불을 밝힐 수가 있고 자연의 저항을 극복할 수 있을 것이다. 낡은 가치 체계가 지배하고 있는 한 우리는 도덕적인 암흑을 극복하기는 어려울 것이며, 무질서한 지구촌에 바람직한 질서를 세우기도 어려울 것이며, 낡은 문명의 패러다임이 지배하는 한 자연의 저항을 이겨내지도 못할 것이다. 앞으로 교육은 혁명적인 패러다임 전환과 새로운 가치관의 교육이 문제이다. 평생 교육에서 중요한 의미를 갖는 전인 교육도, 환경 교육에 있어서의 중요한 위치를 차지하는 심층 생태학의 교육도 결국 윤리적인 가치 교육의 문제로 귀결된다. 평생 교육이 생활 교육이고 환경 교육이 또한 사회 교육이라고 한다면, 그것은 모두 공동 생활을 통한 교육이라야 하기 때문이다. 그러므로 평생 교육도 환경 교육도 모두 삶의 교육이라야 한다. 인간의 일생은 교육이라야 하며 인간 생활의 마당이 이제는 환경을 떠나서는 있을 수 없기 때문이다. 따라서 어떤 의미에서 평생 교육과 환경 교육은 투쟁을 의미한다는 것을 우리는 잊지 말아야 한다. 삶은 복잡한 이해 관계의 얽힘이기 때문이다. 어떤 착한 말 곧 아름다운 말놀이도 현실적으로는 투쟁의 말 곧 말싸움이기 때문이다.

우리 인간은 생태학적인 멸종을 피하기 위해서 거의 절대적으로 자연과의 친화가 요청된다고 했다. 그런데 우리가 부인할 수 없는 것은 자연과의 친화는 이웃과의 친화 곧 인간과 인간의 친화를 통해서 이루어질 수 있다는 것이다. 볼로프는 그의 말년에 자연과의 친화를 논하면서 〈원래적인 자연〉은 존재하지 않는다고 했다. 우리가 자연이라고 표상하는 것은 늘 객관적인 자연 그 자체가 아니고 문화의 영향 아래 인간이 그려낸 자연이겠기 때문이다. 언어철학적으로 말하면 자연이라는 것은 일종의 인간의 언어적인 표상을 떠나서는 없기 때문이다. 그러므로 자연과의 친화라는 것은 이웃과의 친화를 전제하고서만 가능한 일이다. 같은 논리로 인간의 자연과의 친화는 또한 생활 사회로서의 우리의 공동체와의 친화를 전제하고서만 생각할 수 있다. 말하자면 이웃과의 친화는 사회적인 친화를 전제하고서만 생각할 수 있다는 것이다. 이웃과의 친화라는 것은 오늘날의 남과 북의 친화를 생각하지 않고는 상상할 수 없는 것이다. 절대적인 빈곤에 시달리고 있는 남과 이미 애완용 동물을 사랑하면서 생활을 즐기고 있는 북쪽 사회의 친화를 생각하지 않고는 인간과 그 이웃의 친화를 말할 수는 없기 때문이다. 그러므로 인간과 자연과의 친화에 관해서 논하는 것은 참으로 심각하고 어려운 말싸움이라는 것이다. 이데올로기 대립의 시대에 우리가 경험한 대결보다도 더 심각하고 중대한 말싸움이 요청될는지 모른다. 이미 실패를 경험한, 소유를 위한 싸움이 아니고 존재의 친화를 위한 더 어려운 싸움이겠기 때문이다. 가진 자와 못 가진 자의 투쟁이 아니고 모두 생태적으로 멸종하느냐 함께 살아남느냐의 갈림길에서의 마지막 선택이기 때문이다. 이것이 이데올로기 대립의 종말 이래 인류가 당면한 죽느냐 사느냐의 중대한 문제이다. 모두 죽느냐 모두 사느냐의 문제, 이것이 환경 교육의 문제이다. 생태학적인 관점에서 보면 언어철학이 〈말놀이〉라고 말하는 것은 늘 〈말싸움〉을 뜻한다. 오늘날 사회와 세계의 새 체제와 새 질서에 관한 말놀이가 원래 투쟁의 성격을 가진 것은 부인할 수가 없기 때문이다. 따라서 사실 환경 교육은 죽느냐 사느냐의 〈말다툼〉에 깊이 말려들어 갈 수밖에 없는지 모른다. 이 말싸움에 자신이 없거나 이 말다툼이 싫으면 환경 교육은 할 수가 없는 성격의 것이다. 환경 교육은 인간이 죽느냐 사느냐가 걸린 말싸움이라는 것을 책임 있는 교육자는 인식할 필요가 있다. 자연과의 친화와 이를 위한 사회와 세계의 체제와 질서를 위한 문화적인 친화를 싸움으로 쟁취한다는 것은 모순된 일인지 모르지만, 이것이 오늘 환경 교육이 처한 현실이다.

평생 교육도 환경 교육도 공동체의 발전과 인류의 생존을 위해서는 긴급한 과제이지만 이들에 대한 교육학적 연구는 아직 매우 미약한 초보 단계에 있다. 특히 환경 교육을 위해서는 종래의 과학 교육의 패러다임이 근본적으로 바뀌어야 하기 때문에 이른바 신과학 운동과 연계해서 교육학적 연구가 필연적이고 중대한 과제로 등장하고 있다. 종래와 같은 자연 지배의 패러다임을 전제한 과학 연구를 그대로 지속할 경우에는 환경 교육의 목표 곧 자연과 친화의 깊은 이해에 도달하기는 어렵게 될 것이다. 요컨대 앞으로의 천년을 위해서 지속적으로 요청될 평생 교육과 환경 교육을 위해서는 교육학적인 연구가 더 깊이 그리고 절실하게 요청된다. 지금 세계적으로 연구 대상이 되고 있는 신과학 운동에도 관심을 가져야 될 이유가 여기에 있다. 과학의 새로운 패러다임을 모든 교과 과정에 반영한다는 것은 쉬운 일이 아니며 적어도 앞으로 한 세기 동안의 교육학의 절실한 과제라고 말할 수 있다. 평생 교육과 환경 교육은 앞으로 교육의 하나의 과제가 아니고 교육의 전체적인 성격을 규정하는 것이다. 따라서 더 철저하고 오랜 교육학적 연구를 필요로 하는 것이다.

우리는 한때 혁명을 통한 유토피아를 꿈꾸었다. 그러나 오늘의 위기를 극복하고 이상 사회에 이르는 길은 오직 교육을 통하는 길뿐이다.

교육을 통한 인간의 변화, 곧 가치관의 변화의 길을 말한다.

1부

기초 교육의 개선을 위하여

기초 교육 개선을 위한 몇 가지 생각

이연섭

1 서언

기초 교육은 유아 교육, 초등 교육, 중등 교육을 포함하는 말로 이해되고 있다. 우리나라 의무 교육은 초등학교 6년과 중학교 3년으로 되어 있고, 유아 교육과 고등학교 교육은 법적으로 제외되어 있다. 그러나 언젠가는 유아 교육도 이에 포함되고 고등학교까지도 국민 보통 교육으로 생각되어야 한다고 믿고 있음으로 고등학교 교육까지를 포함시키기로 한다.

기초 교육의 여러 문제를 모두 다루는 것은 너무나 방대하고, 안고 있는 문제가 한두 가지가 아니기 때문에 본고에서는 교사 문제, 학생 문제, 교육 지원에 관한 문제로 나누어 몇 가지 생각을 정리해 보려고 한다.

다만 유아 교육에 관한 문제는 현 교육 체제 내에서 비교적 소외받고 있는 분야이므로 별도의 장을 두어 기술하고, 초·중등 교육을 묶어서 생각하기로 한다.

2 유아 교육에 대한 몇 가지 생각

지난 몇 년 간 유아 교육의 공교육화에 대한 노력으로 수많은 정책 연구와 대안 제시가 있어왔다. 이미 논의될 만한 문제는 거의 다 제기되고 논의되어 왔기 때문에 필자가 새로이 그 과정을 살펴보고 토의한다면 진부함마저 느끼게 될 것이다. 다만 현실적인 문제를 잠시 접어놓고, 유아 교육 및 복지에 관한 몇 가지 생각을 정리하여 보고자 한다.

첫째, 복지와 교육의 기능을 분명히 정의하여야 한다.

지난 수년 간 어린이집과 유치원의 기능에 혼돈이 있어왔음을 부인하기 어려울 것이다. 만일 어린이집의 기능이 유치원과 교육적으로 중복되거나 유치원의 기능이 어린이집과 복지적으로 중복된다면, 이제는 기능에 따라 정리하여야 한다. 비슷한 연령을 대상으로 같은 기능을 수행한다면 국가적으로 예산과 인력의 낭비이고, 비생산적 부처별 이기주의이며 전문가들을 포함한 집단 이기주의의 예가 될 것이다. 결과적으로 현장에서 원아 모집 경쟁이라는 저인망으로 훑어가기, 덤핑, 운영비 절약을 위한 교사 인건비 삭감 등 교육보다는 경영 우선에 따른 엄청난 피해가 있어왔음은 주지의 사실이다.

둘째, 적어도 만 5세, 바라건대 만 4 - 5세는 학년(學年)으로 인정받아야 한다.

지금까지 4 - 5세 어린이가 다니는 유치원의 2년 간은 정규 학년으로 인정받지 못해 국가의 지원도 미비하고 부모들의 교육에 대한 인식도 오도되면서 교육으로서의 의미가 약화되었다. 학년으로 인정받지 못하므로 만 5세 아동의 교육적 기회 균등이 출발부터 격차가 생겨왔다. 최소한 1년만이라도 학년으로 인정하여 모든 아이들은 5세가 되면 K-학년에 등록하도록 해야 한다. 이것을 실천하는 제도적 방법은 기간학제에 K-학년을 포함시켜 K~9까지의 10년 동안을 의무 교육으로 포함시키는 것이다. 우리나라에서는 기간학제에 포함되지 않으면 제도적으로 국가 지원을 받기가 어렵기 때문에 반드시 포함시켜야 할 것으로 생각된다. 그렇게할 때에만 5세 유아들이 있어야 할 곳에 있게 된다.

셋째, 만 5세 어린이들에게라도 무상 교육을 실시해야 한다.

현재 유치원 교육은 수익자 부담 원칙에 따라 자유 경쟁에 맡겨져 있으며 전체 유치원의 75% 정도가 사립이다. 이것은 부작용을 낳고 있다. 수익자 부담 원칙은 교육을 〈교육〉으로 남게 하기보다는 사업으로 남게 하며, 수업료를 낼 수 있는 사람만 유치원에 보내게 되어 있어 빈부간 교육 격차를 증가시키고, 기회 균등을 깨뜨리며 특히 현재의 경제적 상황과 앞서 지적한 과잉 공급으로 인해 어린이집이건 유치원이건 이제 존폐의 위기까지 왔다. 우리나라의 교육 이상은 이 문제에 어떻게 답하고 있는가? 무상 교육 대상 연령을 더 낮출 수 있으면 좋겠지만 적어도 만 5세만은 초등학교 수준의 지원이 필요하다.

교육은 영리 산업이 아니다. 제품 생산 공장처럼 투자와 이윤을 생각하는 기업이 아니다. 따라서 고등학교 이하의 교육을 자유 경쟁에 맡겨서는 안 된다. 교육은 단기적 경제적 효율성이 아니라 장기적 효과를 보는 것이기 때문이다.

넷째, 지방 자치, 교육 자치가 활성화된 시점에서 각 자치 단위별 또는 행정 단위별로 교육 수급 계획이 있어야 하며 그 지역 정책 결정에 지침이 되어야 한다.

시 단위, 도 단위의 간단한 통계 자료는 있지만 그 평균치가 현장에 내려갔을 때에는 의미가 없어진다. 적어도 동 단위까지 내려가는 계획이 있어야 한다.

지금까지 우리나라에서는 유치원·초·중등 교육 요구나 단순한 인구 이동에서 출산율, 원아, 초·중등학생의 이동률, 여러 가지 복지 서비스가 필요한 가정 수 등 수요 공급에 의한 예측에 의하여 교육 계획을 세워본 적이 없는 것으로 안다. 따라서 유치원이나 어린이집 인가도 인가 기준만 맞으면 허가가 난다. 〈자존심 상해서 더 이상 유치원을 못하겠다〉는, 20년 정성 들여 유치원과 어린이집을 유지해 온 원장의 말은 경청해야 한다. 〈어떤 혁신적인 시도도 유아 교육에서는 어렵다. 모든 것을 원아 모집과 연관 짓기 때문에 실패하게 된다〉, 〈유행은 있어도 전통은 없다〉, 〈원장 모임에서는 경영 이야기만 하지 교육 이야기는 없다〉, 〈이제 약속을 어기고 원아 모집 덤핑 세일까지 한다〉, 〈어떤 좋은 교육 프로그램이 들어와도 우리나라 유아 교육계에서는 실패하게 되어 있다〉, 〈유치원 교사는 파출부만도 못하다〉, 〈유아 교사들의 처우를 보면 교육을 얘기할 수 없다〉, 〈모두 제 살 깎아

먹기 경쟁이다〉 등의 말들은 누구나 한번쯤 들어보았을 것이다. 이 모든 문제의 맥은 지역별 교육 복지 계획 없이 공급을 하여 온 데서 시작된다. 수요 공급에 대한 인가 제도가 반드시 정착되어야 한다.

다섯째, 유아 교사 양성은 4년제를 기간으로 하여야 한다.

교직을 전문직이라고 또는 전문직이어야 한다고 생각한다면 유아 교사도 4년제를 기간으로 하여야 한다. 4년제 대학을 나왔거나 2년제 대학을 나왔거나 모두 2급 정교사 자격증을 주는 현행 제도는 유아 교육을 정부가 어떻게 생각하고 있는가를 단적으로 보여주고 있다.

유아 교사 양성 과정은 1년에서 4년에 이르기까지 다양하다. 유아 교사가 전문직이라면 그에 상응하는 교사 교육을 받아야 할 것이다. 선진국에서는 4년제가 일반화되어 있고 석사까지 요구하고 있는 현실을 볼 때, 4년제 대학을 졸업해야 교사로 인정해 주는 정책은 양질의 유아 교육을 할 수 있는 전제 조건인 것이다.

여섯째, 유아 교사 자격도 다양화할 필요가 있다.

초중등 교사는 4년의 사범 교육으로 6년을 대상으로 한다. 유아 교사는 4년을 교육받고 유아기 2-3년을 대상으로 가르친다. 3 - 4세에서 3학년까지를 대상으로 할 수도 있고, 유치원에서 초등학교 2학년까지 가르칠 수 있도록 하는 제도도 생각해 볼 수 있을 것이다. 교사 훈련에서 차상급 기관과 연관이 있게 교사를 교육시킴으로서 연계성이 실천되고, 아직 우리나라에서는 문제 제기가 안 되었지만 일본에서 1960년대에 있었던 〈1학년 충격〉의 문제도 해소시키는 데 도움이 될 것이다. 또한 국가적으로도 교사 양성의 부담을 부분적으로나마 덜 수 있을 것이다.

일곱째, 유아 교육 기관의 다선화(多線化)도 바람직하다.

4, 5, 6세(초등학교 1)를 묶어 한 유치원에서 다닌 뒤 초등학교 2학년 때 초등학교에 입학하는 길도 생각해 볼 수 있다. 유치원과 초등학교 1학년을 묶을 수도 있을 것이다. 현재는 단선형으로 유치원과 초등학교가 분리되어 있어 선택의 여지가 없다. 지역에 따라 대형 초등 학교의 과밀성도 줄이고 저학년까지를 묶어 학교를 소규모화하여 지역과 밀접한 관계를 맺게 할 수도 있을 것이다. 교육에도 벤처가 필요하다. 다양성이 있어야 서로 비교도 하고 새로운 시도도 해볼 수 있다.

여덟째, 중앙 정부에서 모든 교육을 관장하기보다는 전문 대학 이하는 각 교육 자치 단체로 이관하는 것도 생각해 볼 만하다. 교육 자치가 시행되었는데도 모든 것을 중앙 정부가 관장한다면 지역성과 수요자의 요구를 반영할 수 없고 획일화된 교육이 있을 뿐이다. 지역에 따라 교육 벤처를 할 수 있어야 다양한 교육과 자생적 창의적 교육을 실험할 수 있어 결과적으로 교육이 풍요로워진다.

끝으로, 세계의 유아 교육을 이끌어 가는 국가들(미국, 캐나다, 영국, 독일 등)에서는 유아 교육을 주 정부가 관장하며 그 다양성에 있어 우리를 놀라게 하고 있다. 주 정부는 교육 과정이 아닌, 가이드라인을 제시하고 있으며 교사와 학자들의 학문적 창의성을 적극 권장하고 있다. 우리의 상황은 과거 정권이 계획 없이 유아 교육 기관들을 인허가해 준 탓인 것이다. 이제 이를 정리해야 할 때가 되었다고 생각한다.

3 초·중·고등학생에 관련된 몇 가지 생각

1) 달라지는 아이들

인류의 역사는 젊음의 역사라고도 한다. 대체로 10년 단위로 새로운 세대가 새로운 가치관과 행동 양식을 지니고 사회에 나오며 이들은 새로운 시도를 하게 되고 이것이 역사의 변화를 가져온다. 되돌아보면 우리나라 1950년대의 세대는 가난과 역경을 딛고 전후 회복의 주역이 되었으며, 1960년대와 1970년대의 근검절약이 몸에 배어 경제 발전에 초석이 되었다. 1980년대와 1990년대의 풍요와 급격한 변화를 살아온 세대는 이제 2000년대에 이 나라를 이끌어 갈 젊은이들이다. 그런데, 1990년대에 들어서면서부터 아이들이 달라진 것이 눈에 보이기 시작하였다. 우리는 이들에게 X세대라 이름을 붙이고, 근래에 와서는 N세대라 부르고 있다. 이러한 변화는 경제, 정치, 문화의 변혁과 얽혀서 일어나는 것이며 외국에서도 이러한 예는 얼마든지 있다. 1970년대 미국에서도 흔히 마리화나나 다른 약물들로 스릴을 추구했던 젊은이들을 〈화학 세대〉라 하였으며, 기존의 모든 가치를 부정하며 자기들끼리의 문화를 형성하여 몰려다니던 세대를 〈히피족〉이라고 이름을 붙여 기존의 문화에서 벗어나려는 〈대립 문화〉로 기술하였다.

잠깐 우리의 초·중·고등학교 학생들을 생각해 보자. 전봇대처럼 큰 키에 어색하고 구부정하게 굽은 어깨, 별것 아닌 일에도 낄낄대며 자기들끼리 장난치고 치고 받는 아이들을 보면 참 귀엽다는 생각이 든다. 그런데 청소년들을 접하는 사람들을 만나보면 이구동성 개탄의 목소리가 들린다. 〈요즘 젊은이들 무섭습니다. 뭐라고 잘못되었다고 이야기하기도 어렵고, 여럿이 모여 다니기 때문에 건드릴 수가 없습니다〉라고들 말한다. 체육 시설로 분류되어 청소년의 출입이 자유롭게 된 당구장에 중학교 1, 2학년 정도 된 학생이 담배를 피워 물고 들어오면서 〈아저씨, 이해해 주실 수 있지요?〉라고 말할 때, 50대의 당구장 주인은 할 말도 없이 고개를 돌리기도 한다. 아무데서나 껴안고, 키스하고, 보기 민망한 몸짓들을 하고, 쳐다보면 〈뭘 쳐다보느냐〉하며 시비를 거는 청소년들. 이러한 이야기는 한도 끝도 없이 많을 것이다. 몇몇 중고등학교 청소년의 전화 내용을 녹음하여 분석해 보니 언어 생활의 거의 50%가 〈욕〉으로 차 있고, 대화의 내용은 선생님과 친구들을 욕하는 것으로 채워져 있었다. 초등학교 고학년만 되면 저녁 11시부터 새벽까지 친구와의 전화 통화에 매달려 있다. 또한 키는 부모 세대보다 10-15cm 정도 크고, 사춘기도 더 빨리 온다. 전자 매체의 발달로 인하여 아이들은 성과 폭력에 대한 엄청난 정보를 받아들이고 있다. 이렇듯 아이들은 이미 달라졌고, 이러한 젊은이들을 놓고 우리는 〈가정 교육의 부재, 학교 교사의 권위 부재, 사회 병리적 현상의 청소년 문화 침투〉 등으로 말하지만 이런 것들은 아무런 도움이 되지 않는다.

이러한 아이들을 우리는 옛날 책상과 옛날 의자와 옛날 교실에 아직도 가두어놓고, 우리들이 원하는 지식을 전달하려고 하는 것이다. 우리나라 학교 교육의 대표적인 기능을 자세히 살펴보면, 아이들을 그저 학교에 붙들어 두는 것이다. 기네스북에 오를 만큼 우리나라의 학교는 학생을 학교에 오래 붙들어 두고 있는 데, 우리나라 고등학교 3학년 아이들은 평균 17시간을 의자에 매여 있다고 한다.

2) 교사와 부모로부터 인정받고 싶은 아이들

과거의 학생들은 가족을 배려하고 부모, 교사의 어려움을 감지하고 동정하며 그에 따라 자기의 역할을 지키려 애썼다. 그러나 넘치는 풍요를 누리며 자란 지금의 세대는 그 반대이다. 풍요에서 오는 결과로 직선적이고 즉흥적이며 만족을 지연시키지 못하여 욕구 불만이 크고, 개인주의적 성향이 강하며 기존의 가치를 거절하는 경향이 있다. 그 결과 몇몇 청소년들은 소위 〈왕따〉라고 하여 집단에서 소외되고, 수동적이고 공격적이 되며, 때로는 비행 청소년이 되기도 한다.

그러나 사실 청소년 시절의 심리적 욕구는 간단하다. 빠른 신체적 성장과 함께 넘치는 에너지 소모량, 즉 약 3500kcal를 하루에 발산해야 하는 욕구로 인해 책상에 가만히 앉아 있을 수가 없다. 청소년은 에너지를 발산할 수 있는 한 가지 방법으로 감각적이며 짜릿한 스릴을 선택한다. 예를 들면, 오토바이, 스노우 보드, 인라인 스케이트 등이 요즘 청소년들이 선호하는 놀이들이다. 심지어는 음식조차 강렬하고 자극적인 것을 더 선호하고, 의복도 기존의 것과는 다른 새로운 스타일을 원하며 유행에 민감하다. 한편 기성 세대를 위선의 세대로 규정하고 기존의 가치관을 그 뿌리 끝까지 확인하려 들며, 엄청난 호기심을 가진다. 또 부모의 사랑을 확인하기 위해 저항도 해보고, 선생님의 관심을 확인하기 위해 일부러 말썽을 부린다. 그리고 아이들은 부모나 교사로부터 관심을 받지 못할 때 자기들 나름대로 그 문화를 만들어간다.

이런 현상에서 빚어지는 문제점들도 있다. 마리화나나 본드 흡입, 그리고 폭력과 성 개방 등의 문제가 늘어가고 있으며 사회 문제화 되어가고 있다. 또한 현재 우리의 어린이들은 급속도로 가공의 세계에 침잠하고 있다. N세대라는 말이 있듯이 인터넷 사용이 보편화되어 있고 특히 컴퓨터 게임인 〈스타크래프트〉를 못하는 아동은 거의 없다고 한다. 〈스타크래프트〉는 그 과정과 노력에 대한 이해는 완전히 생략한 채 상대방을 죽이고 부수는 것만을 목표로 하는 게임이다. 이는 컴퓨터를 이용해서 서로 경쟁하고 오직 유능한 사람만이 살아남도록 고안된 게임인 것이다. 이것을 흔히 마인드 스포츠라고 한다. 그러나 이것은 진정한 의미의 스포츠 정신에도 맞지 않을 뿐더러, 서로간의 경쟁심만을 부추기고 오히려 스트레스만을 가중시킬 뿐이다. 직접 대면하는 관계보다는 전자 우편, 만화책보다는 동영상, 제기차고 썰매를 타고 밤이나 도토리를 줍기보다는 전자 오락에 더 몰두하는 것이 이제 청소년 문화로 정착되어 버린 것이다. 이러한 현상은 현실과의 괴리, 피드백의 즉시성, 인간 관계의 단편성, 자연과의 괴리 등으로 나타난다.

자라는 아이들은 인정받기를 원한다. 성장기에 있는 모든 사람은 또래로부터, 교사로부터, 부모로부터 인정받기를 원하며 그들이 하는 일에서 성취감을 맛보기를 원한다. 그러나 실제로 우리 학생들은 교사로부터 인정과 칭찬 혹은 격려를 받기 어려우며 개인적인 대화를 나눈다는 것은 생각지도 못하고 있다. 부모나 교사와 함께 하는 활동이 교육 활동이건, 여가 활동이건, 특별 활동이건 기회가 극히 제한되어 있어 아이들은 이러한 인정을 받을 기회가 없는 것이다. 어른들로부터 인정받지 못한 아이들은 그 인정받고 싶은 욕구를 또래에게서 찾게 된다.

3) 또래로부터 인정받고 싶은 아이들

그러나 경쟁 원칙이 지배적인 학교 생활 원리에서, 또래에 의한 인정이 이루어지기란 불가능해 보인다. 남의 불행이 나의 행복이고, 학교 친구는 나의 경쟁 상대인데, 이는 학교의 조직 풍토가 협력보다는 경쟁을 원리로 삼고 있기 때문이다. 따라서 또래로부터의 인정은 학교 외의 모임에서 갖게 된다. 흔히 이것을 우리는 〈또래 문화〉라 한다.

우리나라 교육 환경과 가정 풍토에서 아이들이 어른들로부터 인정을 받을 수 있는 오직 유일한 항목은 〈공부〉이다. 공부 잘하고, 성적 좋으면 그것으로써 효자가 되고 착한 아이가 되는 것이다. 그 외에 아이들이 칭찬받을 수 있는 항목은 극히 제한되어 있다. 학생이 한 학급 인원이 40명인 현실에서 학업 성적으로 칭찬을 받을 수 있는 아이는 넉넉히 잡아 10명이다. 그렇다면 나머지 30명은 무엇으로 인정을 받아야 하는가? 얼마 전 교육 개혁의 성공 사례로서 거창 고등학교와 제주도의 대기 고등학교가 TV에서 방영된 적이 있었다. 그 프로그램을 보면서 그 학교들이 성공할 수 있었던 것은 바로 다음과 같은 두 가지 점이었다는 것을 알 수 있었다. 즉 특별 활동이 100개가 넘어 모든 학생은 자기가 좋아하는 특별 활동에 참여할 수 있었다. 공부는 상위에 속하지 못하더라도 학교에 소속감을 느끼고 인정받고 보람을 느끼는 일들을 할 수 있었던 것이다. 밴드부에 있었던 한 학생은 색소폰을 불어 수업의 시작과 종료를 알렸다. 이 학생은 그 일을 통해서 자부심을 느끼고 책임감을 배울 수 있었고, 다른 학생들은 그 학생을 부러워하고 그 아이의 성적과 상관없이 색소폰을 분 학생을 또래가 인정해 주는 상황이 나타나게 된다. 두번째는 교사들이 학생들에게 관심을 주려고 노력한다는 점이다. 예를 들어, 한 영어 교사는 특이한 수업 방법을 사용하였는데, 이 선생님은 수업 시간에 전원 기립시키고 영어로 질문과 답변을 반복하면서 답을 정확하게 할 수 있어야 자리에 앉게 했다. 한 시간 수업에 보통 3-4번 차례가 온다고 한다. 교육학적으로 그것이 큰 의미가 없을지도 모르지만 교사로부터 인정을 받고 싶어하는 아이들의 욕구를 채우는 데에는 크게 기여하였다고 볼 수 있다. 학생들은 모두들 적어도 이러한 관계를 맺기를 원하는 것이다.

그런데 학생들이 학교와 교사로부터 큰 관심과 인정을 받지 못하는 현실 속에서, 우리는 아이들이 또래로부터 어떻게 인정을 받는가에 대해서도 사실 잘 알지 못하고 있다. 흔히 또래끼리 모여서 하는 일들은 자기들만의 세계라고 생각하여 어른의 관심 밖에 두었거나, 또래의 세계에 어른이 지나치게 간섭하는 두 극단의 예가 얼마든지 있을 것이다. 아이들은 초등학교 6년 간 약 3-4번 정도 친구 관계가 바뀌며, 이 또래 관계는 초, 중, 고를 통하여 학교 교육 못지않게 영향을 준다. 그러나 이러한 또래 관계에 대하여 부모나 교사의 관심은 거의 없다. 또래 관계를 교육적으로 제대로 활용한 적도 없으며 노력조차 기울이지 않았다. 근래에 와서 사회적 구축주의 Social-Constructivism라는 표현으로 과제를 또래와 함께 집단으로 해결하게 하려는 노력이 있어왔다. 협동 학습, 협력 학습 등은 바로 이러한 점에 착안한 노력이라 할 것이다.

이러한 교육 현실에서 기성 세대로부터 인정받을 것이 없는 청소년들은 또래로부터의 인정이 오직 유일한 심리적 건강의 소스이다. 따라서 또래가 인정해 준다면 무슨 일이든지 할 수 있는 것이며, 그 또래로부터 소외되지 않기 위하여 또래가 시키는 대로 하게 된다. 심지어 다른 친구를 괴롭히면서까지 또래 집단에 속하고 싶은 것이다. 흔히 이를 〈왕따〉라고 표현한다. 속담에 깃털이 같은 새는 함께 날아가며, 유치원생들을 병아리떼라 부르고 초등학생을 참새떼라 부르고 중학생을 강아지떼라 부르고 고등학교 학생들을 들소떼라고 부르는 것은 이 또래들의 응집력을 이야기하는 것이다. 한 학급이 40명일 때, 그중의 또래 문화는 보통 10개 내지 15개가 있을 것이다. 이것도 정확하게 조사된 것은 아니지만 이들을 도와주기 위해서는 아이들이 모여서 무엇을 생각하며, 언제 어디에 가며, 무엇을, 어떻게, 왜 하는가를 교사와 부모들은 알고 있어야 한다. 청소년들은 말은 못하고 있지만 모두들 의미 있는 타인과의 접촉을 갈구하고 있다. 현재 교실 붕괴니 학교 붕괴니 하는 표현도 바로 〈우리에게 관심을 가져달라〉는 청소년들의 절규일 것이다.

자라나는 모든 아이들은 누구나 자기가 한 일에서 오는 성취감을 맛보아야 한다. 그러한 성취감의 연속선상에서 아이들의 궁정적 자아 개념과 낙천성과 일에 대한 집념 등 우리가 길러주려 하는 특성들이 형성되는 것이다. 그에 덧붙여서 자기가 아는 바를 친구들에게 가르치고 전달하는 시스템을 갖추어 친구들로부터 인정받을 기회를 더 늘려야 할 것이다. 수학을 잘하는 아이는 친구의 수학 공부를 도와주고 춤을 잘 추는 아이는 춤을 가르쳐 주고, 운동을 잘하는 아이는 그것으로 친구를 도와주어야 할 것이다. 사실 우리들의 인생의 여정 속에서 학교에서 배운 것말고도, 친구나 선생님을 잘 만나서 인생의 길이 바뀐 사람들을 얼마든지 찾아볼 수 있다. 이제는 학교가 이러한 긍정적인 만남의 장소가 되어야 할 것이다.

4 교사와 관련된 몇 가지 생각

세계화와 정보화의 기조 아래 발표된 5·31 교육 개혁안은 다양한 수요자 중심, 자율 중심, 수월성과 보편성의 조화, 운영의 정보화를 기본 방향으로 하고 있다. 그러나 이 개혁안에서 교사와 관련된 사항은 대부분 제외되어 있다. 〈새 학교 문화 창조〉라는 슬로건을 내건 〈교육 비전 2002〉 계획안도 실정은 마찬가지이다. 교사가 교육의 한 주체임에도 불구하고, 교육 개혁에 대한 논의에서 여전히 교사들은 주변의 위치에 머물러 있는 것이다. 결국 교육 개혁의 주요 담론은 교사가 바뀌면 모든 교육 문제가 해결되는 것으로 규정한 일련의 정책들로, 다수의 교사를 소외시키는 역기능을 초래하였다. 최근의 학교 붕괴에 대한 논의에서도 이러한 현상은 더욱 심각하다. 교사와 학생들을 대립적 구도로 몰고 가는 언론은 차치하고라도 교육 당국조차 공공연히 교사들의 부도덕성과 무능력함에 문제의 초점을 맞추려는 태도는 교사들의 사기 저하나 기본적인 교권 실추로 인해 교사 스스로 교육권을 포기하는 상황을 야기시키고 있다.

〈교육의 질은 교사의 질을 넘지 못한다〉는 말처럼 교육 문제의 최일선에 서 있는 교사들의 역할은 무엇보다도 중요하다. 그들에게 교육자로서의 확신과 신념을 심어주지 못하는 어떠한 교육적인 논의도 그 실효성을 기대하기란 어렵기 때문이다. 그러므로 여기에서는 교육의 중심에서 점점 소외되어 가는 교사들의 고난한 현실을 중심으로 논의하고자 한다.

1) 떨어지는 교사들의 사기

한국 교육의 관료적 권위주의로 인해 교사들은 교육의 주체로 인정받지 못했다. 교사들은 스스로 교육의 목적과 내용을 음미해 볼 겨를도 없이 정해진 교육 과정을 그대로 전달해 주는 역할만을 강요받아 온 것이다. 교육 담당자로서의 헤게모니 상실은 교사들의 교직에 대한 의욕과 사기의 저하라는 현상으로 나타났다. 이를 정리하면 다음과 같다.

첫째, 교육 활동을 경제 논리에 따라 적용함으로써 나타난 〈수요자 중심 교육〉, 〈열린 교육〉에 대한 논의이다. 교육에서 〈수요자〉란 개념이 타당한지, 〈열렸다〉는 의미가 무엇인지에 대한 합의도 없는 상태에서 이의 현장 적용은 많은 교사들을 혼란스럽게 하고 있다. 특히 열린 교육은 1970년대 초 영국의 ⟨open edu-cation⟩이 미국으로 건너와 3, 4년 간 실천되었다가 현장 적용에 많은 문제가 제기되어 적용 가능한 장점만 남고 물러서게 되었다. 열린 교육의 대표적인 방향으로 무학년제의 도입과 교육 공간 구성의 개방성을 들 수 있다. 그러나 어떤 학생에게는 열린 교육이 오히려 해가 되고, 교사의 인력과 장비, 교육 재정 및 학생의 학력에서 문제점을 드러내고 있다. 김형립은 한국 교육학회 발표에서 이를 잘 정리하여 ⟨……우리나라에서 열린 교육을 제대로 실시한다는 것은 거의 불가능하다……⟩라고 하였다. 이러한 현실에서 교사들은 수준별 교수 활동의 어려움과 과밀 학급의 문제 등 제반 조건의 부족으로 인해 ⟨열려진⟩ 교실 공간에서 ⟨닫혀⟩ 지내는 경우가 대부분이다.

또한 ⟨원로 교사 1인은 초임 교사 2.5인⟩이라는 등식 아래 진행된 교원 정년 단축의 문제는 가르치는 행위를 경제 논리로 본 가장 대표적인 예이다. 결국 수요와 공급의 원칙에 따라 효율성의 극대화만을 추구하는 교육 정책은 학교가 교사들에게 더 이상 살갑게 살아갈 수 있는 ⟨삶터⟩가 아닌 지식을 사고 파는 ⟨시장터⟩로 느끼게 하고 있다.

영국이 우리와 같은 IMF 시기를 겪는 과정에서 교육에 대한 투자를 더욱 높이고 교사들의 사기 앙양을 위한 정책을 다각도로 실시했었다는 사실에서 우리의 교육 정책이 얼마나 근시안적으로 이루어지고 있는가를 단적으로 알 수 있다. 교육 정책의 담론을 협동적 공동체로 성장시키지 못하고 소유 집착적인 경쟁 문화에 머무르게 하는 경제 논리는 학교 공동체를 유지 · 존속시

켜주었던 울타리를 파괴하는 부작용을 낳을 수밖에 없다.

둘째, 교육 개혁이나 교육 문제의 해결 과정에 대한 논의에서 교사들의 역할이 간과되는 경향이 있다. 교육 정책 수립 과정에서도 현장에 있는 교사들의 생생한 의견이 반영되는 경우는 드물다. 여전히 대부분의 교육 정책이 교육 전문가나 행정가 집단에 의해 획일적으로 결정되고 있으며, 교사뿐만 아니라 학부모나 학생들이 참여하는 공청회 한번 거치지 않고 실행되는 경우가 허다하다. 또한 체벌이나 촌지와 같은 교육 내적 문제에 대해 교사들에게 새로운 교육을 할 수 있는 재탄생의 기회를 주기보다는 부패와 부정의 전범으로 몰아가는 예도 교사들의 사기를 떨어뜨리는 한 요인이다. TV에서 촌지 이야기를 보고는 아이들이 교실에서 〈선생님도 뇌물 먹어요〉라며 의심의 눈초리로 심판하려고 한다는 어느 초등학교 교사의 얘기는 교사의 아픈 현실을 잘 보여주고 있다.

그러나 〈표 1〉에서 보는 바와 같이 교육 정책이나 교육 문제의 해결을 위한 결정 과정에서 가장 중시되어야 할 의견으로 학부모들의 22.9%가, 교사의 77.1%가 교사 자신을 꼽고 있다는 사실은 교사에 대한 국민들의 기대와 가능성이 여전히 존재하고 있음을 보여주고 있다.

셋째, 교직에 대한 불안정성과 근무 환경에 대한 불만이 늘어가고 있다. 교원 정년 단축의 급격한 시행으로 인한 대량의 명예퇴직 사태와 교직 경시 풍조의 확산에 따른 교사 수급의 차질로 인해서 학교 공동화 현상이 야기되고 있다. 처우에 있어서도 동일한 학력 수준에 비해 상대적으로 열악하다. 〈표 2〉에서 보는

〈표 1〉 교육 정책의 결정 과정에서 가장 중시되어야 할 의견

(단위 : %)

구분	학부모	교원
일반국민	21.1	9.7
교육학자	24.4	9.1
교사	**29.9**	**77.1**
교육 공직자(행정가)	7.0	1.9
사회 일반 지도자	3.9	0.8
학생	11.9	0.4
무응답	1.8	1.0
계	100	100
사례 수(명)	3,019	1,532

임연기, 「교육에 대한 국민 의식 조사 연구」(한국교육개발원, 1998).

〈표 2〉 교원과 일반 공무원 봉급 비교

(단위 : 원)

구분		직급 및 호봉	봉급액
초임(26세)	교원	교사 11호봉	560,700
	일반직	7급 3호봉	524,600
10년(36세)	교원	교사 22호봉	873,600
	일반직	5급 10호봉	952,300
20년(46세)	교원	교사 32호봉	1,220,100
	일반직	3급 18호봉	1,468,700
30년(56세)	교원	교감 근가 2호봉	1,514,200
	일반직	1급 22호봉	1,899,100

교육법전편찬회, 「공무원 보수 교정」, 「공무원 임용령」, 『교육법전』(1999).

바와 같이 보수에서 일반 공무원과 비교하여 현격하게 차이가
나고 재직 기간이 늘어날수록 그 편차는 더욱 심해지고 있다.
　한편 근무 조건에 대해서도 교사들은 대체로 열악하다는 의견
을 가지고 있다. 〈표 3〉에 제시되어 있는 것처럼 교사들의 70%
가 근무 조건이 〈나쁘다〉고 생각했으며, 단지 3.6%만이 〈좋다〉라
는 입장을 취했다. 그러나 학부모들은 29.8%가 긍정적인 반응을
보여 교사들이 체감하는 근무 조건의 열악함이 더욱 크다는 것
을 알 수 있다. 이러한 견해차는 교사들에 대한 학부모들의 신뢰
가 점점 약해지고 있음을 의미한다. 교사에 대한 뿌리 깊은 불신
의 골은 교육 현장에서 벌어지고 있는 〈교실 붕괴〉 현상의 한 원
인이기도 하다.

〈표 3〉 교원의 근무 조건

(단위 : %)

구분	학부모	교원
매우 나쁘다	3.2	19.5
나쁘다	22.7	50.5
그저 그렇다	43.2	26.1
좋다	26.8	3.3
매우 좋다	3.0	0.3
무응답	1.1	0.3
계	100	100
사례 수(명)	3,019	1,532

임연기, 앞의 글.

넷째, 교사들은 너무 많은 압력과 역할을 요구받고 있다. 교사가 연구자, 사무자, 개별 지도, 방과 후 지도, 부모 상담, 진로 지도, 전문 연수, 개인적 성장에 대한 투자, 지역 사회 봉사까지 행해야 하는 상황에서 할 수 있는 최선의 일은 모든 것을 포기하는 것일 수 있다. 이러한 교사의 역할이 현실적으로 가능한가?

교사들은 행정적 지원이 거의 없는 가운데 시간에 쫓기고, 더욱 극성스러워지는 아이들의 틈새에서 견뎌내야 하고, 모든 책임은 교사가 지어야 한다는 사회적 압력과 기대에 시달림으로써 엄청난 스트레스에 빠진다. 사실 많은 교사들이 이미 교육에 대한 각 개인의 열정을 버리고 포기한 상태에서 근무하고 있는지도 모른다. 1980년대 초 영국에서는 은퇴에 가까운 남성 교사의 사망률이 1970년대 보다 무려 2배로 증가하였고, 교사의 조기 은퇴율이 3배로 증가하였으며, 교사들은 평균 수명은 국가 평균보다 4년이 낮다는 보고도 있다. 1990년대 들어서 그 통계가 어떻게 되었는지 궁금하다. 우리나라는 이러한 통계도 없으며, 설사 이런 통계가 실증하여 주지는 못하더라도 상당히 많은 교사가 이미 탈진 상태에 있는 것은 아닌지 궁금하다.

다섯째, 학생들과의 문화적 차이에서 오는 소외감이다. 학생들이 수업 시간에 마땅히 지켜야 할 질서를 무시하고, 교사와 학생의 상호 작용이 불가능해짐에 따라 교사들은 심한 자괴감과 분노를 느끼게 된다. 교사를 포함한 기성 세대와의 문화적 차이로 인한 세대간의 문화 단절이 두 세대가 직접 만나는 학교라는 장소에서 표출되고, 교사들은 고스란히 이를 감당하고 있는 것이다.[1]

가령, 학생을 지도하다가 봉변을 당해도 창피해서 숨기는 일도 있고, 수업을 하기 위해서 교실에 들어갔다 하더라도 학생들은 수업에 관심을 두기보다는 떠들거나 자는 경우가 많다. 이러한 일을 접할 때 교사는 무력감에 빠져 의욕을 상실하게 된다. 결국 교사가 스스로 교육을 포기하여 적당히 학생들을 외면하고 수업만 진행하는 사태로 이어지게 된다. 이렇게 되자 교사들은 교직에 대해서 자긍심을 점점 상실해 가고 있으며, 더욱 심각한 문제는 학교 현장에서 젊은 교사들이 이직을 고려하는 경우가 많다는 것이다. 교육의 주체로서 교사의 사기 양양이 전제되지 않고서는 어떠한 논의도 기초 교육에 대한 본질과 그 실현 가능성을 담보하기 어렵다.

2) 실추되는 교사의 권위

산업 사회에서는 학교가 곧 지식의 상징이자 중심이었다. 모든 교육 수단과 지식 정보를 학교와 교사가 독점하고, 그 지위를 이용해 권위의 창출이 가능했다. 이러한 권위로 학생들을 바람직한 방향으로 통제하고 유도하는 교육이 가능했던 것이다. 탈산업 사회에서는 이러한 기존의 학교 패러다임을 무용지물로 만들고 있다. 다양한 대중 매체의 발달과 인터넷을 통한 정보의 전세계적 공유는 교사의 전문적인 지식 독점 체제를 무너뜨렸으며, 자연히

---

1) 어떤 이는 이러한 일련의 현상들을 〈문화 데모〉라는 용어로 규정하여, 최근의 교실 붕괴 현상은 변화한 학생들이 기존 학교 문화에 대해 문화적 데모를 벌이고 있는 중이라고 말하고 있다(이종각, 「21세기 학교와 교실 어떻게 달라져야 하는가?」, 『21세기 학교 교육 발전 방향 모색』(한국교육과정평가원, 2000)).

학교와 교사의 권위는 약화될 수밖에 없는 상황이 되었다. 학생들은 교사에게 대들거나 폭언을 하고, 완력을 행사하여 회피하거나 방어한다. 심지어는 교사를 경찰서에 신고하거나 고발하는 사건까지 벌어지고 있는 실정이다. 불과 4, 5년 전만 하더라도 이러한 일들은 상상하지 못할 일들이었음에도 불구하고 현재 우리 학교 현장에서 어렵지 않게 목격되고 있다.

교사들도 최근의 학교 붕괴 현상에 대해서 교사의 권위에 대한 실추를 가장 큰 이유로 생각하고 있다.『전국 시·도 교육감 협의회의 자료』(1999)에 의하면 전국의 10개 시·도에서 교권의 추락을 가장 우선 순위로 꼽고 있다. 반면 공무원 연금 제도 등 교사 자신들의 처우 문제에 대해서는 많은 비중을 두지 않고 있다.[2]

교사들이 가장 중요하게 생각하는 것은 교직에 대한 자부심이다. 교권의 실추는 곧 교사들의 교육권의 포기로 이어질 가능성을 내포하고 있다. 그러므로 교사의 권위 회복에 대한 문제는 보다 심층적인 논의가 필요하다. 교권에 대해 이상주는 도덕적 모범으로서의 인격적 권위, 가르치는 지식과 지혜에 대한 신뢰성으로서의 전문적 권위, 법률에 의해 보장받을 수 있는 법률적 권위의 3가지로 나누고 있다.[3] 여기에 필자는 사회적인 정체성을 확인하고 그 지위를 확보할 수 있는 사회적 권위를 덧붙여 이의 회복에

---

2) 1980년대 후반 미국 캘리포니아 지역에서 있었던 교사들의 파업도 이와 같은 맥락이었다. 그들의 요구 조건은 봉급을 올려달라거나 근무 시간을 줄여달라는 것이 아니었다. 주당 20시간에 학급당 20명을 요구한 것이다. 이를 20/20 vision이라고 하였다.

3) 이상주, 《문화일보》 1999. 12. 14.

대해 간략히 살펴보고자 한다.

첫째, 인격적 권위의 회복이다. 흔히 유교적 스승상이라고 일컬어지는 전통적인 권위로서 교육자들의 도덕적 모범을 강조한다. 그러나 일부 교사들의 부정적인 행위에 대한 확대 보도와 교사와 학생들의 관계를 극단적 대립 관계로 몰고 가는 언론에 의해서 이 권위는 급격히 무너지기 시작했다. 학생들은 더 이상 교사들을 신뢰의 대상으로 보지 않는다. 전종호의 연구에 의하면, 〈표 4〉에 나타난 바와 같이 교사들의 50.1%가 학부모로부터 신뢰를 얻고 있지 못하다고 생각하고 있으며, 단지 8.7%만이 높은 신뢰를 얻고 있다고 생각하고 있다.

〈표 4〉 교사에 대한 학부모의 신뢰도

(단위 : %)

구분		반응 유형	매우 높다	대체로 높다	보통	대체로 높지 않다	매우 높지 않다
교사		전체	0.0	8.7	40.8	41.8	8.3
	학교 급별	초등학교	0.0	15.0	40.0	38.3	6.7
		중학교	0.0	5.5	44.9	42.5	6.3
		인문계 고교	0.0	8.8	40.2	40.7	10.3
		실업계 고교	0.0	6.8	35.1	46.4	10.8

전종호, 「학교 붕괴 현상에 대한 교육 주체의 의식 조사 연구」, 『학교 붕괴』 (푸른나무, 1999).

또한 초등학교보다 중등학교로 올라갈수록 신뢰도가 떨어지고 있다는 인식은 중등 교육의 위기를 가늠하게 하고 있다. 교직에 대한 이러한 불신은 학생—교사—학부모 간의 공동체 의식을 약화시켜 교사의 기본적인 권위라 할 수 있는 인격적 권위가 위축되는 결과를 야기하였다.

둘째, 전문적 권위의 회복이다. 교직은 고도의 지적 능력을 필요로 하고 장기간의 준비 교육이 요구되며, 봉사 지향적이고 사회적 책임감이 강조될 뿐만 아니라 행동을 규율하는 윤리 강령을 가지고 있다는 점 등에서 전문직이라고 할 수 있다. 그러나 정보 사회의 발달은 학생들로 하여금 기초적인 지식뿐만 아니라 전문적인 지식에의 접근도 용이하게 하였다. 인터넷이나 대중 매체를 통해서 쏟아지는 갖가지 정보들은 학교에서 배울 수 있는 지식과는 비교도 될 수 없을 만큼 엄청난 양이다. 또한 〈새로운 지식의 생명은 72시간〉이라는 말에서 볼 수 있는 것처럼 급속한 사회 변화만큼이나 빠르게 변하는 아이들과 지식의 생명 단축은 학교 현장에서 기본적인 지식 교육조차 어렵게 하고 있다. 인성 교육과는 배치되는 개념으로 지식 교육을 규정하고, 학교에서 배우는 지식에 대한 경시 현상이 확산되면서 교사의 지식 생산자로서의 권위가 위협받고 있는 것이다. 교직의 전문성에 대해서 교사 스스로도 자조적이다. 자기 계발이나 교재 연구 등 교수 활동과 관련된 시간이나 여건이 전무한 상태에서 교사의 전문성을 기대한다는 것은 어쩌면 무리일 수 있다. 교사들의 전문적인 권위는 사회 체제 내에서 교육 정책 결정 과정에서 가장 우선시 되어야 할 것이다.

셋째, 법률적 권위의 회복이다. 헌법을 비롯한 교육 기본법이나 교원 지위 향상을 위한 특별법 등에는 교원의 법적 지위를 보

〈표 5〉 교원의 사회적 지위

(단위 : %)

구분		학부모	교원
사회적 지위	매우 낮다	2.8	15.1
	낮다	17.3	45.4
	보통이다	50.0	33.7
	높다	25.9	5.4
	매우 높다	1.9	0.0
	무응답	2.0	0.3
	사례 수	3,019	1,532

임연기, 앞의 글.

장하고 있다. 그러나 현장 교사들은 이러한 법률적 보장을 체감하지 못하고 있다. 여전히 교사들의 자주적이고 자율적인 권위의 형성이 어려우며, 학생 지도조차 상부 기관의 통제를 받아야 하는 실정이다. 최근의 체벌 문제에서 나타났듯이 교사들의 학생지도 행위가 법의 잣대로 정해지는 상황에서 교사들의 법률적 권위를 논의하는 것조차 무의미한 일일는지도 모른다. 점점 위축되어 가는 교사들의 수업권과 학생 지도권의 법률적 보장은 이러한 배경에서 시급히 시행되어야 할 과제이다.

넷째, 교사의 사회적 권위이다. 교사는 전문적인 권위와 함께 사회 리더 집단으로서의 정체성이 확보되어야 한다. 사회적 권위의 확립은 교사들에 대한 물질적 충족뿐만 아니라 사회적 지위의 재고를 통해 이루어져야 한다. 그러나 임연기의 연구에 의하면 교사들의 사회적 지위에 대해서 학부모와 교사들은 상반된 견해를 나타내고 있다. 학부모들의 77.8%가 교사들의 사회적 지위를 대체로 적정한 수준(〈보통이다〉 포함)이라고 생각하는 반면 교사들은 60.6%가 상당히 낮은 평가를 받는다고 생각하고 있다.

이러한 인식의 차이는 사회적 지위에 대한 기준의 차이에서 오는 것으로써 교직에 대한 학부모의 기대치에 비해 교사들의 사명감이나 자부심은 상당히 낮음을 알 수 있다. 그러므로 교사로서의 자긍심을 유도할 수 있는 연수 기회의 확대와 교직에 대한 사회 인지도를 향상할 수 있는 캠페인 등 대중 홍보를 위한 정책이 필요하다. 이는 곧 교사들의 사회적 권위를 향상시킬 수 있는 노력이기도 하다.

한편, 사회적으로 합의된 교사상의 부재도 교사들의 사회적 권위를 위축시키는 한 요인이라 할 수 있다. 급속하게 변화하는 사회 속에서도 유지되어야 할 바람직한 교사상이 제시되어 있지 않은 현실에서 교사의 모습은 각종 매체를 통해 그 일면만이 강조되어 왜곡된 모습으로 비춰질 수 있다. 변화하는 세계 속에서 변모해야 하는 교사의 모습도 필요하지만 그럼에도 변하지 않아야 할, 사회적으로 합의된 교사의 모습은 더욱 절실하다. 이것이 점점 무뎌지고 있는 교사의 모든 권위를 회복할 수 있는 가장 근본적인 시도일 것이다.

5 어떻게 도와줄 것인가?

1) 학생들을 어떻게 도와줄 것인가?

한 아이가 제대로 자라서 건전한 성인이 되는 데는 부모와 교사만 필요한 것이 아니라 전 마을과 사회가 필요한 것이다. 모두가 청소년에게 관심을 가져야만 청소년은 바르게 자랄 것이다. 가정에서 가르쳐야 할 것을 가르치지 않으며, 학교가 아이들에게 무관심하고, 사회가 아이들을 악용할 때, 우리들의 미래도 없다. 가정은 원초적 관계들로 이루어지는 공간이지만 가르쳐야 할 근본적인 것은 반드시 가르쳐야 한다. 질서를 지키고, 예의를 배우고, 일의 중요성을 아는 것은 대부분 가정에서 가르쳐야 할 일이다. 학교가 그 많은 학생을 데리고 모든 것을 다 가르칠 수는 없다. 흔히 가정에 법도가 있고, 양반스러운 가정이 있는가 하면 전혀 그러한 것을 가지지 못하는 가정이 있을 것이다. 줄잡아 10%의 아이들은 가정에서 충분한 교육을 받지 못하는 아이들일 것이다. 이런 아이들을 어떻게 도와야 하는가? 파괴된 가정, 왜곡된 가정을 도울 수 있는 사회적 시스템을 가져야 한다. 아이들이 비정상적인 시스템으로부터 어느 정도 해방되어 자기 장래의 일에 몰두할 수 있는 최소한의 배려를 마련해 주어야 할 것이다. 〈자식을 기르는 사람은 큰소리를 치지 말라〉는 말이 있다. 자식을 기르는 일은 부모에게 엄청난 시간과 노력과 정성을 요구하는 20-30년의 일인 것이다.

특히 우리나라 학교 교육이 앞에서 지적한 바와 같이 제 기능을 하지 못할 때, 부모의 역할은 더욱 어려워진다. 부모가 학교 교육을 믿지 못하고, 기대하는 부분의 상당수를 포기하며, 부모들이 그 기능을 대신해 주어야 하는 것이 우리의 현실이다. 이런 점에서 2000년대의 부모들은 1950년대의 부모들보다 훨씬 어렵다.

둘째, 어려서부터 또래를 챙겨야 한다. 30년 간 교직에 봉사한 교장 선생님의 은퇴식 날 나는 단도 직입적으로 한마디 물었다. 〈선생님, 우리나라 교육의 문제점에 대해 말씀해 주시죠.〉 선생님께서는 바로 말씀해 주셨다. 〈학교를 다녔기 때문에 문제가 생겼다〉라고. 나는 이 말이 너무도 의미심장하였기 때문에 두고두고 가슴에 새겼다. 학교를 다녔기 때문에 문제가 생겼다는 말은 바로 또래 문화를 두고 하는 말이 아니었을까? 또래를 챙기라고 하는 말은, 그 아이들이 함께 모여서 더 교육적이고 더 문화적인 활동들에 몰두하도록 부모와 교사가 함께 챙겨야 한다는 것이다.

요새 젊은 부모들 사이에 낭만적으로 생각하여 아이들에게 친구가 되어주는 경우를 많이 본다. 흔히 과보호, 공주병, 왕자병 등으로 표현되는 이러한 현상은 부모들이 너무나 허용적이기 때문에 생기는 문제이다. 사실 아이들은 바깥에 친구가 많다. 그 아이들이 집에 들어오면 민주적 권위를 갖는 부모가 꼭 필요한 것이다. 아이들은 부모가 친구가 되어주기를 원치 않는 것이다. 부모는 내 아이만 보지 말고 내 아이를 둘러싸고 있는 또래를 챙겨서 그 또래들이 모여서 건설적으로 할 수 있는 일들을 계획해야 한다. 그렇게 함으로써 비건설적인 또래 문화에 빠지는 것을 막을 수 있는 것이다.

셋째, 가정에도 문화가 있어야 한다. 가정은 하숙집이 아니라 부모와 지식이 함께하는 분명한 공동체이며, 가정에 문화가 있어야 아이들이 문화적으로 자라는 것이다. 어떤 아빠는 아이를 데리고 히말라야 산맥까지 간 적이 있고, 또 어떤 아빠는 아이를 데리고 낚시를 가고 미술관을 가며 박물관을 가고 책도 읽고 음악회도 가고 바둑도 두고 씨름도 같이 하며 아이와 함께 공통적인 그들만의 문화를 형성한다. 이런 공유되는 문화가 있을 때, 아이들은 문화적으로 자랄 수 있다. 이런 문화적인 활동은 반드시 아이들과 부모가 함께해야 하는 것이다. 과거 30년 동안 변화된 부모-자식 관계는 이렇게 공유된 활동이 줄었다는 점을 특징으로 한다. 원래 우리 문화는 부모와 아이들이 함께 문화를 공유하는 것이었다. 필자가 외국에 있을 때 크리스마스 파티에 간 적이 있었다. 그때 아이들을 데리고 갔었는데, 한 서양 여자가 우리의 문화가 참 부럽다는 얘기를 하며, 아이들을 그렇게 데려와서 함께 즐기는 문화가 보기 좋다고 부러워했다. 이제는 점점 사라져 가고 있다.

넷째, 청소년의 건강한 성장을 위해서 사회가 할 일도 많다. 아이들은 특정한 시대에, 특정한 문화권에, 특정한 마을에, 특정한 가정에 태어나는 것이다. 사회가 어떤 문화를 가지고 있느냐는 자라나는 아이들에게 바로 영향을 준다. 아이들이 가정과 학교에만 있다고 해서 문화의 영향을 안 받는 것은 결코 아니다. 만일 우리 문화가 먹고, 자고, 마시고, 즐기는 향락적인 문화라면 그것은 그대로 청소년 문화에 영향을 준다. 즉, 사회가 얼마나 문화적으로, 교육적으로 성숙해 있느냐는 청소년의 성장과 직결되어 있다. 한 마을이 정신적으로 얼마나 건강한가 하는 것은 그 지역 사회의 구성원 모두에게 영향을 줄 것이다. 우리나라 문화는 필자가 관찰한 바로는, 아직도 피아제가 말하는 구체적 조작기를 벗어나지 못해서, 당장 눈에 보이는 것만 챙기고, 그것이 비록 해독일지라도 보이지 않는 것을 못 보는, 또는 보지 않으려고 하는 풍조가 팽배해 있다. 어떻게 하든 돈만 벌면 된다는 풍조가 청소년들을 악용하고 있는 것이다.

2) 교사들을 어떻게 도와줄 것인가?

교사의 사기가 떨어지고 권위가 실추된 이 시점에서 그러면 우리는 어떻게 교사를 도와줄 수 있을 것인가? 물론 행정적 측면을 비롯한 여러 가지 측면에서 교사를 지원하는 지원 체제가 있다. 그러나 우리나라 교육에 있어서 그 지원 체제는 여러 문제점을 갖고 있다고 생각한다. 지원 체제라고 하는 것이 실상 지원을 해주는 것인지 그들을 압박하는 것인지 등에 대한 고찰도 필요하며 과연 어떤 방법으로 그들을 지원해 주어야 좋은가에 관한 대안 모색도 필요하다. 이에 따라 다음의 다섯 가지 영역으로 교사들을 도와줄 수 있는 지원 체제의 방향 변화에 대해서 논하기로 한다.

첫째, 상명하달식의 관료적 행정 체계에서 자율성과 다양성을 인정하는 수평적 행정 지원 체제로의 변화가 필요하다. 우리나라의 교육 행정 체계는 현장의 요구를 반영하는 제도적 장치가 미흡하다. 교육을 가장 잘 아는 사람들은 바로 교육 현장에 있는 교사들이므로 이들과 대화하여 실제로 교육 현장에서 필요한 지

74

원 체제가 무엇인지 그들의 목소리를 통해서 알아볼 수 있는 제도적 장치를 마련하는 일이 필요한 것이다.

한 가지 예를 들어보자. 프랑스 교육사회학자인 프랑수아 뒤베 교수는 학교 붕괴에 대한 원인으로 학생들이 학교에서 얻는 〈학교 자본〉과 학교 이외의 공간에서 얻는 〈문화 자본〉과의 괴리를 들었다. 학생이 일상적으로 경험하고 축적해 가는 〈문화 자본〉에 비해 학교에서 접하는 〈학교 자본〉이 턱없이 빈약할 때, 학생들은 학교를 거부할 수밖에 없게 된다는 것이다. 학생들은 학교에서 경험하는 자본과 일상적 생활에서 경험하는 자본의 괴리를 줄일 수 있어야 하고, 나아가 학생들이 학교에 가면 자신의 미래 밥벌이에 도움이 되는 문화 자본을 얻을 수 있다고 생각되지 않는 한 현재 학교 붕괴의 문제를 해결하기 어려울 것이다[4]. 이러한 맥락에서 생각해 볼 때 현재 교사들은 그들이 학교에서 학생들에게 제공해 줄 수 있는 〈학교 자본〉 이외에 학생들이 접하는 〈문화 자본〉이 무엇인지를 분석하고 그것을 습득하기를 원하고 있다. 상황이 이러하다면 실제로 정부는 교사들이 〈문화 자본〉을 체득할 수 있는 지원 체제를 제도적으로 재정적으로 마련해 주어야 할 것이다.

그러나, 우리의 교육 현실에서 교사들이 무엇에 어려움을 느끼고 무엇을 원하는지에 대해서 그들의 요구를 수렴하는 행정 체계는 존재하지 않는다. 〈수행 평가〉나 〈종합 생활 기록부〉 등을 생각해 볼 경우, 교육 정책은 현장의 상황을 인식하지 못한 채

---

4) 조한혜정, 「〈교실 붕괴〉 상황을 계기로 탐색하는 새로운 교사상」, ≪중등우리교육≫ 제119호(우리교육, 2000).

수립되었고, 교사는 이 정책을 수용할 수밖에 없다. 중·고등학교의 교과 담당 교사가 그 많은 학생들의 포트폴리오를 개별적으로 분석하고 평가할 수 있는 여건이 마련되어 있는가? 더불어 그 교사가 학급 담임을 맡고 있을 경우 학생들의 생활을 면밀히 관찰하고 지도하고 평가할 수 있는 시간적 여유가 존재하는가? 결국 형식적인 규정에 맞추어 벌점을 부과하고 의례적으로 평가하는 일들만이 존재할 뿐이다. 외국의 경우 학생들의 포트폴리오 검토와 생활 지도안 작성을 위해서 학생이 학교에 등교하지 않는 날을 마련해 놓기도 한다. 결국 국가에서는 교육 정책의 방향만을 결정하고, 실제 현장에서는 정해진 정책의 규정만을 시행해 볼 뿐 교육적으로 이로운 활동들이 이루어지고 있다고 이야기하기 힘들다.

교사들은 현재 그들이 습득해야 할 〈문화 자본〉에 접근할 기회도 갖지 못하고 그저 업무를 수행하는 사람이 되고 말았다. 교사는 교육 활동을 하는 사람으로 그들은 교육에 필요한 것이라면 무엇이든 알아보고 필요한 것을 체득하여 교육 활동에 응용하고자 하지만 그럴 만한 지원을 받지 못하고 또 요구할 제도적 장치도 보장받지 못하고 있는 실정이다. 현재 학교의 상황에 대한 면밀한 검토와 분석 그리고 교사들이 절실하게 원하는 요구를 수용할 수 있는 제도적 장치가 마련되지 않는 한 한국 사회에서 건실한 기초 교육의 확립은 어려울 것이다.

둘째, 경제 논리적 행정 체계를 지양하고 가치 중심적 행정 체계를 마련해야 한다. 1997년 하반기 이후 한국은 IMF를 겪으면서, 교사들 또한 그들의 직업으로서 교직에 대한 안정성을 잃어

가고 있다. 국가는 단순한 경제 논리에 입각해서 인건비가 많이 소비되는 경력 교사들을 퇴출시키고 교사들의 봉급을 제한하기까지 하였다.

〈표 6〉에서 알 수 있듯이 1970년대 이후 점차 줄어들었던 교사의 퇴직률은 1999년 급격히 증가하였다. 이는 교육부에서 정부 예산 중 교육비의 삭감을 목적으로 교원들의 명예퇴직을 권고하였기 때문이다. 앞서 영국의 경우 IMF를 겪었을 때 다른 분야에서는 긴축 정책을 폈지만 교육 분야에는 과감한 투자를 하였다는 이야기를 하였다. 교육을 단순한 경제 논리로 보아서는 안 된다. 교육에서 어떻게 수요자 중심의 논리만이 존재할 수 있는 것인가? 오히려 교육은 경제보다는 가치 중심의 행정 지원을 해야 한다. 물론 교사들의 처우 개선만이 교육의 질을 향상시키는 결

〈표 6〉 교원의 퇴직률

(단위 : %)

구분	초등학교	중학교	일반계 고등학교	실업계 고등학교
1970	7.0	10.8	9.8	10.3
1975	2.3	7.1	7.9	6.5
1980	3.7	9.3	8.0	9.4
1985	1.4	3.8	4.5	4.5
1990	1.7	2.7	3.5	2.8
1995	2.5	2.0	2.3	2.2
1998	1.2	1.1	1.1	1.2
1999	6.3	3.8	2.8	3.8

퇴직률 = (당해년도 퇴직 교원수/전년도 총교원수) × 100
교육부・한국교육개발원, 『교육통계편람』(1999).

정적인 요인은 될 수 없으며 교사들도 스스로 교육의 발전을 위해 노력하지 않는다면 교육의 질적 향상은 이루어질 수 없는 일이다. 그러나 교사들을 시장의 상품으로 취급하여 학습자나 학부모의 편의만을 생각하는 경제 논리적 행정 체계의 수립은 교육의 한 주체로서의 교사의 존재를 무시하는 일이므로 결코 교육에 있어서 발전적 대안이 될 수 없다.

또한 경제 논리의 다른 예로, 수요자 중심의 경제 논리는 열린 교육의 도입을 가져왔다. 그러나 열린 교육은 권위주의 교육으로부터 벗어나게 하는 중요한 의미를 갖는 교육 개혁 운동이었으나, 교육의 쓴맛을 고려하지 않은 채 단맛만을 고려한 나머지, 주의가 산만하고 노는 것에만 익숙한 아이들을 만드는 서머힐적 교육의 무정부화 경향을 노정시켰다[5]. 열림과 동시에 이루어져야 할 닫힘과의 변증법적 기능을 소홀히 함으로써 교육의 방법적 기능이 함몰되는 우를 범하였던 것이다. 즉 교육의 규범적 기능을 순응적 교화로만 협소하게 여기고 배격하는 역기능을 초래한 것이다.

교육은 공공성을 가진 것으로, 만일 교육을 시장의 기능에 맡겨버리는 경제 논리로 이해한다면 오히려 교육의 위기를 심화시킬 것이다. 즉 우리의 교육은 철저히 시장의 수요와 공급의 원칙에 맞추어 운영될 뿐 우리 사회의 연대감은 더욱 와해되고 교육의 불평등은 심화되는 결과를 낳고 말 것이다. 교육에 있어서 존중되어야 할 것은 분명히 존중되고, 보장해야 할 것은 분명히 보

---

5) 심성보, 「교육 개혁의 오류와 학교 붕괴의 공동체적 극복」, 『학교 붕괴』(푸른 나무, 1998).

장해야 하며, 심지어 닫혀져야 할 것은 닫혀질 필요도 있는 것이다. 교육 지원 체제에 있어서 경제적 가치와 논리가 아닌 사회적·문화적·역사적·교육적 가치와 논리를 중심으로 생각해야할 필요가 현재 우리에게는 절실하다.

셋째, 교사의 전문성을 개발하는 지원 체제의 수립이 필요하다. 교육 현장에서 발생하는 모든 문제들이 교사의 무능력함에 원인이 있다고 치부해 버릴 것이 아니라 오히려 변화하는 사회와 문화에 대해서 교사들이 그들만의 전문성을 신장·계발할 수 있는 지원 체제의 수립이 필요한 것이다. 즉 급격히 변화해 가는 사회적 분위기 속에서 교사도 그 변화에 대처할 수 있는 재교육의 시행이 필요하다. 이미 학생들은 사회적 변화의 첨단에 서 있으므로 그들을 교육하기 위해서 교사들은 연수와 세미나 등 끊임없이 재교육을 받아야만 학생들을 교육할 수 있다. 최근 교사들에게 쏟아지는 비판 중에 〈경쟁력 낙후〉라는 것이 있다. 세미나 참여나 연수 한번 받아볼 수 없도록 만들어놓고 〈경쟁력 낙후〉라는 표현을 쓰는 것은 어쩌면 어불성설인 것이다. 학교는 교사들의 교육대학원 진학을 격려하고 지원해야 할 것이며, 또한 많은 연수회와 세미나를 통해 교사들이 스스로의 능력을 더욱 계발하도록 도와주어야 할 것이다.

더불어 교사들의 과중한 업무를 줄여주어야 한다. 우리의 학교는 교사에게 너무 많은 일을 요구하고 있다. 교사는 교재 연구자, 사무자, 개별 지도, 방과 후 지도, 부모 상담, 진로 지도, 전문 연수, 개인적 성장에 대한 투자, 지역 사회 봉사 등 한 개인이 해내기에는 거의 불가능한 업무를 부담하고 있다. 교육 문제에서 교사는 만병통치약이 아닌데 초인적인 능력을 요구한다.

교사들의 업무 중 가장 중요한 것은 물론 수업이다. 이 수업 시수에 관해 교사들이 담당하는 실제 주당 수업 시수와 그들이 인식하는 적정 주당 수업 시수와의 차이는 다음 〈표 7〉과 같다.

〈표7〉 초·중등 교사의 실제 및 적정 주당 수업 시수

(단위 : 시간)

구분	실제	적정
초등학교	26.44	20.9
중학교	18.77	16.3
고등학교	16.04	15.1

허태진 외, 『교사의 사회적·경제적 지위에 관한 교원 인식 조사』
(한국교원단체총연합회, 1997).

조사 결과를 통해 알 수 있듯이 교사들은 실제 그들이 담당하는 수업 시수보다 대체로 더 낮은 시간을 요구하였고, 초등학교의 경우에는 그 차이가 더욱 큰 것으로 나타났다. 초등학교의 경우 한 명의 교사가 여러 과목을 담당할 뿐만 아니라 중·고등학교의 경우 적은 교사 인원으로 많은 학급을 담당하다 보니 당연히 수업 시수는 늘어나고 따라서 교재의 연구를 위한 시간은 줄어들 수밖에 없는 실정이다. 결국, 교사는 한번 준비한 수업으로 지나치게 많은 시간 동안 수업하고 그에 따라 학생들은 교사를 〈앵무새〉로까지 여기고 있다. 교사가 교재를 연구하고 학생들의 수준에 맞추어 수업을 하기 위해서는 수업 시수를 줄이고 오히려 교재와 학생을 연구하고 수업을 준비하는 시간이 더욱 늘어

나야 한다.

또한 교사는 학생들을 면담하고 지도하는 업무를 수행해야 한다. 〈표 8〉과 〈표 9〉에서 알 수 있듯이 과거에 비해 향상되었다고 하나 현재의 한 학급당 학생 수와, 1명의 교사가 담당해야 하는 학생 수를 고려해 볼 때 학생들을 면담하고 지도하는 일은 어려운 일이다.

〈표 8〉 학급당 학생 수

(단위 : 명)

구분	유치원	초등학교	중학교	일반계 고등학교	실업계 고등학교
1970	34.1	62.1	62.1	60.1	56.1
1975	36.5	56.7	64.5	59.8	57.0
1980	38.4	51.5	62.1	59.9	59.6
1985	34.5	44.7	61.7	58.0	55.5
1990	28.6	41.4	50.2	53.6	51.5
1995	28.5	36.4	48.2	48.0	47.9
1998	26.6	34.9	40.8	49.0	47.1
1999	26.8	35.4	38.9	47.2	44.6

교육부 · 한국교육개발원, 앞의 책.

현재, 학교 통폐합의 논의가 되고 있는 사항들을 고려해 본다면 물론 일선 학교의 학급당 학생 수는 더욱 증가된 수치가 될 것이다. 어쨌든 이러한 점들을 고려해 본다 할지라도 교원을 수급하는 일은 교사의 상담, 생활 지도 업무의 부담을 덜어줄 수 있다는 측면에서 더욱 노력해야 할 사항이다.

〈표 9〉 교원 1인당 학생 수

(단위 : 명)

구분	유치원	초등학교	중학교	고등학교
1970	13.4	56.9	42.3	29.7
1975	14.9	51.8	43.2	31.4
1980	19.9	47.5	45.1	33.3
1985	33.9	38.3	40.0	31.0
1990	22.4	35.6	25.4	24.6
1995	20.7	28.2	24.8	21.8
1998	20.0	27.4	20.9	22.0
1999	20.4	28.6	20.3	21.4

같은 책.

한편 교사는 〈가르치는 일〉뿐만 아니라 잡다한 행정 업무를 수행해야 한다. 수업 이외에도 교사들에게는 교육부는 물론 교육청이 올려 보내라고 독촉하는 각종 계획서·평가서가 산적해 있다. 어느 주간지에는 교사의 업무량에 관해서 한 초등학교 선생님의 이야기를 싣고 있는데, 특히 교육부가 〈교육 비전 2002〉를 발표한 뒤부터 교사가 올려야 하는 계획서와 평가서가 늘어났다면서 이런 업무를 처리하다 보면 아예 수업 진행을 하지도 못한다고 푸념한 바 있다[6]. 1998년 한국 교총이 실시한 연구에서 교사의 주당 평균 잡무 처리 시간이 11시간 이상 되는 비율도 상당히 높은 것으로 나타났다.

---

6) 《시사저널》, 1999. 5. 20.

〈표 10〉 주당 평균 잡무 처리 시간

(단위 : %)

구분	초등학교	중학교	고등학교
3시간 미만	14.8	17.0	16.3
3-6시간	45.4	45.7	34.2
7-10시간	20.9	22.3	33.2
11시간 이상	17.8	13.8	15.3

정정규 외, 『당면 교원 정책 대안 개발을 위한 교원 인식 조사』
(한국교원단체총연합회, 1998).

교사는 〈슈퍼맨〉이 아니다. 그들에게도 주어진 시간이 있고 또 휴식과 자기 개발을 위한 시간이 필요한 것이다. 〈표 10〉에서 알 수 있듯이 우리는 이러한 사항을 고려하지 않고서 교사에게 여러 가지 업무의 양만을 늘려 부과할 뿐이었다. 어느 누구도 최소한 교사를 도와주는 서비스 조직, 즉 교재 개발을 위한 전문 인원, 학생 상담을 위한 전문 인원 등을 고려해 본 적이 없다.

〈표 11〉은 학교의 운영을 위해 고용된 사무직원당 교원 수에 관한 내용이다.

물론 IMF 전까지 사무직원당 교원 수는 꾸준히 줄어들고 있는 상황이었지만 실제 사무직원들은 학교 운영에 관한 사무만을 담당할 뿐 교원들이 담당하는 업무를 보조하는 역할은 현재 학교에서 하지 않는다.

이제 교사들의 짐을 덜어주는 교육 정책을 세워야 한다. 이를 위한 디딤돌로써 상기한 교사들의 다양한 역할들을 분담할 전문가나 장학 집단의 필요를 주장한다. 특별 장학 부서를 만들거나

〈표 11〉 사무직원당 교원 수

(단위 : 명)

구분	초등학교	중학교	고등학교
1970	10.6	4.0	4.0
1975	9.2	4.0	4.2
1980	7.9	4.3	4.0
1985	6.7	6.6	5.6
1990	5.5	8.1	7.2
1995	5.1	8.2	7.3
1998	4.6	7.7	7.3
1999	4.8	8.0	7.5

교육부·한국교육개발원, 앞의 책.

장학진의 교체 또는 재교육을 실시하며, 교사와 학부모를 도와주는 교육심리나 교육 과정을 담당할 현장 전문가를 양성해야 한다. 가령, 미국은 〈학교-심리학자 School-Psychologist〉라는 이름으로, 캐나다는 〈어린이 발달 지원 체제 Child Development Support Services〉라는 이름으로 각 교육청마다 학생 700명당 3명씩을 배치하고 있다. 〈교사 안식년제〉를 통한 연구·연수 기회의 확대를 통하여 교사들이 자기 계발을 할 수 있는 여건 조성의 문제도 심각하게 고려되어야 할 것이다.

넷째, 교육 재정에 있어서 선진국 수준의 확보와 효율적인 투자 방안이 마련되어야 한다. 그것에 관한 논의의 하나로 학교가 학생들이 공동체 생활을 경험하는 공간이어야 한다는 주장이 제기되고 있다. 그러나 학교는 여전히 과밀 상태에 있고, 학급과

학교의 크기가 얼마이어야 하고, 어느 정도가 적절하며, 물리적 사회적 밀도와 학습 밀도와의 관계는 어떠한지조차 밝혀져 있지 않다. 학교 규모 또는 학급 규모가 일정 수준 이상이 되면 더 이상 학교는 인간적이거나, 개별적일 수가 없고 교사는 한 아이를 보는 것이 아니라 한 무리를 보게 되며, 아이들의 이름과 얼굴과 정체성은 학생 집단이라는 익명성 아래 형식적인 인간 관계에 매몰되어 버리는 것이다. 이를 위해서는 교육 환경의 개선에 우선적으로 교육 재정을 투자해야 한다. 일련의 학교 문제는 이러한 과밀 학교, 거대 학교에 대한 교육 재정의 효율적인 투자 방안이 마련되어야 논의가 가능할 것이다.

〈표 12〉는 학생 1인당 건물 면적에 관한 것으로 1980년대 중반 이후 학생 1인당 건물 면적은 증가하고 있지만 학교 내에서 실제 학생들이 생활하는 공간만을 생각한다면 자라나는 아이들에게

〈표 12〉 학생 1인당 건물 면적

(단위 : ㎡)

구분	유치원	초등학교	중학교	고등학교
1970	6.2	1.5	2.2	3.7
1975	5.7	2.0	2.2	3.4
1980	5.2	2.1	2.0	2.6
1985	2.6	2.9	2.6	4.0
1990	3.8	3.3	3.6	4.4
1995	4.2	4.7	4.1	5.7
1998	4.9	5.4	5.7	6.4
1999	5.3	5.8	6.7	7.4

같은 책.

있어서 현재 학교 건물의 공간은 더욱 확보되어야 한다고 볼 수 있다.

더불어 학교 시설의 현대화를 이루어야 한다. 〈21세기의 학생이 20세기의 선생님과 함께 19세기 교실에서 공부하고 있는〉 현실을 개선하여 지식·정보 사회에 적합한 정도의 첨단 통신, 매스 미디어 시스템을 갖추고 이를 교수·학습에 자유 자재로 활용할 수 있도록 해야 한다.

정보화 사회에 대비하여 학교에 보급된 컴퓨터의 현황을 파악하는 것도 중요하다. 〈표 13〉는 컴퓨터 1대당 학생 수를 나타내고 있는데, 꾸준히 그 비율이 낮아지고 있지만 학생들이 정보화 사회에 제대로 적응하기 위해서는 더욱 낮아져야 하며, 특히 행정용과 교원용으로 학교의 컴퓨터가 상당수 사용되고 있다는 점을 고려할 때, 정부는 더욱 많은 지원을 해야할 것으로 생각된다.

〈표 13〉 컴퓨터 1대당 학생 수

(단위 : 명)

구분	초등학교	중학교	일반계 고등학교	실업계 고등학교
1991	54.8	65.7	103.5	27.5
1992	44.8	55.1	74.9	21.0
1993	39.3	47.9	60.8	19.2
1994	31.8	43.1	47.3	18.3
1995	27.0	34.4	41.6	13.6
1998	17.3	14.8	19.6	5.5
1999	13.4	10.8	13.8	4.1

컴퓨터는 학교에 보급된 교육용, 행정용, 교원용을 모두 포함하였음.
같은 책.

또한 학교 시설·설비가 학생과 교사의 삶의 질을 높일 수 있도록 쾌적하게 되어야 하며, 보건 서비스 등 기초적인 서비스가 이루어질 수 있어야 한다. 물론 무조건 학교의 시설을 현대화하고 첨단화한다고 교육의 질적 수준이 향상되는 것은 아니다. 그러나 이 역시 우리가 교육의 수준 향상을 위해서 심각하게 고려해야 할 문제로, 교육 일선에 있는 교사들로부터 그 실상을 정확히 파악하고 그들에게 필요한 시설이 무엇인가를 의견 수렴하여 학교 시설의 현대화를 이루어야 하는 것은 당연한 사실이라 할 수 있다.

그 동안 정부는 교육 재정의 확보를 위해 많은 노력을 하였고, 자료를 살펴보면 점점 그 비율은 높아지고 있다. 그러나 〈표 14〉에서 알 수 있듯이 IMF 이후 정부는 오히려 정부 예산 대비 교육부 예산 비율을 낮추고 있는 실정이다.

〈표 14〉 국민 총생산 GNP 및 정부 예산 대 교육부 예산 비율

(단위 : %)

구분	1970	1975	1980	1985	1990	1995	1997	1998
국민 총생산 대비	2.9	2.3	3.2	3.5	2.8	3.6	4.1	4.1
정부 예산 대비	17.6	14.4	18.9	19.9	22.3	22.8	23.9	23.3

GNP는 통계청의 한국주요경제지표 참조.
같은 책.

현 정부도 대선 공약으로 선진국 수준인 교육 재정 GNP 6% 확보를 약속했으나, 현재는 교육 예산을 삭감하기 위한 논의만이 진행되고 있을 뿐이다. 미국의 경우 〈스푸트니크 쇼크〉, 〈석유

파동〉 등 경제나 국방 등 국가적 위기에 처했을 때 오히려 교육에 집중적인 투자를 했었다는 것은 누구나 알고 있는 사실이다. 그러나 우리나라는 영국이나 미국과 달리 국가에 경제적 위기가 닥쳤다 하여 교육에 대한 투자를 삭감하였다. 경제가 위기에 처했다고 해서 교육 재정을 삭감하여 그것을 경제 회복을 위해 사용한다는 것은 미봉책일 뿐 결코 근본적인 문제의 해결은 될 수 없다. 즉 앞으로 국가의 어려움을 이기고 선진국을 상대로 경쟁을 해야 하는 시점에서 이와 같은 대응은 결코 도움이 될 수 없는 것이다. 이러한 문제 인식과 문제 해결의 접근 방법의 차이는 선진국과 그렇지 않는 우리나라와의 차이점이라 이야기할 수도 있겠다. 장기적인 관점에서 교육에 대한 과감한 투자와 배려 없이 국가의 경쟁력 확보와 발전은 이루어질 수 없음을 직시하여야 한다[7].

다섯째, 공동체적 교육 체제의 확립이다. 우리나라의 경우 교육에 대한 모든 책임을 교사들이 떠안고 있는 실정이다. 물론 최근 들어 〈학교 운영 위원회〉의 도입에 관해 논의가 이루어지고 있는 실정이지만, 실상 이것들도 현장의 상황과 요구에 맞추어져 이루어지는 논의라기보다는 중앙 집권적 교육 행정의 시행일 뿐이다. 나아가 이는 공동체적이고 자율적인 학교 운영이라기보다는 감시의 기능이 더욱 강하게 부각되는 것이라 할 수 있다. 학교가 그 기능을 다하기 위해서는 교사·학생·학부모·지역 사회 모두가 참여하여 교육에 대한 책임을 공유하고 함께 고민하

7) 윤정일, 『교육 재정의 문제, 한국 교육 문제론』(청남 정원식 박사 고희기념논집 간행위원회, 1999).

며 문제를 해결해 나가는 공동체적 지원 체제가 필요하다. 현재 우리의 학교는 〈교사와 학생은 있으나 스승과 제자가 없는 곳〉이 되어버리고 말았다. 교육이 어째서 교사들만의 책임이라 할 수 있겠는가? 교사가 학교에서 학생들의 교육을 위해서 책임을 지는 것처럼, 가정에서는 학부모가 학생들의 교육에 대해서 책임을 져야 하는 부분이 있고, 지역 사회 구성원들도 학생들의 교육에 대해서 책임을 공유해야 하는 부분이 있으며 더 나아가 국가도 책임을 져야 하는 부분이 있는 것이다. 이러한 인식에 의하여 공동체적 교육 지원 체제가 확립된 후에 〈단위 학교별 책임 운영제〉 등을 논할 수 있고, 그때가 되어서야 바람직한 방향으로 〈학교 운영 위원회〉가 조성, 운영될 수 있다.

러시아에는 〈아름다운 학교 운동〉이라는 것이 있었다. 국가가 경제적 위기를 맞고 교사들도 직업의 안정적 보장을 받지 못하자 학교를 떠나기 시작했다. 그러나 이때, 다시 교육으로부터 문제를 해결해야 된다는 인식이 교사들 사이에서 일어났고 이에 동의하는 학부모와 학생 그리고 지역 사회 구성원들이 〈아름다운 학교 운동〉을 일으켰던 것이다. 그 결과, 학교는 국가의 희망으로서 자리 잡게 되었고, 그 구성원들은 자신들의 인식과 운동에 자부심을 느낄 수 있게 되었다. 이러한 예는 이탈리아의 작은 도시인 레지오 에밀리아에서도 일어났다. 2차 대전 이후에 그 지역의 아동들의 교육을 걱정하는 학부모들이 직접 빈 건물을 수리하여 학교를 만들고 아이들을 교육하기 시작하였으며, 이들은 지역·교사·학교가 공동체를 이루어 현재도 전통을 이어가고 있다. 이러한 〈레지오 에밀리아〉의 유아 교육은 1992년 ≪뉴스위

크≫가 세계 최고의 유아 교육으로 다루기까지 하였다. 우리나라에서도, 이러한 공동체적 교육의 형태는 여러 가지 대안 교육의 형태로 논의·실천되고 있으며, 이러한 것들은 현재 우리의 교육 현실에 시사해 주는 바가 크다.

앞에서 예시한 몇 가지의 사례는 과연 공동체적 교육 지원 체제를 마련하고자 할 때 어떤 접근이 이루어져야 하고 그 과정은 어떠해야 하는가에 대해서 우리에게 알려주는 것들이 있다. 즉, 공동체적 지원 체제의 마련을 위해서는 교육 주체들의 자발적인 문제 인식과 책임 공유 그리고 연대 의식의 확산 등이 전제가 된 후에, 교육 과정과 교육 재정 등을 논의해야 하는 것이다. 공공적 성격의 교육을 논할 때, 우리에게도 이러한 자발적인 공동체 형성이 필요하며, 이에 대한 국가적 차원의 지원이 필요하다.

6 맺음말

우리나라에서는 높은 교육열 때문인지 교육의 문제가 곧 사회의 문제로 확대되는 경향이 많은 것 같다. 그러나 대부분의 논의는 대학 입시나 고등 교육에 머물러 있어 국민 보통교육이라 할 수 있는 기초 교육에 대해서는 깊이 있는 관심이 없는 듯하다.

새 학기가 시작되는 대학 캠퍼스의 최대 이슈 가운데 하나가 등록금과 교육 재정에 관련된 문제이다. 필자가 재직하고 있는 학교에서도 〈교육 재정 6% 확보〉라는 대자보를 종종 보게 된다. 그러나 과연 교육 재정으로 국가 예산의 6%가 확보된다면 그 쓰임은 어떻게 결정될까? 중·고등학생들이 그 쓰임새에 대해 이의를 제기할 리도 없고, 유·초등학교의 경우는 더욱 그러할 것이다. 결국 기초 교육을 받고 있는 학생들에 대한 배려는 국가적 차원의 정책으로만 가능할 것이다. 전술한 바와 같이 교사의 제반 여건과 학생들의 발달 특성들을 고려한 교육 환경의 조성, 사회·문화적인 공동체 의식의 함양, 그리고 변화하는 사회 속에서 교육의 주체들이 조화롭게 적응할 수 있는 정책적 지원이 필요할 것이다.

학생들의 변화에 대하여 개탄만 하고 〈요즘 아이들은 ……〉이라는 표현으로 아이들을 매도할 것만이 아니라, 우리가 그들의 달라져 가는 문화를 이해하고자 노력해야 한다. 학급에서뿐만 아니라 특별 활동 시간에도 그들을 만나 그들이 좋아하는 놀이나 음악, 춤 등을 알아보고 이해하려는 노력 자체가 중요한 것이다. 그러한 노력을 할 때에 그들은 〈외롭지 않다〉는 느낌을 갖게 되는 것이다. 우리가 과연 얼마나 이러한 노력을 하였는가? 이러한 점을 생각해 본다면 모든 유·초·중·고등학교에서는 학생들의 다양한 방계 조직의 운영을 활성화하여야 할 것이다. 조금 공상적인 이야기이지만 학교마다 혹은 몇 학교가 공동으로 최상의 도서관, 최상의 체육관, 최상의 문화관, 최상의 박물관 등을 가져야 한다. 자라면서 할 것 없고, 갈 곳 없는 젊은이들이 과연 무엇을 생각하고 있을 것인가?

또한 교육자에게 교육에 관한 권한을 대폭 이양해야 한다. 이스라엘은 어느 마을에 가나 그 지역의 교육에 관한 한 그 지역의 교사의 의견과 일반직이 아닌 교육 행정가들의 결정에 따른다.

그 지역에서 교육 시설은 학교를 따라갈 곳이 없다고 한다. 이러한 것에 비추어서 이스라엘은 과외도 없고 학원도 끼여들 자리가 없으며 가정 교육은 학교 교육에 보조적인 역할을 한다. 이것은 교육에 대한 이스라엘 국민과 정부의 엄청난 투자와 신뢰 속에서 성장한 것이다. 우리나라는 교육열에 있어서는 이스라엘 부모들에 못지않지만 교육 여건이 선진 OECD 10개국 중 마지막을 차지한다. 이러한 상황 속에서 학교 교육보다는 가정 교육이 더 중요하게 보이고 학교보다는 학원이 더 중요하게 느껴지게 된다. 따라서 교육이 교육다워지기 위해서는 적극적인 투자와 국민적 합의를 끌어내는 웅변과 설득이 필요한 것이다. 1960년대 보릿고개를 타파하기 위한 경제 개발 5개년 계획처럼 교육의 황폐화를 막기 위한 숙명적 결단이 요구되는 시점이다. 우선 우리는 빨리 교사 대 학생 비율을 대폭 줄이고(1 : 20) 교사의 잡무를 처리해 줄 수 있는 사무요원들을 대폭 늘려주고, 교무실에는 회의 장소로 두고 각 교사가 독방을 갖고 연구하고 생각할 수 있는 공간을 마련해 주어야 한다. 더불어, 교사의 봉급 수준도 일반직보다 더 높게 주어야 하고 일본처럼 기업체의 80%를 주려는 노력이 있어야 한다.

요사이 벤처 기업의 열풍이 불고 코스닥이 등락을 거듭하고 있다. 오래전부터 늘 생각한 것 중에 교육에서 교육 벤처가 있어야 한다는 것이 있다. 새로운 교육 방향의 시도와 보급을 위한 개발 전달 체제를 확립해야 한다. 그러한 자생적 노력 없이 새로운 것이 일어나리라고 기대하기 어렵다. 교육의 새로움을 개발하려는 여러 움직임들이 있어왔다. 예를 들어, 간디 학교, 풀무농업

학교, 상생회 등의 움직임이 있었지만 그것이 교육적으로 얼마나 타당하냐를 떠나서 나름대로 우리에게 시사해 주는 것이 많았다. 다만 그러한 학교를 세우고 운영하는 분들의 개인적인 희생이 너무 컸는데, 교육에서 이러한 벤처를 시도할 만한 지원 체제가 전무한 상태라고 생각된다.

방대한 주제인데다가 지면이 제한되어 있어 본고에서 다루지 못한 것들이 아직 많이 남아 있다. 교육 제도상의 문제, 교과서를 포함한 교육 과정의 문제, 교육 재정 배분의 문제, 장학 제도의 개편 문제, 교육 자치에서 오는 미비점 등의 문제는 다음 기회로 미루기로 한다. 다만, 기초 교육이 제대로 이루어지지 않고 고등 교육이나 평생 교육의 성공 가능성을 예견한다는 것은 쉽지 않은 일이다.

교육은 미래에 대한 희망과 서로에 대한 신뢰 속에서 싹틀 수 있는 씨앗이다. 그 토양을 갈고 고르는 일은 기초 교육을 통해 가능할 것이다. 우리의 관심을 기초 교육에 돌려야 하는 이유가 바로 이것 때문이다.

〈참고 문헌〉

광주광역시 교육청,『전국 시·도 교육감 협의회 자료』(1999).

교육법전편찬회 엮음,「공무원 보수 교정」,「공무원 임용령」,『교육법전』
　　(1999).

교육부·한국교육개발원,『교육통계편람』(1999).

심성보,「교육 개혁의 오류와 학교 붕괴의 공동체적 극복」,『학교 붕괴』
　　(푸른나무, 1998).

윤정일,『교육 재정의 문제, 한국 교육 문제론』(1999).

이연섭,「유아 교육 기관 운영의 어려움과 개선 방안」,『국회 교육 정책
　　포럼 세미나 자료집』(1998).

이연섭,「교육 개혁에 대한 교육심리학적 질문」, ≪교육심리 연구≫ 13권
　　(1999).

이종각,「21세기 학교와 교실 어떻게 달라져야 하는가」,『21세기 학교
　　교육 발전 방향 모색』(한국교육과정평가원, 2000).

임연기,「교육에 대한 국민 의식 조사 연구」(한국교육개발원, 1998).

전종호,「학교 붕괴 현상에 대한 교육 주체의 의식 조사 연구」,『학교
　　붕괴』(1999).

정정규 외,『당면 교원 정책 대안 개발을 위한 교원 인식 조사』(한국교
　　원단체총연합회, 1998).

조한혜정,「〈교실 붕괴〉 상황을 계기로 탐색하는 새로운 교사상」, ≪중
　　등우리교육≫ 통권 제119호(우리교육, 2000).

통계청,『한국의 사회지표』(1999).

허태진 외,『교사의 사회적·경제적 지위에 관한 교원 인식 조사』(한국
　　교원단체총연합회, 1997).

기초 교육의 중요성

서풍일

발제자의 글은 현장 교육을 담당하고 있는 교원에게는 물론 흔히 교육의 수요자라 불리는 당사자들에게도 우리의 교육 현실에 대하여 많은 것을 시사해 주고 있다고 생각합니다. 또한 발제문의 〈교사와 관련된 몇 가지 생각〉 중 〈떨어지는 교사들의 사기〉 부분에서 지적한 다섯 가지는 교육 현장에 있는 교원들의 정서를 너무나도 정확하게 파악하고 있기에 놀라움을 금할 수 없습니다.

토론자는 발제자의 글을 전폭적으로 수용하기에, 토론이라기보다는 발제자의 글에 기초 교육에서 기초를 소홀히 하여 발생하고 있는 몇 가지를 첨가하고자 합니다.

교육 전문가가 아니더라도 학교에 대한 일반적인 생각은 같을 것입니다. 학교란 첫째도 둘째도 지식을 전수하는 곳이며, 하기

싫은 교과목도 배우고, 더불어 사는 법도 배우며, 남과 비교하여 내가 가진 특기와 소질이 무엇인지 깨달을 수 있는 곳이기에 인격의 도야 또는 품성 함양의 장이기도 한 것입니다.

그런데 요즈음 와서 학교를 단순히 지식을 전달하는 곳으로 몰아가고 부각시키려는 의도 때문에 각종 부작용이 파생되고 있습니다. 문제는, 그런 의도를 부작용으로 생각하고 그에 대한 개선책 내지는 대책을 세워야 할 터인데, 본말이 뒤집혀 부작용을 근본 문제로 취급하고 있다는 것입니다. 따라서 철학도 기초도 없는 사상누각을 짓고 마는 시행 착오를 범하는 것입니다.

집을 그리라고 하면 일반 사람들은 대개 지붕부터 그립니다. 그러나 목수 일을 하는 사람은 정반대로 먼저 주춧돌을 그린 다음, 기둥, 도리, 들보, 서까래, 지붕의 순서로 그립니다. 이 세상에서 지붕부터 지을 수 있는 집은 없기 때문입니다.

그럼에도 불구하고 우리의 교육 현실이나 정책은 대부분 지붕만 요란하고 그럴듯하게 그리고 있기에 견뎌낼 수가 없는 것입니다.

그러한 예를 보겠습니다.

첫째, 7차 교육 과정은 선택 과정의 운영과 수준별 교육 과정의 운영이 특징입니다. 이 두 가지 특징이 성공적으로 이루어지려면 먼저, 교사의 수급과 연수 문제, 학급당 학생의 적정 수 유지, 수준별 수업을 위한 충분한 교실 확보 등이 필요합니다. 그런데 이 모든 것은 돈과 관계되는 것으로, 어떻게 교육 재정을 확보할 것인지가 성공의 관건입니다. 교육 재정의 확보가 없다면 6차 교육 과정까지의 내용과 크게 달라질 것이 없어 보입니다.

둘째, 교육에 경제 이론이 도입되어 수요자 중심을 강조하고 있는데 진정한 의미에 있어서 누가 공급자이고 수요자란 말입니까? 직접 당사자인 학생만이 진정한 수요자일까요? 수요자를 학생뿐만이 아니라, 학부모, 기업까지 넓게 확대하여 생각해 볼 수도 있는 것입니다. 여기에 대한 철저한 기초 연구가 이루어졌다면 실업계 고등학교의 교육이 오늘날처럼 어려운 처지에 놓이게 되지는 않았을 것입니다. 또한 교원 정년을 두부 자르듯 62세로 단축시켜 놓고 원로 교사 1명 대신 신임 교사 2.5명을 채용하였습니까? 그리고 교육 현장에 새 바람을 일으키고 교단의 안정화를 가져왔습니까? 평생을 교육 현장에서 몸바친 교사들을 무능력 교사로 몰아붙이면서 교육계의 모든 문제가 노령화된 교사들에게 있었던 것처럼 이야기하고 있습니다. 이것은 오히려 교단의 안정화 대신 교사들의 심각한 사기 저하와 소외 현상을 일으키고 있습니다. 이 모두에 충분한 기초 연구가 있었어야 합니다.

셋째, 오늘날 학교는 입시 위주의 교육 때문에 학교 붕괴 현상이 일어난 것처럼 호들갑입니다. 마치 학교 교육이 전인 교육으로 전환되지 않는 한 치유될 수 없는 병리 현상인 것처럼 말입니다. 하지만 본인은, 학생이 하고 싶은 교과목 수업을 시키고, 방과 후 교육 활동으로 특기·적성 교육을 시키는 것만이 전인 교육이라고 생각하지 않습니다. 어찌 보면(독선적일지 모르나) 일반계(인문계) 고등학교는 대학 입학을 위한 예비 학교가 아닐까요? 오로지 입시만을 위해 미술 시간에 수학을, 음악 시간에 영어를, 특활 시간에 국어 수업을 시킨다면 입시 위주의 교육이 될지 모르지만 말입니다. 진정한 의미의 전인 교육은 학교 교육 과정의 참뜻을 살려 그것을 충실히 이행하는 것이라 생각합니다. 인생에 있어서 때로는 실패의 아픔과 좌절도 있어야 하고 실패를 딛고 일어서는 집념을 키워 나가는 경험도 있어야 하지 않을까요?

넷째, 고등학교 평준화와 중학교까지의 의무 교육 확대 등은 국민의 행복 추구라는 면에서는 성공적인지 모르나, 교육의 질 관리 측면에서 얼마나 연구하고 노력을 경주하였습니까? 바로 이 문제에서 야기되는 것이 대학 입시 정책이 아닐까요? 이 역시 얼마나 기초 연구를 충실히 하였나요?

다섯째, 요즈음 준법 정신이 강조되고 있습니다. 그러나 학교에서는 학칙이 무용지물이 된 지 오래입니다. 아무리 징계를 받아도, 소위 문제아를 학교에서 수용하지 않으면 그들이 갈 곳이 없다는 명분 아래 학교를 다닐 수 있게 하였으니, 그 학칙이 있은들 제 기능을 발휘할 수 있을까요? 학교 생활도 하나의 공동체 생활인 이상 거기에는 규율이 있어야 하고, 표준도 있어야 하며, 각고의 훈련도 있어야 하지 않을까요? 그렇다면 체벌은 마음대로 할 수 있는 줄 아십니까? 물론 교육적인 체벌 말입니다. 거의 불가능합니다. 더욱 심각한 것은, 공연히 문제를 야기하여 학교를 혼란에 빠뜨리고 싶지 않다는 교사들의 생각입니다. 바로 이런 문제들이 학교 붕괴, 교실 붕괴, 교육 붕괴의 촉매 역할을 하고 있는 것입니다. 이 경우도 충분한 기초 연구를 하여, 학교 생활에 적응하지 못하는 학생을 위한 대안 학교의 설립이 앞섰어야 옳았을 것입니다.

들은 바에 의하면 불문에서 선종의 대가는 교종의 대가를 넘어선 분들이라고 합니다. 기초가 튼튼하다는 말과 다름이 아닙니다.

결론적으로 기초 교육이란 기본적인 독·서·산의 지식 교육에 인성 교육(좁게는 준법 정신 지도 또는 기본 생활 습관 지도)을 철저히 하여 가치관의 혼란을 막아주는 것이라 생각합니다. 이제 모 방송국의 연속극 「허준」에서 어의 양회수와 허준의 대화 내용을 소개하면서 끝맺으려 합니다.

　　〈구안와사는 의원이라면 누구나 고칠 수 있습니다. 그러나 이 환자는 반위(反胃)를 앓고 있어 먼저 반위를 고쳐 몸을 보한 연후에 구안와사를 치료하여야 완치시킬 수 있습니다.〉

〈참고 문헌〉

권균 엮음, 『김호권 교육론』(교육과학사, 1997).
주삼환, 『지식정보화 사회의 교육과 행정』(학지사, 2000).
한기언, 『기초주의 교육학』(학지사, 1999).
중앙교육진흥연구소, ≪교육 진흥≫ 통권 47호(2000).

기초 교육 개선 방안에 대하여
—— 학교 체제 중심으로

이옥식

　기초 교육인 유아 교육과 초·중등 교육의 문제점을 교사와 학생들을 중심으로 지적해 주신 발표자의 견해에 대하여 대부분 공감하나, 보다 구체적으로 문제점에 대한 진단과 아울러 해결 방안을 학교 체제 중심으로 토론하고자 한다.

　기초 교육을 담당하고 있는 학교 체제는 유치원을 비롯한 다양한 형태의 유아 교육 기관과 초등학교 및 중·고등학교를 들 수 있다. 우리나라는 기초 교육 분야에서 사립 교육 기관의 의존 비율이 초등학교를 제외하면 60－75%에 달해 다른 나라에 비하여 현저하게 높음을 알 수 있다. 그럼에도 불구하고 유치원을 제외한 기초 교육을 담당하고 있는 모든 학교 체제는 교육 과정은 물론 학사 운영, 교원에 이르기까지 중앙 정부의 획일적인 행정과 통제를 받고 있어 어느 나라보다도 학교 운영에 대한 독자성과 자율권을 인정받지 못하고 있다. 더욱이 중고등학교의 평준화 정책으로 인한 공·사립의 동일한 교육비는 재정 결함 보조라는 정책과 맞물려 사립 학교의 독자성과 설립 이념을 무색하게 만들어 학교 교육의 독창성과 경쟁력을 상실하게 되었다. 따라서 발표자가 수익자 부담의 유아 교육 기관의 자유 경쟁 체제가 학부모의 부담을 가중시키고 있고 난립된 유아 교육 기관이 유아 교육의 질을 보장할 수 없으며 더욱이 유아 교사의 신분에 대하여 여러 가지 문제점을 지적해 주신 사항에 대해서는 대부분 공감하고 있다. 그러나 의무 교육 단계에 있어 모든 기초 교육을 국가가 주도하고 통제해야 한다는 데에는 견해를 달리 한다. 따라서 공립 초등학교에 만 5세를 대상으로 한 유아 교육 과정인 K 과정을 설치하여 모든 국민이 유아 교육을 의무적으로 받게 하며, 이에 대해서는 국가가 책임지어야 한다는 것에 대해서는 생각을 같이 하나, 자율적이고 창의적인, 그리고 독특한 유아 교육이 가능하도록 사립 유치원에 대한 배려도 같이 이루어져 초·중등 교육에서처럼 일시에 사립의 설립 취지가 퇴색할 수 있는 획일적인 정책의 우를 범해서는 안 될 것이다.

그리고 발표자는 사회의 변화와 함께 달라지는 학생들의 변화를 지적하고 이에 학교는 긍정적인 만남의 장소가 되어야 한다고 말하고 있으나 무엇을 구체적으로 해야 하는지에 대한 언급은 없다. 따라서 학교가 긍정적인 만남의 장소가 되기 위해서는 교사와 학생이 서로 원하는 학교의 모습을 설정하여 학교의 기능과 목적, 교사의 역할과 직무, 교육 과정, 학교 운영 체제 등 학교 교육 전반에 걸쳐 다시 정립할 필요가 있다. 학교는 더 이상 학생에게 졸업의 의미를 부여하는 것만으로 학교의 필요성을 설득할 수 없다. 과거에는 학교에 부적응하는 학생은 모두 학생 개인의 문제로 치부할 수 있었고 그것이 가능했다. 그러나 동 학령 인구의 99.8% 이상이 고등학교에 진학하는 현실에서 현재 학교는 문제아만이 적응하지 못하는 것이 아니라 오히려 학교가 다양한 학생과 변화하는 사회에 적응하지 못함으로써 문제를 일으키고 있음을 우리는 주시해야 할 것이다. 이와 같은 학교의 역기능에 대해 사회의 일부에서는 심각하게 문제를 제기하고 있다는 사실을 간과해서는 안 될 것이다. 그러나 사회 변화에 적응하지 못한 단점은 있다 할지라도 우리 인류 발달사에 그간 학교가 기여한 바는 지대하며 또한 학교를 대체할 수 있는 효과적인 체제가 아직은 없다는 사실 또한 인정해야 할 것이다. 따라서 학교의 위상과 기능이 과거와 다름을 깨달아 학교 교육의 당위성을 수요자들에게 설득해야 할 필요가 있으며 이에 수요자 중심의 교육으로 거듭나야 할 것이다. 그러므로 발표자가 수요자 중심의 교육과 열린 교육에 대한 논의에서 제기한 문제는 적절하지 못하다고 본다.

이상과 같이 수요자 중심의 교육이란 사회와 학생의 변화에 따라 변화해야 하는 학교 위상을 단적으로 표현한 개념이며, 열린 교육이란 학교 운영 체제뿐 아니라 교육 과정, 교과 활동에 이르기까지 학생이 중심이 되는 교육을 일컫는 것이다. 물론 발표자가 지적했듯이 운영상의 미비와 미숙으로 인해 학교 현장에서 혼란이 일부 야기되고 있는 것이 사실이다. 그러나 그렇다고 해서 미룬다면 학교는 수요자로부터 더욱더 외면을 당하게 될 것이며 결국 학교의 역기능과 탈 학교 운동은 더욱더 거세질 것이라는 사실을 직시해야 할 것이다. 단 혼란을 최소화하기 위하여, 교사는 효과적인 새로운 교수 학습 방법을 연구 실시해야 하며, 국가는 조기 정착을 위해 최대한 지원해야 할 것이다. 그리고 발표자가 지적한 저하된 학력에 대한 논의도 새롭게 해야 할 필요가 있다고 본다. 과거와 현재 그리고 미래 사회에서 요구하는 학력과 능력은 시대와 사회에 따라 다르게 요구되어졌고 요구될 것이며 이를 올바르게 예측하여 설정해야 국가가 경쟁력을 갖출 수 있다고 생각한다. 따라서 현재의 시각과 과거의 관점에서 학력을 비교한다는 것은 무의미하다고 생각된다. 오히려 3년 전에 고등학교에 입학한 학생들의 정보 검색 능력에 비해 올해 입학한 학생들의 능력은 놀라우리만큼 향상되어 있어 동일 교과도 교육 과정을 매년 달리 구성해야 할 만큼 학교에서는 사회 변화를 체감하고 있다. 그러므로 학교 운영 체제가 수요자 중심의 교육이 되기 위해서는 학교 단위의 자율적인 교육 과정 운영이 보장되어야 하며, 이에 대하여 정부는 과감하게 행정 규제와 통제를 풀어야 할 것이다. 덧붙여 사립 학교의 독자성과 자율성을 보장하여 다양한 학교가 출현할 수 있도록 해야 하며 다만 일부 사립 학교에서 보여주고 있는 파행적인 운영이 불가능하도록 수요자에게 학교에 대한 정보를 공개하고 입시 체제 등 사회 제도를 통하여 학교 교육이 정상화될 수 있도록 해야 한다.

교사들이 느끼고 있는 전반적인 의견과 불만에 대해서는 발표자가 적절하게 예시하였으므로 본 토론에서는 학교 조직에서의 교사의 위치와 역할 변화에 따른 교원 양성 체제 및 교원 정책을 논하고자 한다. 우선 우리나라는 교사 양성을 유아, 초등, 중등 교사로 분리하여 양성하고 그 자격을 부여하고 있어 달라지는 아이들과 사회 변화에 적절하게 대응하기가 쉽지 않다. 더욱이 다양한 학제의 학교가 출현할 수 있는 법적 근거가 마련되었음에도 불구하고 교원 정책이 뒷받침되지 않고 있다. 따라서 교사 자격을 학생의 발달 단계 및 교육 과정의 연계성을 고려하여 K—초2, 초1—초6, 초5—고1, 중1—고3, 고2—고3 등으로 세분하여야 한다. 또한 언제든지 교사들이 일정한 연수나 교육을 통해 타 급간 자격 취득이 용이해야 하며 이동이 가능해져야 다양한 학제의 학교가 나올 수 있으며 효율적으로 교사 수급 방안을 실시할 수 있다. 더욱이 2002년부터 고2—고3 단계에서 교과 선택권이 학생들에게 있게 되면 교사 수급 조절이 어려워지리라 예상할 수 있다. 따라서 고2, 고3을 담당하는 교사는 교과별로 구분되어 주어지는 교사 자격과 아울러 일정 이상의 학력과 산업체 경험 등 다양한 경험을 한 경력자들도 유입될 수 있도록 교원 정책이 개방되어야 한다. 그리하여 교사들의 전문성이 함양되어야 한다. 학생의 연령별 단계와 교과에 따라 다소 다를지는 모르지만, 사회가 급변함에 따라 교과 지도에 있어 교사의 전문성은 때로는 광범위한 영역을 포함하기도 하며 때로는 세분화된 영역에 대한 깊이 있는 지식을 요구하기도 한다. 그럼에도 불구하고 현재 사범대를 비롯한 교원 양성 기관의 교과 교육 과정을 보면 전공에 대한 깊이도 교육학적인 전문성도 학교의 요구와는 거리가 멀다. 물론 이는 전반적으로 사회의 요구를 대학이 충족시키지 못하고 있는 현실의 일부이기도 하지만 언제까지 이것에 대한 비판만 하고 있을 수는 없지 않은가? 전공에 대하여 깊이 있는 지식으로 무장하고 이것을 타 영역과 재구성할 수 있으며 효과적으로 전달이 가능하게 할 수 있도록 교육 과정을 구성하여야 한다. 이러기 위해서는 우선 교육 연한이 과연 적정한가라는 문제에 대하여 심각하게 고민해야 할 것이다. 또한 기간만 늘리기보다는 교사가 되기 위한 교육 과정과 교육 내용의 전문성에 대한 검토 또한 필요하다. 현재는 대학과 교수에게 일임되어 있는 교육 과정과 교수 요목이 수요자인 보통 교육 기관에 공개되어 전문성을 높이고 경쟁력을 갖추어야 할 것이며, 교사가 되려는 사람 역시 무엇을 어떻게 공부하였는지 객관적으로 증명할 수 있도록 자신의 자료를 축적해야 할 것이다. 그리고 학교 행정의 효율성을 높이기 위하여 업무 분야별로의 전문성을 구현해야 한다. 즉 교과 지도, 학생 지도, 학교 행정 등으로 구별하여 교사의 업무 능력에 대한 전문성을 부여하여야 할 것이다. 현재 교사에 만능을 요구하는 학교 체제로는 교사 능력을 최대한 키울 수 없을 뿐더러 나아가서는 교사가 전문직이라는 자부심도 상실하게 될 것이다. 그러므로 교사 양성 기관에서 이에 대한 전문적인 교육 과정을 개설 운영하여 학교의 요구를 충족시켜 주어야 할 것이다. 그리고 교사에게는 계속 교육을 받을 수 있는 기회와 동기가 부여되어야 한다. 즉 교사가 학교 현장에서 경쟁력을 상실하지 않도록 끊임없이 재교육을 받을 수 있는 기회가 주어져야 하며, 이는 형식적이거나 점수 따기에 급급한 교육이 아니라 재교육 내용이 변화하는 사회와 학교의 요구를 충족시킬 수 있는 것이어야 한다. 특히 재교육은 전공 이론이나 교육 관련 이론에 치중하기보다는 교수 학습 방법 개발 연구와 자격 이동에 따른 업무 분석 및 역할 또는 자격 변화에 따른 기본적인 교육 내용에 각기 재교육의 성격에 따라 다른 교육 과정으로 구성되어야 할 것이다. 끝으로 교사가 되기 위해서는 형식적인 교생 실습보다는 실질적인 현장 교사의 지도가 이루어질 수 있도록 제도를 보완하여야 하며 교사 자격 취득 후 바로 임용하여 교사로서의 적격 여부에 대한 검증을 할 수 없는 현실과 한번 임용하면 정년이 보장되는 교사 신분 보장 관련법이 이제는 과연 현실적으로 적절한 것인가에 대하여 법제적 검토가 이루어져야 할 것이다.

기초 교육의 중요성은 누구나 공감하고 있다. 그러므로 표면적으로 나타난 현상에 대한 치유에만 급급하기보다는 근본적인 정책 방향이 결정되어 일관성 있게 추진되어야 한다. 우선 사회의 변화에 신속하게 대응할 수 있도록 정부의 획일적인 행정 지시와 규제를 풀어야 하며 학교와 교육에 대한 올바른 정보가 공개되어 진정한 수요자 중심의 교육이 될 수 있도록 해야 할 것이다. 또한 합리적이고 효율적으로 교원 정책이 집행되어 교사 스스로 만족도를 높일 수 있도록 해야 한다. 그리고 무엇보다도 학교가 공교육 기관으로서 경쟁력을 갖출 수 있도록 국가와 사회가 모두 지원을 해야할 것이다.

2부
전문 직업 교육의 활성화

전문 직업 교육을 위한 과제

이선

1 머리말

정보 · 지식화는 인류의 역사를 바꾸는 또 하나의 산업 혁명으로 다가오고 있다. 정보 · 지식이 척도가 되어 경제적 부를 배분하는 새로운 질서가 정립되어 가고 있고, 직업과 직무 내용이 급변하며, 기존의 직장 커뮤니티가 와해되고 있다. 또한 기하급수적으로 늘어나는 정보 매체에 빠르게 적응하는 신세대가 부상하여 세대간의 질서, 나아가서는 가족 질서도 개편되는 등 사회 문화에 미치는 충격도 크다.

정보 · 지식화가 계층간 소득 구조를 양극화하고 개인주의와 경쟁을 더욱 촉진하며 일자리를 불안하게 한다는 우려도 크다. 그러나 정보 · 지식화는 멈출 수 없는 역사적인 흐름이다. 또한 정보·지식화는 경제적 부를 키우고 삶의 질을 높이는 데에 기여할 수도 있다. 정보·지식화를 산업 선진화와 21세기 복지 사회를 이끄는 전략적인 과제로 삼아야 할 것이다.

인적 자원을 토대로 산업화를 추진하여 온 우리 나라의 경우 정보·지식화에 따라 경제적 도약의 여지는 더욱 커졌다고 볼 수 있다. 부의 분배 구조를 결정하는 요소가 물적 가치에서 지적 능력으로 바뀌는 지식 사회는 교육 기회를 확충하여 사회적 형평성을 높여갈 수 있는 여지도 크다. 노동 시장의 유연화와 생산 질서의 분권화라는 정보·지식화에 따른 새로운 질서는, 개개인의 개성과 능력을 존중하는 민주주의와 인본주의를 확충시켜 나가는데 필요한 여건이기도 하다.

정보와 지식을 창출하고 배분하며 활용하는 주체는 인간이므로 인적 자원 개발은 지식 기반화를 위한 근간이 되는 과제라 할 수 있다. 지식 기반 경제가 진전되면서 인적 자원 개발의 정책적 중요성은 더욱 높아졌다. 지식 기반 경제의 개념을 국제 사회에 도입한 1994년의 〈지식 기반 경제에서의 고용과 성장〉에 관한 OECD 회의에서도 인적 자원 개발이 중요한 과제로 논의되고 있으며, 평생 교육 체제를 구축하자는 OECD[1]에서부터 개발도상국의 중추적인 경제 발전 전략으로 인적 자원 개발을 강조하고 있는 세계 은행 World Bank[2]에 이르기까지, 인적 자원에 대한 논의는 갈수록 빈번해지고 있다.

---

1) OECD, *Lifelong Learning for All*(1996b).
2) World Bank, "Knowledge for Development," *World Development Report* (1999).

우리나라도 수년 전 지식 기반 경제의 개념을 도입한 이래 지식 기반 경제에 대한 사회적 관심이 급격히 고조되어 최근에는 지식 기반화가 경제 사회를 가이드하는 국정 지표로 자리잡게 되었다. 인적 자원 개발에 대한 정책적인 관심도 이에 상응하여 커져 왔다.

우리나라는 인적 자원을 토대로 하여 산업화에 성공하여 왔으며[3] 향후 선진 산업화를 이끌어갈 원천도 여전히 유일한 자원이라 할 수 있는 인적 자원일 수밖에 없다. 자본과 과학 기술이나 높은 부가가치를 창출하는 서비스 인프라에서 선진국과 경쟁하여 비교 우위를 개발하여 나가기는 어렵기 때문이다.

산업 선진화를 이끌어갈 원천으로서 인적 자원의 비교 우위를 지속적으로 개발하여 나갈 수 있을까?[4] 과거 우리나라의 인적 자원의 비교 우위는, 개도국에 비해서 높은 교육 수준, 선진국에 비해서는 낮은 인건비 등에 기인한 바 컸다. 그러나 고등 교육을

---

3) 우리나라의 급격한 경제 성장이 우수한 인적 자원에 기인한 바 크다는 것은 주지되어 왔다. 세계 은행은 40년 전 가나와 동일하던 한국의 1인당 소득 수준이 1990년대 초 가나보다 6배나 높아진 원인의 절반은 교육 훈련을 통한 지적 자산의 차이에 있다는 주장을 소개하고 있다(110쪽 주) 2 참조).

4) 인구의 연령별 구조에서 볼 때 선진국에 비해서 우리나라는 향후 상당한 기간 동안 유리한 입장에 있다. 우리나라의 부양비를 일본, 미국, 독일 등 선진국과 비교하여 보면 중고령화가 진전되어 왔음에도 불구하고 여전히 우리나라 인구는 선진국에 비해서는 젊고 향후 수십 년 간은 현재의 선진국보다도 부양비가 낮아 일할 수 있는 연령층의 비중이 크다(노령 부양비는 1995년 8.4%에서 2010년 13.1%로 높아지지만 15세 미만의 인구 비중이 줄어들어서 총부양비는 동기간 중에 40.6%에서 39.9%로 소폭 낮아질 전망이다. 선진국의 경우는 이미 1980년대에 총부양비가 40%, 노령 부양비가 15%를 상회하고 있다).

받는 비율이 세계적인 수준에 이르렀고 임금 수준도 높아지고 있으므로 교육의 양적인 확충과 낮은 인건비에 의존하여 인적 자원의 비교 우위를 유지시켜 나갈 수는 없다. 학력 추구와 획일적인 주입식 교육 등은 과거 교육을 양적으로 견인하는 데 기여하였으나 정보·지식화에 부응한 교육의 질적인 발전을 위해서는 극복하여야 하는 걸림돌이 되고 있다. 산학을 연계하고 다원화를 추구하는 평생 학습 체제를 지향하여 인적 자원 개발의 패러다임을 재구축하여 나가야 한다.

지식 기반화에 따라 수많은 직업이 새로 생겨나고 직무 내용이 깊어지고 넓어지고 있다. 새로운 직업과 변화하는 직무 내용을 습득하는 계속 교육은 정규 교육 못지않게 중요한 과정으로 자리 잡아야 할 것이다.

여기서는 비정규 교육을 통하여 직업 능력을 개발하는 전문 직업 교육을 논의하고자 한다. 이러한 전문 직업 교육의 중요성은 오래전부터 제기되어 왔으나 전문 직업 교육의 수요와 공급을 견인하는 경제·사회적인 환경과 교육 훈련 체제는 상당히 미흡한 실정이다. 전문 직업 교육을 위한 중요한 정책 과제로 꼽을 수 있는 자격 제도의 기능 강화, 전문 직업 교육 공급 능력의 신장과 인력 개발형 고용 구조의 구축, 범사회적인 참여와 협력 제고를 차례로 살펴본다.

2 자격 제도의 기능 강화

직업 능력의 척도로서 자격의 사회적 위상을 높여가는 것은 능력 중시 사회를 이끌어 직업 능력 개발에 대한 사회적 인식을 높이는 유력한 방안의 하나이다. 자격 제도는 또한 교육 훈련을 가이드한다. 특히 우리나라의 경우 직업 훈련을 통해서 기피 직종인 기능 직종으로의 경력 개발을 이끄는 데 자격 제도가 기여한 바 크다. 향후에는 평생 학습 사회를 지향하는 교육 훈련을 가이드할 수 있도록 자격 제도의 기능을 확충하여 나가야 할 것이다.

한편 자격은 직업 능력을 나타내는 신호 기제로서 근로자 채용, 사내 교육 훈련 제도 운영 등 기업의 인사 관리를 효율화하는 데에도 기여한다. 기업의 학습 조직화를 이끄는 인력 개발 지표로서의 자격의 기능도 높여 나가야 한다.

우리나라는 1970년대 중반 이후 국가 자격 제도를 중심으로 하여 자격 제도를 운영하여 왔으며 향후에도 자격 제도의 근간은 국가 자격 제도라 할 수 있다. 자격 제도의 기능이 평생 학습 사회를 가이드하고 인력 개발 지표로서 자리 잡기 위해서는 무엇보다도 국가 자격 제도의 정비가 중요한 과제라 할 것이다.

산업인력공단이 국가 자격 제도를 관장하고 있는 것은 자격 제도가 학교 교육을 통하여 공급이 부족한 기능 인력의 개발을 이끄는 데 주된 목적을 두었기 때문이다. 그러나 직업 교육 훈련 기관인 산업인력공단에 의한 자격 제도의 운영은 교육 훈련에 종속적이어서 자격 제도의 독자적인 발전을 어렵게 하는 요인이 된다. 자격 추진 전담 기구를 설립하는 것이 바람직할 것이다. 또한 전문 인력과 시설의 미비 등 취약한 하부 구조가 자격 제도의 운영을 어렵게 한 요인이었다. 자격 추진 전담 기구의 설립과 아울러 자격 제도를 운영하는 하부 구조를 확충하기 위한 정책적 노력이 경주되어야 한다.

자격 제도는 산업계가 수요하는 인력의 양과 질을 확보할 수 있도록 교육 훈련을 가이드하는 제도이지만 수혜자인 산업계가 자격 제도의 발전에 기여하겠다는 의지를 찾아보기 어렵다. 산업계가 자격 제도를 운영하는 주체인 서구의 경우는 좋은 귀감이 된다. 물론 우리나라가 서구처럼 자격 제도의 운영을 산업계에 맡길 만한 여건이 조성되어 있다고 볼 수는 없다. 그러나 국가 자격 제도의 관리를 단계적으로 분권화하여 산업계에 의한 자격 관리를 늘려 나가는 것이 바람직하다. 이는 국가 자격 제도의 실효성을 높이고 제도 운영을 위한 하부 구조를 확충하는 데에도 기여하는 길이다.

학교 교육을 가이드하는 자격 제도의 기능도 단계적으로 높여 가야 한다. 궁극적으로는 국가 직무 기준 National Skill Standard을 설정하여 자격과 교육 기관의 교과 과정을 연계하여 운영하여야 할 것이다. 산학연계와 교육 훈련의 질을 제고시켜 나가는 것이 중요한 과제이므로 단계별 교육 훈련이 지향하는 기준을 설정하는 국가 직무 기준의 정책적인 의의는 크다. 또한 자격 제도와 학점은행 제도를 통한 학력간의 연계를 강화하는 것도 관련 제도의 발전에 기여하고 평생 교육 기관의 발전을 지원하는 방안이다. 자격 제도와 교육과의 연계를 높여가기 위해서는 국가 자격 제도의 운영에 있어서 교육계의 참여가 높아져야 할 것임은 물론이다.

지식 기반 산업화에 부응할 수 있도록 자격 종목과 자격 기준, 자격 등급을 지속적으로 합리화하여 나가야 한다. 세분된 기술 자격 분야를 통합하여 나가고 기능직 인력의 능력 개발을 유도할 수 있도록 자격 등급을 다단계화하는 것 등을 예시할 수 있을 것이다.

민간 자격 공인 제도는 민간 자격과 국가 자격 제도 간의 연계를 강화하고 민간 자격 제도의 질적인 발전을 이끄는 데 목적을 두고 운영하여야 할 것이다. 우수 사내 자격의 선정 등으로 사내 자격제의 발전을 지원하는 것도 인적 자원 개발형 인사 관리를 이끄는 데 기여하는 길이다.

3 전문 직업 교육 공급 능력의 신장

흔히 지식 기반 사회를 소수의 지식인·전문가가 주도하는 사회로 인식하는 경우가 있다. 그러나 정보·지식 기반 사회는 생산 공정에 있는 기술·기능 인력의 직업 능력이 생산성을 결정하는 더욱 중요한 변수로 떠오르는 사회이기도 하다. 조직 구조가 수평적·통합적 유연 체제로 전환되므로 일선 조직에 있는 근로자 개개인의 재량 범위가 넓어지고, 그만큼 근로자 개개인의 업무 처리 능력이 조직의 생산성에 미치는 영향력이 커지기 때문이다. 세계화 시대에 들어 생산 공정 근로자의 직업 능력은 생산

입지와 근로자의 소득 수준을 결정하는 척도이기도 하다[5]. 특히 우리나라의 경우 비교적 균질적 인적 자원을 토대로 한 현장근로자의 직업 능력은 향후 선진 산업화를 위해서 지속적으로 비교 우위를 개발하여 나가야 할 전략 부문이다. 현장근로자의 직업 능력 개발은 지식 · 정보화에 따라 더욱 중요성이 커지는 정책적 과제라고 할 수 있다.

근로자를 위한 교육 훈련의 중요성에도 불구하고 교육 훈련의 시간적 · 물적 비용에 따른 외부 효과로 실제 이루어지는 교육 훈련은 적정한 수준에 미치지 못하는 것이 상례이다[6]. 앞서 본 자격 제도의 개편과 후술하는 고용 구조의 개선은 근로자의 직업 교육 훈련 수요를 견인하는 데 의의가 크다고 볼 수 있다. 한편 여기서 보는 공공 직업 훈련 기관의 체제 개편과 전문 직업 교육 시장에 정규 학교와 민간 교육 기관의 참여를 확충하는 것은 전문 직업 교육의 공급 능력을 신장시키기 위한 과제라 할 수 있다.

---

5) Lester Thurow, *The Fututure of Capitalism*(William Morrow & Co, 1996).

6) 한국노동교육원이 2000년 1월 164개 제조업 사업장의 노사를 대상으로 실시한 실태 조사 결과 근로자의 직무 교육 · 훈련이 어려운 이유로서 다음이 지적되고 있다. (%는 동의하는 비율임)

   ① 훈련 시설과 프로그램이 부족하다 : 사용자 61.3%, 노동조합 86.6%.
   ② 일상 업무가 바빠서 교육 · 훈련을 실시할 여유가 없다
      : 사용자 68.3%, 노동조합 57.3%.
   ③ 근로자들의 교육 · 훈련에 대한 적극적 자세가 부족하다
      : 사용자 64.0%, 노동조합 61.6%.
   ④ 사용자의 관심이 부족하다 : 사용자 51.2%, 노동조합 83.5%.
   ⑤ 교육 · 훈련을 통한 능력 상승을 평가해서 보상하는 인사 관리 체제가 구축되어 있지 않다 : 사용자 75.5%, 노동조합 86.6%.

직업인을 위한 계속 교육 훈련은 고용 정책의 영역으로 추진하여 왔으며, 공공 직업 훈련 기관은 근로자의 직업 능력 개발에 중추적인 역할을 하여왔다. 과거 기능 인력 양성에 주력하여 온 공공 직업 훈련은 그 주된 기능을 향상 훈련과 재훈련 등 근로자의 계속 교육 훈련에 두어 운영 체제를 전환하여야 한다. 학교 교육이 확충되어 기능 인력 양성 교육의 수요는 줄어든 반면, 산업 구조의 급격한 변화에 따라 계속 교육 훈련의 수요는 크게 늘어나고 있으므로, 이는 공공 직업 훈련 기관의 정체성을 확보하기 위한 요건이기도 한다. 계속 교육 훈련을 이끄는 정부의 유도 정책을 강화하여 나가야 한다.

향상 훈련, 재훈련은 기업의 훈련 수요에 부응하고, 나아가서 새로운 훈련 수요를 개발하여 나감으로써 활성화될 수 있다. 이를 위해서는 훈련 과정의 개발에 훈련 수요자인 노사가 참여하여야 한다. 지역 단위 노사와 지방 정부, 전문가로 구성된 네트워크를 운영하여 공공 훈련 기관이 향상 교육 훈련을 견인할 수 있도록 위상을 정립하여야 한다. 궁극적으로는 이러한 지역 단위 네트워크가 공공 직업 훈련 기관을 운영하는 주체가 되어야 할 것이다.

교과 과정과 프로그램을 유연화하는 것도 향상 교육 훈련의 수요를 개발해 나가기 위한 요건이다. 정부는 공공 훈련 기관이 교과 과정과 프로그램을 신축적으로 운영할 수 있도록 훈련 기관의 자율성을 높여 나가야 할 것이다. 훈련 기관의 자율성이 신장되면 이에 상응하여 책임성도 높아져야 한다. 공공 훈련 기관의 경쟁성과 책임성을 함께 높이기 위해서 향상 교육 훈련 수요

개발과 연계하여 재정을 확보하도록 하는 등 시장 원리의 적용을 확대하여 나가야 한다. 단계적으로 훈련 기관을 독립 법인화하고 기관장을 공개 채용하는 등 조직 관리를 개혁해 나가는 것도 이를 위한 과제라 할 수 있다.

실업 대책 직업 훈련을 확충하면서 대학 등 정규 교육 기관과 민간 교육 훈련 기관이 근로자 직업 능력 개발 사업에 참여하는 폭이 크게 늘어난 바 있다. 직업 능력 개발 사업의 공급 원천이 크게 다원화한 것이다. 대학이 산업계와 연계한 성인 교육에 참여를 늘려 가는 것은 바람직한 진전이다. 대학은 기능대학 등 공공 훈련 기관과 때로는 경쟁적인 위치에서, 때로는 보완적인 위치에서 근로자 및 일반 주민에 평생 교육을 공급하는 적극적인 역할을 하여야 한다.

대학의 성인 교육, 사회 교육 참여는 지식 기반 사회의 평생 교육 공급을 다원적으로 확충하고 아울러 대학 교육의 산학 연계를 제고하는 데 도움이 되는 길이기도 하다. 현장 경력자의 고등 교육 접근이 용이할 수 있도록 시간제 등록, 현장 학습제, 원격 교육 시스템을 개발하여 나가야 할 것이다.

사설 학원과 기업의 사내 훈련원 등 민간 교육 훈련 기관의 평생 교육 참여도 높여가야 한다. 산업 구조 조정이 가속화하므로 변화에 적응력이 높은 민간 교육 훈련 기관의 기능이 더욱 활성될 수 있는 여지가 크다. 교육 훈련에 민간의 참여를 제고하는 한편 민간 교육 훈련의 역할을 높여 나가서 민간 주도적인 교육 훈련 시장을 정립하여 나가야 할 것이다.

4 인력 개발형 고용 구조의 구축

뿌리 깊은 인문 숭상의 전통은 학술 교육을 지향하는 고등 교육이 지나치게 비대화시키는 등 교육 구조를 왜곡시키는 요인이 되고 있다. 우리나라 국민의 인문 숭상은 유교적 가치관에서 초래되었으나 학력별 고용 관행, 학벌로 형성된 연고주의 등 경제 사회적인 환경도 이를 심화시키는 요인이 되었다.

급격한 경제 성장 과정에서 고학력자에 대한 수요가 컸으므로 교육의 투자 가치가 높았다. 1980년대 이후 대졸자가 급격히 늘어나서 학력간 임금 격차는 크게 줄어들었으나 아직도 노동시장이 학력에 따라 분절되어 있다는 인식은 크다[7]. 고등고시 제도나 일부 전문직 자격증의 공급 규제도 경제사회적인 특권층을 형성하게 하여 인문 교육에의 지향을 부채질한 원인의 하나이다.

정경 유착 등 부조리가 만연하여 학벌에 의한 연고가 사업 경영과 직장에서의 능력을 좌우하는 연고주의를 더욱 심화시켰다. 명문대에 대한 집착은 지속되고 상대적으로 직업 능력을 개발하는 교육의 내실화에는 소홀하였다.

직업 능력 개발을 중시하는 사회적 인식을 높여가기 위해서는 무엇보다도 인문 숭상의 관념을 심화시켜 온 학벌에 의한 연고주의가 타파되고 학력을 중시하는 고용 관행이 불식되어야 한다.

---

7) 학력별 임금 격차는 지속적으로 줄어들어 왔다. 1994년의 경우 500인 이상 대기업의 고졸 사무직 시간당 임금(생애 임금)은 100인 미만 중소기업의 대졸 사무직 시간당 임금을 상회하는 것으로 나타난다(이선·황덕순, 「현장 기능인의 사회적 지위 제고 방안」, 『산업 인력 개발 체제의 구축 방안』(1995)).

학력에 의한 연고주의는 경제사회적 부조리에 기생하며 학력 중시 고용 관행은 전근대적인 인사 관리 제도에 따른 것이라고 할 수 있다. 경제사회적 각종 부조리를 척결하고 능력 중시하는 인사 관리 제도를 도입하며 나아가서는 인력 개발형 고용 관행을 구축하는 지속적인 개혁이 이루어져야 할 것이다.

기업을 학습 조직화하는 것은 지식 기반 사회를 이끄는 중요한 요건이다. 직업 교육 훈련 체제를 정비하고 직무 능력을 기준으로 한 임금·직급 체계를 확산시켜 기업의 학습 조직화를 지향하여 나가야 한다. 직원 상호간에 협력적으로 지식·정보를 교류하는 팀 제의 도입, 배치 전환 제도, 스터디 그룹의 운영과 제안 제도의 활성화 등도 기업 단위의 근로자 직업 능력 개발을 촉진하는 방안이다[8].

최근 지식경영에 대한 산업계의 관심이 크게 높아진 것은 바람직한 현상이다. 지식경영을 조장할 수 있도록 정책적 지원을 강화하여 나가야 한다. 인적 자원 개발 체제에 대한 평가 기준을 정립하고 우수한 인력 개발 조직을 인증하는 제도는 이러한 방안의 하나일 것이다[9].

정보·지식 산업화와 조직의 수평 구조화는 직종간의 수직적 위계 관계를 소멸시켜 왔다. 많은 기업에서 사무관리직과 기술직, 기능직 간에 경직적인 상하 관계가 와해되고 수평적인 분업

---

8) David Stern, "Human Resource Development in the Knowledge- Based Economy: Roles of Firms, Schools and Governments", *Employment and Growth in the Knowledge-Based Economy*(OECD, 1996).

9) 장영철, 「지식 경제와 인적 자원 관리」(미발간 자료).

관계가 형성되고 있다. 그러나 아직도 직종을 수직적으로 계층화하는 관행이 뿌리 깊게 상존하고 있어 〈고급 직종〉을 위한 인문 교육을 숭상하는 원인이 되고 있다.

지식 기반 사회가 진전되면서 기술·기능이나 숙련을 필요로 하지 않는 일부 단순 직종을 제외하고는 대다수의 직종이 〈전문 직〉화할 것으로 전망된다[10]. 전문직 사이에는 수직적인 위계 관계를 설정할 수 없다. 근로자의 경제사회적인 위상도 직종에 따라 결정되는 것보다 근로자의 직업 능력에 따라 결정되는 것이 일반적이다.

모든 직종을 전문직화하고 모든 근로자를 전문인화하는 것을 사회적으로 지표로 하여 추진할 만하다. 직무 확대와 직무 심화를 통하여 전문직화를 촉진시켜 나가자는 것이다. 특히 우리나라는 고등 교육의 대중화에 앞서가고 있으므로 이러한 전문직화는 대졸자를 위한 일자리를 늘려 나간다는 의의도 크다. 또한 직무 확대·직무 심화는 노동 생산성을 높여 나가는 유력한 길이기도 하다.

공무원 조직은 전문직화가 가장 뒤떨어진 부문의 하나이다. 공무원은 정책 개발과 대민 서비스 창출 부문에서 전문가가 되어야 한다. 우리나라의 경우 고시 제도, 중견 간부의 순환 보직제 등 전근대적인 인사 관리 제도로 공무원이 스스로의 전문성을 개발하기 어려운 여건이었으며, 연고주의 등에 의한 승진 관리

---

10) 고등 교육의 대중화와 지식 기반 산업화에 따라 〈전문직〉화는 급격히 이루어질 것으로 예상된다. 미국의 경우 공장 라인 근로자의 15% 이상, 기능근로자 craft workers의 30% 가까이가 대학 졸업자인 것으로 나타나고 있다(Neef, Dale(ed.), *The Knowledge Economy*(Butterworth-Heinemann, 1998), 3쪽.

등도 자기 개발의 유인을 떨어뜨리는 요인이었다. 공공 부문은 지식 기반 산업화를 선도하여야 할 부문이다. 공무원 인사 관리의 선진화는 시급한 과제라 할 수 있다.

5 범사회적인 참여와 협력 제고

인적 자원 개발은, 교육 훈련 기관은 물론 정부, 경제계와 노동조합 등 각계가 공조하여 추진하여야 하는 과제이다. 서구의 경우 직업 교육 훈련은 경제 단체의 주된 기능일 정도로 산업계의 인적 자원 개발 참여가 활성화되어 있다. 산업 구조 조정이 가속화하고 있으므로 수요자를 위한 교육 훈련을 위해서는 인력을 수요하는 산업계의 참여가 불가결한 요건이 되고 있다.

물론 산업계의 자발적인 참여에만 의존하여 커다란 성과를 거두기는 어렵다. 노동 시장이 유연화되어 근로자의 직장 이동이 빈번하여질수록 기업은 인력 개발에 대한 투자를 더욱 주저하게 된다[11]. 우리나라는 직업 훈련 분담금 제도와 고용보험 제도, 직업 능력 개발 사업을 통하여 산업계의 참여를 이끌어온 바 있다. 산업계의 참여를 이끄는 유인 제도를 다각적으로 확충하여 나가야 한다. 앞서 제시한 국가 자격 제도의 관리를 경제 단체에게 위임하고[12] 민간 자격 제도에서의 경제 단체의 참여를 높여가는 방안이 예시될 수 있을 것이다. 근로자 평생 교육의 수요자를 대

---

11) D. Stern, 앞의 책.
12) 대한상공회의소의 사무관리계 자격 관리를 예시할 수 있다.

변하는 노동조합의 직업 교육 훈련 참여도 중요한 과제이다. 우리나라 노조는 전문 인력과 노하우, 자원이 부족하여 직업 교육 훈련의 참여가 겨우 선언적인 활동에 그치고 있는 실정이다.

참여·협력적 노사 관계가 진전되어 나감에 따라 근로자 교육 훈련이 노조의 핵심 기능으로 자리 잡아 가리라 본다.[13] 한편 노조의 직업 교육 훈련 참여는 참여·협력적 노사 관계의 구축을 앞당기는 길이기도 하므로 노조의 교육 훈련 참여를 제고하는 것은 인적 자원 개발뿐 아니라 노사 관계의 발전에도 기여한다. 직업 능력 개발 사업에 따른 정책적 지원으로 노사가 공동으로 운영하는 업종별 공동 연수원을 건립하는 등[14] 노조의 교육 훈련 참여를 유도하는 다각적인 대책을 모색하여 나가야 한다.

학교 교육, 공공 직업 훈련과 민간 직업 훈련은 상호 협력하고 보완하는 관계에 있지만 경우에 따라서는 경쟁 관계가 될 수도 있다. 예를 들면 직업인을 대상으로 하는 직업 훈련 기관의 향상 훈련과 사회인을 대상으로 학교에서 실시하는 평생 교육은 때로는 유사한 프로그램으로 경쟁 관계에 놓이기도 한다. 그러나 향상 교육 훈련의 공급 능력이 대단히 취약하고 잠재된 수요가 제대로 개발되어 있지 못한 실정임에 비추어 교육 훈련 기관간의

---

13) 근로자의 직장 이동이 빈번하여지는 탈산업화 시대에는 직업의 안정성은 직업 능력에 의해서만 보장될 수 있다. 근로자의 직장 이동이 빈번하여질수록 인력 개발 투자에 다른 기업의 기대 수익은 줄어드는 반면 직업 능력을 개발하여 직업의 안정성을 확보하여야 하는 근로자에게는 기대 수익이 커진다. 기업의 인력 개발 투자를 유도하는 노조의 전략적 대응이 강화되어야 할 것이다.
14) 미국의 노사 공동 직업 훈련원에 대해서는 한국직업능력개발원 옮김, 『21세기 직업을 위한 21세기 직업 능력』(1999) 참조.

관계는 일부 예외를 제외하고는 협력적이고 보완적이어야 한다고 볼 수 있다.

산업 인력을 개발하는 학교 교육과 직업 훈련의 연계를 강화하기 위해서 일부 서구의 예에 따라 직업 교육 훈련 체계를 일원화하자는 주장이 있다. 학교 교육과 직업 훈련을 관장하는 교육부와 노동부의 통폐합까지도 거론되기도 한다. 그러나 이러한 주장은 현실적으로 부작용이 클 뿐 아니라 논리적으로 불가피한 것도 아니다.

학교 교육과 직업 훈련은 각각 교육 정책 영역과 노동 정책 영역으로 분리되어 존재하고 있다고는 볼 수 없다[15]. 학교 교육과 직업 훈련의 관리의 일원화를 통해서만 직업 훈련에 교육 정책적 고려가 강화되고, 학교 교육이 노동 시장과 산업 정책과 연계되는 것도 아니다.

실업 대책 직업 훈련과 근로자의 향상 교육 훈련을 중심으로 하는 직업 훈련은 노동 시장 정책과 노사 관계 정책과도 밀접히 관련되고 있다. 우리나라의 경우 고용보험 제도를 통해서 직업 능력 개발이 추진되도록 설계되어 있으므로 노동 시장 정책과 직업 훈련 정책은 불가분의 관계에 있다. 이러한 연계적인 업무를 통폐합하여 직업 교육 훈련 체제로 일원화한다는 것은 교육 정책과 고용 정책을 통폐합하여야 가능할 것이므로 교육과 고용을 위한 중앙 정부의 역할이 큰 우리나라의 경우 과다한 업무 집중에 의한 정책 추진의 혼란과 비능률을 초래할 것임이 분명하다.

---

15) 예를 들면 노동부 산하 산업인력관리공단의 한국기술교육대학은 교육법에 의한 사립 대학이다.

결국 실업 교육 훈련의 연계는 관리 체제의 일원화를 통해서가 아니라 운영상의 공조 체제를 구축하여 이루어져야 할 것이다. 노동 시장 정책 차원에서 실시하는 직업 훈련에 교육 정책적 고려를 강화하고 아울러 직업 훈련의 실시에 교육 정책적 차원에서의 공조가 필요하다. 학교 교육을 통한 산업 인력 개발과 직업 훈련을 통한 산업 인력 개발은 노동 시장 정책과 교육 정책적으로 동등하게 지원되어야 할 것이다. 각종 네트워크의 구축과 협력 사업의 추진은 직업 교육 정책과 훈련 정책의 연계를 촉진하는 길이다. 교육 훈련 과정과 프로그램의 공동 개발, 원거리 교육을 위한 첨단 시설의 공유, 교과 과정을 연계한 학점은행제 도입과 정책 개발을 위한 공조 체제의 구축 등을 예시할 수 있을 것이다.

산업 정책, 노동 시장 정책과 교육 정책 등이 종합적으로 관련되어 있는 인력 개발 정책의 추진에서 부처간 연계가 미흡하다면 그 주된 원인은 제도가 아니라 운용상의 문제나 혹은 협력적 자세, 관행의 부족에 기인한 것이라 본다. 이를 위해서 유의하여야 할 과제로는 다음이 제시될 수 있을 것이다.

첫째, 각종 위원회나 실무 협의회 등을 활성화하여 관련 부처간 대화의 기회를 늘려 나간다. 부처간 장벽은 부처 이기주의의 소산일 수도 있으나 타부처 업무에 대한 이해 부족에 기인하는 경우도 많다.

둘째, 부처간에 협력 프로젝트를 늘려 나간다. 학점은행제 도입 등을 통한, 교육과 직업 훈련 간의 공조 체제 구축은 그 예라 할 수 있다. 산업 인력 개발 정책은 중·장기적 연구를 바탕으로 설정되어야 하므로 담당 공무원과 산하 연구원 전문가가 포함된 연구팀을 쟁점별로 구성하여 공동 연구 프로젝트를 추진하는 방안도 검토될 수 있다. 연구 추진 과정에서 많은 부처간 이견이 합리적으로 걸러질 수 있을 것이다.

마지막으로 각 부처 담당 공무원의 전문성을 제고하는 것이다. 산업 인력 개발은 산업 정책, 노동 시장 정책과 교육 정책에 대한 종합적인 이해를 바탕으로 입안되고 추진되어야 할 분야이다. 교육에 대하여 문외한인 노동 전문가, 경제와 노동 시장에 문외한인 교육 전문가가 산업 인력 개발의 종합 대책을 제대로 모색하여 추진하기는 어려우리라 본다. 재경부, 산자부, 보건사회부 등 경제 사회부처 공무원도 노동 시장과 인력 개발에 대한 어느 정도의 소양을 갖추어야 한다. 노동 시장과 인력 개발에 미치는 영향이 고려된 바탕 위에서 경제·사회 정책이 추진되어 나가야 한다.

인적 자원 개발에 대한 지방 정부의 역할을 높여 나가는 것도 중요한 과제이다. 지식 기반화가 진전되면 인적 자원 개발은 지방 정부의 중요한 기능으로 자리 잡아야 한다. 지방화는 정규 교육 훈련 기관과 공공 직업 훈련 기관의 연계적인 운영을 가능하게 하여 교육 훈련 효과를 높이는 것은 물론 교육 훈련 재정 부담을 줄이는 데에도 크게 기여할 수 있을 것이다[16].

교육 훈련 정책은 오랫동안 중앙 집권화되어 왔으므로 지방

---

16) 지역 직업 훈련 기관으로서 지역 내 고등학교 직업 과정의 실습 교육을 담당하는 미국의 BOCES를 예시할 수 있다(이상일, 『미국의 직업 교육 훈련 제도의 새로운 변화』(한국노동연구원, 1998)).

정부가 관련 정책을 개발하고 추진하는 능력이 대단히 미흡한 수준이다. 지방 정부가 관리하는 직업 교육 훈련 시설을 늘려가는 것이 바람직하며 이를 위한 중앙 정부의 재정적 지원이 확충되고 교육 훈련 기관의 운영에서의 지방 정부의 몫을 키우는 분권화가 촉진되어야 한다.

특히 미진학 청소년, 여성 및 중고령 인력을 위한 단기 교육 훈련이 지방 정부가 참여할 일차적인 대상이 되리라 본다. 기존의 학교, 직업 훈련 시설을 개방하고 전문 기술을 지원하여 지방 정부의 교육 훈련 공급 능력을 신장시켜 나가는 것이 바람직하다.

한편 산업 인력 개발에의 지방 정부의 참여는 산업 인력 개발을 위한 지역 단위 네트워크에 참여하는 모습으로도 나타난다. 지역 산업계와 밀접히 관련되어지는 직업 교육 훈련 기관의 운영은 궁극적으로 지역 단위에서 주도되어야 할 것이다. 지역 노사와 더불어 지방 정부가 참여하는 네트워크의 기능이 강화되어 점차적으로 직업 교육 훈련 기관을 운영하는 주체가 되어야 한다. 또한 이러한 각계의 노력을 결집시킬 수 있도록 지방 자치 제도에서 교육 자치와 행정 자치를 일원화하는 것이 바람직하다.

직업 교육 훈련 기관의 관리를 분권화 하는 데 가장 큰 장애 요인은 지방 정부와 지역 노사의 전문성 부족일 것이다. 지방화가 촉진되려면 무엇보다도 산업 인력 개발에 대한 지방 노사와 지방 정부의 전문적 대처 능력을 제고하는 노력이 가속화되어야 한다.

〈참고 문헌〉

이상일, 『미국의 직업 교육 훈련 제도의 새로운 변화』(한국노동연구원, 1998).

이선, 「지식 기반 사회를 향한 인적 자원 개발」, 『제2차 정책포럼자료』 (한국직업능력개발원, 1999).

이선·황덕순, 「현장 기능인의 사회적 지위 제고 방안」, 『산업 인력 개 발 체제의 구축 방안』(1995).

장영철, 「지식 경제와 인적 자원 관리」(미발간 자료, 1999).

한국직업능력개발원 옮김, 『21세기 직업을 위한 21세기 직업 능력』 (1999).

ILO, "World Employment Report 1998~99 : Employability in the Global Economy", *How Training Matters*(1998).

Neef, Dale(ed.), *The Knowledge Economy*(Butterworth-Heinemann, 1998).

OECD, *Employment and Growth in the Knowledge-based Economy* (1996).

OECD, *Lifelong Learning for All*(1996).

Stern, David, "Human Resource Development in the Knowledge-Based Economy : Roles of Firms, Schools and Governments", *Employment and Growth in the Knowledge-Based Economy*(OECD, 1996).

Thurow, Lester, *The Fututure of Capitalism*(William Morrow & Co, 1996).

World Bank, "Knowledge for Development," *World Development Report*(1999).

128

교육 자원 공유와 인재 선발 방법 혁신이 필요하다

권대봉

한국노동교육원 이선 원장께서 변화하는 직업 환경 속에서 정규 교육 못지않게 중요한 비정규 교육을 통하여 직업 능력을 개발하는 전문 직업 교육의 과제를 조목조목 논의하여 주셨다. 구체적으로 자격 제도의 기능 강화, 전문 직업 교육 공급 능력의 신장과 인력 개발형 고용 구조의 구축, 범사회적인 참여와 협력 제고 등 전문 직업 교육을 위한 정책 과제에 대한 제안은 정책 입안자들이 귀를 기울여야 할 것으로 생각한다. 이선 원장이 제안한 것에 덧붙여 다음의 다섯 가지를 논의하고자 한다.

첫째, 정부가 교육 소외 계층을 위한 직업 전문 교육을 공교육 차원에서 실시할 필요가 있다. 정부가 학점은행제, 독학사 학위제, 사내 대학 제도, 원격 대학 등을 통해 국민의 고등 교육 수요를 평생 교육 차원에서 충족시키는 것은 개인의 삶의 질 향상과 국가의 경쟁력 제고 차원에서 바람직하다. 문제는 중·고등학교 학력이 없는 교육 소외 계층을 위한 평생 교육 차원의 배려가 공교육 수준에서 부족하다는 것이다. 성인들이 중학교 학력을 취득하기 위해서는 사교육 기관인 검정 고시 학원을 갈 수밖에 없고, 고등학교 학력을 취득하기 위해서는 역시 검정 고시 학원이나 방송통신 고등학교에 다녀야 한다. 따라서 정부는 교육 소외 계층들에게 중·고등학교 학력을 인정할 수 있는 직업 전문 교육을 공교육 차원에서 실시할 필요가 있다. 그러기 위해 교육 자원 공유의 개념을 도입하여 기존의 학교나 기업이 가진 교육 시설을 활용하여 중·고등학교 학력을 취득하고자 하는 성인들을 위한 직업 전문 교육 위주의 중·고등 교실을 설치하면 될 것이다. 아울러 현행 학점은행제는 대학 학력을 취득할 수 있는 제도로서 중·고등학교 학력이 없는 교육 소외 계층에게는 그림의 떡이다. 학점은행제를 확대하여 중·고등학교 학력도 취득할 수 있는 방안을 강구하도록 조처하여야 한다.

둘째, 정부는 고등고시를 통해 국가가 필요로 하는 전문인을 선발하는 방법을 혁신하여야 한다. 매년 3, 4만 명의 인력이 행정 시험과 사법시험 등 국가고시에 응시하고 있고, 고시를 준비하는 인력은 20여만 명에 달하고 있으나 이 가운데 매년 900명 정도만이 합격하고 있으며 나머지는 고시낭인으로 생산적인 일에 투입되지 못하여 국가의 인적 자원을 낭비하고 있다[1]. 정부는 농업

---

1) 이돈희, 「인적 자원 개발과 대학 교육」, 『한국인사관리학회·대한상공회의소·대통령자문 새교육 공동체위원회 공동 주최 2000년도 특별 정책 세미나 논문집』(2000년 4월 28일 대한상공회의소), 1-5쪽.

사회 왕조 시대 유물인 과거 제도와 유사한 고등고시를 통한 국가 기관의 전문 인력 공급 제도를 폐지하고, 정보 산업 사회 디지털 시대 전문인 양성과 선발을 위해 인재 선발 방법을 혁신하여야 한다. 기업과 다른 고용주들도 필기 시험 위주의 인재 선발이 아닌 핵심 역량을 측정할 수 있는 인재 선발 방법을 도입하여야 할 것이다.

셋째, 전문인 교육을 위하여 교육 자원 공유의 개념을 도입하고 확산시켜야 한다. 자원이 풍부한 선진국은 전문인 교육과 재교육을 위해 대학 상호간, 대학과 기업 간에 교육 자원을 공유하고 있는 데 반하여, 자원이 빈약한 한국의 대학들과 기업은 교육 자원 공유에 인색하다. 대학원 수준에서 오래전부터 연세대, 이화여대, 서강대가 학점 교환을 해왔고, 최근에 고려대와 연세대가 학부 수준에서 학점 인정제를 실시하고 서울대와 지방 국립대들 사이와, 지역 이해 차원에서 경북대와 전남대가 학점 교환 수준에서 교육 자원을 공유하는, 시작하는 수준이다. 앞으로 국립대와 사립대 간 4년제 대학과 2년제 대학 간, 고등학교와 대학 간에 교육 자원 공유가 되어야 할 것이다.

미국 대학들은 대학들간에 협력을 통한 경쟁을 하고 있다. 예를 들어, 미국 미시간 주립대의 경우를 보면, 미시간 대학을 포함한 미시간 주 내의 모든 주립 대학에서 취득한 학점을 상호 인정한다. 미시간 주립대는 또한 타주의 주립 대학인 미네소타 대, 아이오와 대, 위스콘신 대, 일리노이 대, 퍼듀 대, 인디애나 대, 펜실베이니아 주립대, 오하이오 주립대는 물론 사립 대학인 노스웨스턴 대, 시카고 대와 협정을 맺어 한 학기 동안 등록은 소속

대학에 하고 타교에 가서 원하는 교수의 강의를 듣고 학점을 취득할 수 있도록 제도화되어 있다. 물론 이들 대학간에는 상호 도서관 서비스도 받을 수 있도록 대학들간에 협력 체제를 구축하여 활용하고 있다.

예를 들면, 서울에 소재한 모든 대학의 교육학 교수를 모두 합해야 미국의 주립 대학 한 곳의 교육학 교수 숫자 정도 된다. 따라서 학점 교환 수준의 소극적 교육 자원 공유에서부터 교육 과정의 공유와 도서관 시설의 공유 등 적극적으로 교육 자원을 공유하여야 부족한 교육 자원으로 선진국 대학과 경쟁할 수 있다. 한국의 대학과 대학 간은 물론, 대학과 기업들이 교육 자원을 공유하여 전문인을 양성하고 재교육할 수 있도록 상호 협력 체제를 구축하여야 한다.

넷째, 전문인 양성과 재교육을 위해 대학가를 벤처 타운으로 재개발하여야 한다. 대학과 대학 간의 교육 자원 공유는 물론, 대학과 기업 간에 교육 자원을 공유하여야 한다. 대학가를 벤처 타운으로 재개발하고, 대학과 기업 간에 교육 자원과 연구 자원 공유의 개념을 도입하여 확산시켜야 한다[2]. ≪매일경제≫ 뉴 밀레니엄 특별 취재팀이 집필한 『디지털 지식혁명』[3]에 의하면, 네덜란드와 핀란드에서는 대학과 기업의 경계선이 무너지고 있다고 한다. 정보 통신 대국으로 발돋움하는 핀란드에서는 대학과

---

2) 권대봉, 「대학에서의 산학 협동과 인적 자원 개발 교육」, 『한국인사관리학회·대한상공회의소·대통령자문 새교육 공동체위원회 공동 주최 2000년도 특별 정책 세미나 논문집』, 75-99쪽.
3) 매일경제신문 엮음, 『디지털 지식혁명』(매일경제신문사, 2000).

기업 간의 경계가 무너져 전국의 13개 과학 단지가 모두 대학과 함께 있다. 미국 스탠퍼드 대학이 1951년에 설립한 산학 협동 연구 단지인 실리콘 밸리에는 현재 150개 회사의 2만 3천 명의 회사원이 입주해 있다(www.stanford.edu). 스탠퍼드 대학은 교내 텔레비전 방송국을 통해 250여 개의 대학원 수준의 강좌를 5천여 명의 실리콘 밸리 회사원에게 제공하고 있고, 실리콘 밸리의 기업들은 스탠퍼드 교수와 학생들과 세미나와 워크숍, 공동 연구 프로젝트를 실시하고 있다. 미국의 스탠퍼드 대학이나 핀란드의 울루 대학은 벤처 밸리로 둘러싸여 있는데, 한국의 주요 대학가는 왜 유흥가로 싸여 있는가를 반성하여야 한다. 한국의 대학가를 벤처 타운으로 재개발할 수 있도록 중앙 정부와 지방 자치 단체, 대학과 지역 사회 지도자들이 협력하는 장을 만들어야 한다. 그래야 대학과 기업이 교육과 연구의 자원을 공유할 수 있다.

다섯째, 교육 기관은 디지털 시대의 전문인에게 공통적으로 필요한 자질인 윤리 의식, 휴먼웨어 humanware, 엑스퍼트 파워를 함양시켜야 한다. 정책 과제와 더불어 중요한 것은 디지털 시대 전문인의 교육철학이다. 즉 어떤 자질을 가진 전문인을 어떻게 양성할 것인가의 문제가 중요하다. 디지털 시대에 자격증을 가진 전문인이나 자격증을 가지지 않는 전문인에게 공통적으로 요구되는 자질은 전문인으로서 고도의 윤리 의식, 휴먼웨어, 그리고 엑스퍼트 파워이다[4]. 전문인으로서 사회적 책무를 다하기 위해서는 고도의 사회윤리 의식을 기본적으로 갖추어야 한다. 디지털

---

4) 권대봉, 「직업 패러다임의 변화와 전문인 교육」, 크리스천 아카데미 엮음, 『정보화 시대 교육의 선택』(대화출판사, 1997), 183-207쪽.

시대는 과학 기술의 발달, 지식의 폭발과 평생 학습, 직업의 전문 화와 전문인 분업의 가속화 때문에 전문인 교육의 변화를 요구하고 있다. 정보 통신 기술의 혁명은 디지털 경제 시대를 열었으며, 디지털 경제 시대는 커뮤니케이션의 양태를 질적으로 양적으로 변화시켰다. 이론적으로는 누구나 멀티미디어를 이용하여 언제 어디에서든지 필요한 정보와 자료를 찾을 수 있게 되어 있다. 이러한 작금의 기술 혁명은 전문인들의 위상을 바꾸고 있다. 이제까지 전문인들은 그들이 보유하고 있는 정보와 자료 덕분에 전문인 대접을 받아왔다. 그러나 과학 기술의 발달로 전문 지식과 정보가 국경을 자유롭게 넘나들게 되어 정보의 대중화 시대가 도래하였기 때문에 자기만의 독특한 영역에서 전문인의 자리를 확보하기 위해 계속 노력하지 않는 한 전문인으로서 위상이 흔들리고 말 것이다. 여러 분야의 전문인들이 자유 직업군에서 이탈하여 정부 기관, 정당, 기업 등에 취업을 하고 있는 것이 현실이며, 앞으로 이 현상은 가속화될 것 같다. 특히 대기업이나 다국적 기업에 고용된 전문인들은 전문인들이 가져야 할 사회적 책임 의식 및 윤리 의식과 기업이 추구하는 이익 사이에서 갈등할 가능성도 배제하지 못한다.

정보 사회에 필요한 전문인이 보유해야 할 삶의 기술은 휴먼웨어이다[5]. 휴먼웨어란 하드웨어와 소프트웨어를 개발할 수 있는 기술과, 개발된 하드웨어와 소프트웨어를 사용할 수 있는 기술이다. 정보를 이용하여 정보 부가가치를 창출하기 위해서는 컴퓨터

---

5) 권대봉, 『휴먼웨어를 개발하자』(파고다, 1992), 『산업교육론』(문음사, 1998).

기기인 하드웨어, 컴퓨터 프로그램인 소프트웨어, 그리고 이들을 사용할 수 있는 휴먼웨어가 필요하다. 정보 사회에서는 전문인이 정보를 수집하는 것도 중요하지만, 이용하여야 할 정보를 취사 선택하는 것이 더욱 중요하게 되었다. 따라서 종합적인 휴먼웨어 개발을 위해서는 정보를 수집하는 능력, 분석하는 능력, 정보 가치를 판단하는 능력, 정보를 종합하는 능력, 정보를 저장하는 능력, 필요한 정보를 취사 선택하여 정보 부가가치를 높일 수 있는 능력, 정보 사회의 윤리 등 정보에 관한 종합적인 자질을 갖출 필요가 있다. 전문인이 보유한 하드웨어와 소프트웨어가 세계적인 수준의 것이라 할지라도 그것을 사용해야 하는 전문인의 휴먼웨어가 없거나 부족하면 하드웨어나 소프트웨어의 가치는 발휘될 수 없다.

전문가가 고유의 업무를 수행하기 위하여 가질 수 있는 힘에는 자격과 지위 때문에 갖는 힘인 포지션 파워 position power와 지식이나 기술의 발휘 덕분에 갖는 힘인 엑스퍼트 파워 expert power가 있다[6]. 특히 전문가 집단은 피라미드형 조직보다는 솥 뚜껑형 팀제 조직으로 구성되어 있기 때문에 포지션 파워보다 엑스퍼트 파워가 위력을 나타낸다. 엑스퍼트 파워가 없으면 포지션 파워를 구사할 수 있는 팀장의 역할을 감당해낼 수 없기 때문에 팀원에게는 물론 팀장에게도 엑스퍼트 파워는 반드시 필요하다. 전문가 집단에 소속된 전문인은 전문가로서 자기 스스로를 계발시키지 않는 한 성공을 기대할 수 없을 뿐만 아니라 치열한

6) 권대봉, 『산업교육론』(문음사, 1998).

생존 경쟁에서 탈락하기 쉬운 것이 디지털 시대의 직업 환경이다.

　디지털 시대에 전문인 양성을 제대로 하기 위해서는 대학과 기업, 그리고 정부가 함께 변해야 한다. 대학은 전문인들이 사회적 책무감을 지닌 윤리 의식을 유지하고 존재 가치를 구현하며, 휴먼웨어와 엑스퍼트 파워를 발휘할 수 있도록 전문인을 양성할 수 있는 교육 과정을 구비해야 하며, 이들의 자기 주도적 평생 학습을 지원할 수 있는 체제를 갖추어야 한다. 대학간에 교육 자원 공유를 확산하여야 자원이 풍부한 선진국 대학과 경쟁할 수 있다. 기업도 전문화된 인력을 공급받을 수 있도록 대학과 교육 자원을 공유하여야 한다. 전문화되고 분업화된 전문 교육 기관에서 전문인이 배출되어야 정부든 기업이든 전문 인력을 공급받을 수 있다. 전문인 재교육을 위하여 기업은 대학과 공조 체제는 물론, 타 기업과의 교육 자원 공유를 위한 협의체를 구성하고, 나아가 대학, 연구 기관, 전문 단체 및 정부 교육 기관 등과의 공조 체제를 구축해야 한다.

전문 직업 교육 주체로서 전문대학의 역할

박명덕

1 새로운 교육 시장의 변화

21세기 새로운 천년을 시작하는 지구촌에서는 지식과 정보를 중심축으로 고부가가치의 창출이 가능한 지식 기반 사회로 산업이 빠르게 재편되고 있다. 이러한 새로운 패러다임의 정립이 기술 선진국에서부터 흡수되면서 점진적인 기술 진보에 의한 전통적인 기술 변화의 흐름을 대체하고 있다.

현시대는 산업 혁명에 의하여 농경 사회로부터 산업 기반 사회로, 컴퓨터의 발명과 디지털 기술에 따른 정보화 혁명에 의하여 지식 기반 사회로 이동하는, 소위 지식 기반 사회의 혁명기라고 볼 수 있다.

현재 이러한 기술 환경의 변화 양상은 가치 창출의 수단이 과거 노동과 자본 위주에서 기술 정보, 지식으로 변화하고 있으며, 기술 수준의 고도화, 기술 주기의 단명화 및 생산의 지식 기반화 등의 변화가 진행되고 있다. 그리고 생산 요소의 중요성 및 부가 가치성도 과거 유형적인 것으로부터 무형적인 것으로 그리고 하드웨어 중심에서 소프트웨어 중심으로 변화하고 있다.

아울러 구매자의 소득 증대 및 가치관의 변화에 따라 제품의 공급 또한 과거의 시장 수요에 따른 공급 패턴으로부터 다변화되어 구매자의 요구에 부응하는 수요자 중심의 수요 공급 패턴으로 이동되고 있다.

이렇게 지식 중심의 경제 시대 즉 지적 자본이 경제 발전의 주요한 축으로 작용하는 시대에는 어떠한 분야보다도 교육이 중요한 분야로 대두되며 선진국에서는 각 분야의 전문 지식인을 양성하기 위하여 업무 능력 중심, 전문성 중심의 교육 체제 개혁을 추진하고, 재교육, 향상 교육을 위한 평생 교육 체제를 구축하고 있다.

우리나라의 정규 직업 교육 기관으로는 실업계 고등학교, 전문대학, 산업대학, 기능대학, 기술대학 등이 있다. 이중 가장 많은 인력의 배출을 담당하고 있는 곳이 전문대학으로, 전문대학의 사회적 역할이나 책무가 그 어느때보다 막중한 비중을 차지한다고 볼 수 있다.

본고에서는 전문 직업 교육기관으로서 전문대학의 역할을 다시 한번 생각해 보고자 한다.

2 전문 직업 교육 기관으로서 전문대학의 역할

21세기는 고학력보다 능력이 중시되는 시대이고 기존의 지식을 암기하는 Know-How보다는 많은 정보를 조직적으로 관리할 수 있는 능력을 요하는 Know-Where의 시대가 될 것으로 예측된다.

전문 직업인 양성과 고등 교육의 대중적 기회 부여라는 목적 하에 설립된 전문대학은 현재 160여 개교가 넘고 있다. 불과 10년 전까지만 해도 전문대학은 4년제 대학의 그늘에 가려 교육 이념과 사회적 기능을 수행하지 못한 채 방황만을 거듭하였으나, 그동안 여러 방면에서의 끊임없는 노력에 힘입어 전문대학 졸업생들의 취업률도 이제는 4년제 대학의 수준을 넘었으며 4년제 대학 출신자들이나 계속 교육을 받으려는 성인 교육자들도 전문대학에 들어와 직업 교육을 받고 있다.

특히 직업 교육의 중심을 차지하던 실업계 고등학교가 단계적으로 일반계 고등학교 및 특성화 고등학교로 전환되면서 직업 교육의 중심이 전문대학으로 이동함에 따라 이제 각 전문대학은 각기 특성화되고 차별화된 프로그램만이 살아남을 수 있는 무한 경쟁의 시대에 돌입하였다고 볼 수 있다.

미래 사회에서는 끊임없이 자신을 재교육시키고 새로운 지식과 기술을 흡수해야만 살아남을 수 있다. 따라서 지금까지 단편적이고 지엽적인 지식의 나열에서 벗어나 전문적 지식을 결합할 수 있는 창조적 인간을 계발할 수 있는 프로그램의 개발 여부가 전문대학의 존립에까지 영향을 미칠 수 있게 되었다. 특정 분야

인력의 대량 양성에서 다양한 분야의 소수 전문 인력을 양성하는 교육 기관으로, 가르치고 배우는 완성 교육 기관에서 스스로 학습하고 계속 교육을 받을 수 있는 기본 자질의 계발로 학습의 형태가 바뀌어야 할 것이다. 타율형에서 창조적 자기 경영형으로, 주어진 임무에만 충실하는 형에서 일을 창조하는 신지식인으로, 현실 안주형에서 자기 계발형으로 학생들의 사고를 바꿀 수 있는 교육 방향의 전환을 모색해야 할 시기이다.

물론 전문대학의 주된 기능은 고등 전문 직업 교육 기관으로서의 역할이지만 2차적 기능으로 평생 교육 기관으로서의 역할도 무시할 수 없다.

지금과 같이 급변하는 기술 상황에 적응하기 위해서는 재교육이 필수적이므로 이 수요를 전문대학에서 담당해야 한다. 앞으로의 직업 교육은 양성 교육과 향상 교육의 형태가 될 것이다. 따라서 전문대학의 교육 수요자는 고등학교를 졸업한 학생들뿐만 아니라 일반 직장인들까지로 확대될 전망이다. 이러한 교육 대상층의 확대에 따라 연령별, 지역별 교육 참여율을 제고해야 할 것이다. 정규 교육과 비정규 교육 과정을 통한 참신한 아이디어와 기술을 창출하기 위해 교육 기회를 제공하고 사업화를 위한 실용적인 교육 지원 체제로의 전환을 통해 재취업, 향상 훈련 및 재교육의 기회를 제공하는 것도 역시 전문대학이 맡아야할 과제이다.

이러한 요구에 따른 전문대학 자체의 교육 프로그램의 다양화 및 특성화는, 이 시대에 절실하게 요구되고 있는 사항이므로 교육 수요자들의 요구를 수용할 수 있는 새로운 전공의 개발이라든지 학생들의 다양한 능력을 고려한 교육 과정 편성 및 운영이 마련되어야 할 것이다.

아울러 성인 교육과 함께 여성과 노인에게 교육 기회를 제공하고 평생 교육원 기능 확대를 포함하여 평생 학습을 촉진하는 원격 교육 기회를 제공하는 것도 전문대학의 역할 중의 하나이다.

3 전문 직업 교육의 내실화를 위한 전문대학의 특성화

전문대학이 현장의 요구를 수용하는 주문식 교육의 활성화를 통해 산업 현장 전문 인력을 양성하고, 직업 기술 교육, 정보화 교육 등을 통해 지역 사회에 적극 봉사함으로써 교육의 기회 평등과 평생 교육의 선도적 역할을 수행하며, 수요자 중심으로 교육 기회를 제공하고, 양성 교육에서 향상 교육으로의 순환 교육에 주력하는 것 등, 전문대학의 사회적 추세를 반영하여 그 역할에 충실하기 위해서는 무엇보다도 4년제 대학과 차별화된 면모를 갖추어야 할 것이다. 즉 전문대학의 특성화만이 유일한 대안이라고 볼 수 있다.

전문대학의 가장 큰 장점 중의 하나는 4년제 대학에 비해 새로운 사회 수요나 기술적 요구에 대해 탄력적 대응이 수월하다는 점이다. 현재 급속하게 변하는 기술 흐름을 파악하여 교육 현장에 직접 반영함으로써 졸업 즉시 현업에 투입할 수 있는 실천적 인력을 양성할 수 있기 때문이다.

이를 위해서는 기술의 변화에 따른 특성화된 프로그램과 교과

과정이 개발되어야 하는데, 이러한 교육 과정 개편 및 교재 개발
에는 산업체 인사를 참여시켜 현장에서의 요구를 적극적으로 전
문대학의 교육 내용에 수용해야 한다. 이렇게 전문대학에 대한
특성화를 유도하고 경쟁력을 제고하여 확고한 전문 직업 교육
기관으로 육성하는 것만이 21세기 지식 기반 사회에 능동적으로
대응할 수 있는 우수 인력을 양성할 수 있는 방법이기 때문이다.

　전문대학이 특성화되기 위해서는 모든 전문대학이 일류 대학
을 지향하는 것이 아니라 특정 분야에서 유일 대학이나 최고 대
학이 되어야 한다는 전략이 필요하다. 그러기 위해서는 정보 통
신, 영상 미디어, 디자인, 멀티미디어 컨텐츠 등 지식 산업 인력
쪽이나 지식 산업과 생산적 협력 체제를 구축하는 제조 벤처 기
술 인력 양성에 전문대학의 특성화 방향을 맞추어야 할 것이다.

　전문대학의 특성화 방안에는 교육 프로그램이나 교과 과정의
특성화와 아울러 교육 제도에서 특성화도 들 수 있다. 산업체 위
탁생 교육이나 전공 심화 과정을 운영하여 4년제 대학에서 하지
않는 틈새 시장을 노려야 할 것이며, 일부 과목 수강, 계절 학기
수강, 시간제 등록생들을 통한 학점 등록제 운영, 산업체 및 취업
에 관련된 모든 자료가 데이터 베이스화된 산학 협력 정보 시스
템을 구축하여 학생들의 취업을 도모하는 노력도 필요하다. 또한
실무 능력 향상과 현장에서의 문제 해결 능력을 키우기 위해 현
장 실습을 강화하고 기술 혁신과 창업 마인드를 고취하기 위하
여 동아리를 지원하고 졸업작품전 개최하는 것도 하나의 방법이
다. 공업계 고등학교와의 연계 교육을 통해 계속적인 기술 교육
을 실현하고, 지역 사회와 중소기업을 위한 교육을 지원하며, 전

142

공 세분화와 경영 합리화를 위해 세부 프로그램을 운영하고, 교육 수요자의 직업 적성을 고려하여 조기에 자기 진로를 선택할 수 있는 교육 및 행정 조직의 새로운 틀 짜기도 전문대학 특성화의 한 방편이라고 볼 수 있다.

4 맺음말

앞으로의 사회에서는 끊임없이 자신을 재교육시키고 새로운 지식과 기술을 흡수해야만 한다. 따라서 교육도 평생 동안 언제든지 배울 수 있는 형태로 제공되어야 하며, 전문 직업 교육 기관에서의 고도화되고 전문적인 교육이 요구되고 있다.

앞으로는 직업 교육을 담당하는 정규, 비정규 과정의 체제 구분이 점차 무의미해지고 오직 경쟁력 있는 교육 기관만이 존재하게 될 것이다. 기술 및 교육 환경의 변화를 극복하고 교육 소비자의 욕구를 만족시키기 위해서는 다양한 체제와 교육 프로그램을 준비해야 한다.

전문대학은 기존의 학생들에 대한 양성 교육뿐만 아니라 전문 직업인의 향상 교육, 지역 사회의 성인 교육을 위한 전문 직업 교육 기관으로 탈바꿈해야 하고 교육 수요자의 요구를 만족시킬 수 있는 다품종 소량 생산 또는 주문자 생산 방식 형태의 개별 교육 방식으로 전환하기 위해 새로운 교육 내용과 함께 부단한 노력과 자기 혁신이 필요할 것이다.

3부

평생 교육 발전을 위한 고등 교육의 역할

평생 교육 발전을 위한 고등 교육의 역할

임길진

> 교육은 홍익인간의 이념 아래 모든 국민으로 하여금 인
> 격을 도야하고 자주적 생활 능력과 민주 시민으로서 필
> 요한 자질을 갖추게 하며 인간다운 삶을 영위하게 하고
> 민주 국가의 발전과 인류 공영의 이상을 실현하는 데
> 이바지하게 함을 목적으로 한다.
>
> —— 기본 교육법 제2조 교육 이념

이 교육 심포지엄의 주제는 〈뉴 밀레니엄 시대의 모든 이를 위한 평생 교육 시스템〉입니다. 그중에 제가 맡은 부문은 고등 교육입니다. 따라서 저는 〈평생 교육 발전을 위한 고등 교육의 역할은 무엇인가?〉라는 질문에 대답해 보는 것에 초점을 맞추어 보고자 합니다.

평생 교육이 모든 국민에게 폭넓은 교육 기회와 지식을 함양해 준다는 목적을 지니고 있다고 볼 때, 저는 평생 교육에 관한 논의는 무엇보다도 먼저 교육의 혜안(비전 vision)을 제시하는 것으로 시작되어야 한다고 생각합니다. 더 큰 범주에서 말한다면, 어느 나라의 교육이건 교육이 그 궁극적이고 보편적인 목표인 〈민주 국가 발전과 인류 공영〉을 성취하려면, 세계의 모든 교육은 공통적인 규범적 방향을 함께 추구해야 할 것입니다. 이 교육

심포지엄의 제목에 들어 있는 〈모든 이〉가 궁극적으로는 〈전세계의 모든 이〉를 의미할 때 교육의 이상이 실현될 수 있을 것입니다.

21세기의 혜안 : 지속 가능한 세계 시민 사회

이제 21세기가 왔으나 이 세계에는 아직도 많은 고질적 문제들이 존재한다는 것은 무엇을 의미하는 것일까요? 새로운 세계적 질서는 아직 보이지 않고, 불안한 국가들과 혼란한 사회들이 규칙 없는 경쟁을 계속하고 있다는 것입니다. 공통적 혜안 없이 새로운 세계적 질서를 찾으려는 시도는 헛된 것입니다. 세계를 구성하는 국가와 사회들이 안정되고 건강할 때 비로소 새로운 세계적 질서를 형성할 가능성이 있습니다. 지속 가능한 시민 사회가 없이 질서 있는 세계를 만든다는 것은 벽돌 없이 집을 짓겠다는 것과 다름이 없습니다. 세계 모든 교육자들은 우선 공통적 혜안을 가져야 할 것입니다.

혜안이란 보이지 않는 것을 보는 능력이며 그것을 통해 본 미래상입니다. 당장 앞에 보이는 것만을 보고 미래를 구상한다면 우리는 결코 미래의 도전에 효과적으로 대처할 수 없습니다. 비전을 가진 이들의 임무는 보이지 않는 먼 미래를 보고 그곳으로 가는 항로를 설계하는 것입니다. 저는 교육계가 21세기의 도전에 효율적으로 대처하기 위한 새로운 비전으로 지속 가능한 세계 교육 공동체 Sustainable Global Education Community를 형성해야 한다고 생각합니다.

지속 가능한 세계 교육 공동체란 세계의 모든 교육자들이 평화, 정의, 자유, 평등, 사랑, 믿음, 풍요 등 인간의 기본적 가치가 생활의 모든 국면에서 실천되는 시민 사회를 구축하기 위해서 서로 배우고 Mutual Learning 함께 만드는 Co-production 공동체를 뜻합니다. 이러한 비전을 바탕으로 구체적인 전략적 행동 방향이 설정되어야 합니다.

여기에서 저는 지속 가능성의 개념을 확대할 것을 부언합니다. 지금까지 지속 가능성이란 개념은 경제 성장과 환경 보존이라는 상반된 활동을 조화시켜야 한다는 주장을 펼치는 데 주로 사용되어 온 경향이 있습니다. 그러나 진정 인간의 기본적 가치가 실천되는 안정되고 지속 가능한 세계 시민 사회를 만들기 위해서는 더 폭넓은 정의가 요망됩니다. 포괄적인 테두리 속에 다음의 다섯 가지 지속 가능성을 포함시키는 것이 바람직합니다. 이들은 경제적 지속 가능성, 제도적 지속 가능성, 생태적 지속 가능성, 기술적 지속 가능성, 문화적 지속 가능성입니다.

이제 이러한 비전을 마음에 두고 〈평생 교육 발전을 위한 고등 교육의 역할은 무엇인가?〉라는 질문에 대답하기 위해 이 글을 전개해 보고자 합니다. 이 글의 제1절에서는 우리가 당면한 시대적 상황을 세계적 문제와 기회의 측면에서 살펴보고, 제2절에서는 평생 교육의 확대 방안에 대해 짚어보겠습니다. 제3절에서는 고등 교육(대학)의 사명에 대해, 제4절에서는 정책적 제안으로서 고등 교육이 평생 교육을 위해 할 일에 대하여 논하고자 합니다. 제5절에서 공동체적 평생 교육 운동의 사례로 EduCom(교육 정보 공동체 운동)을 설명하고 제6절에서 글을 마무리하고자 합니다.

1 우리가 당면한 시대적 상황 : 세계적 문제와 기회

21세기를 맞은 지금, 인류는 20세기로부터 몇 가지 고질적인 문제들을 물려받았습니다. 이 문제들은 21세기가 시작된 지금도 계속되어 인류를 괴롭히고 있습니다. 그리고 새롭게 태동하는 기회들이 등장하였습니다. 저는 이러한 문제와 기회를 파악하는 것은 교육자, 연구가, 관료, 기업가, 시민 지도자, 시민들의 기본적 소양 또는 지적인 의무라고 봅니다. 그리고 이러한 문제와 기회는 교과 과정을 작성하거나 연구 주제를 설정할 때 참고되어야 할 것입니다. 특히 평생 교육이 비정규적인 교육 과정을 운용하기 때문에 교양이나 취미 위주로 교육을 실시한다면 본래의 교육 목표를 상실할 우려가 있습니다. 재테크나 여가 선용을 배우는 한편, 세계의 식량난이나 인권 문제 등에 관한 상황도 알고 또 그러한 상황이 우리의 정치, 경제, 문화에 어떠한 영향을 끼치는지도 아는 것은 개인이나 사회의 발전에 도움이 됩니다. 개인과 사회의 발전을 위해서 새로운 기회를 포착할 수 있는 역량을 교육을 통해 함양할 필요가 있습니다.

세계의 고질적인 문제들

첫째, 인류가 가진 고질적인 문제 중에 가장 심각한 것은 빈곤입니다. 비록 장기적으로 볼 때, 세계 경제는 꾸준히 성장해 왔지만, 국가간의 빈부 격차는 좁혀지지 않고 있으며, 세계 인구의 약 20%인 12억 정도가 하루에 1달러 미만의 돈으로 연명하느라 허덕이고 있습니다. 1년에 약 800만 명의 어린이가 굶주림과 이에 관계된 질병으로 죽어가고 있습니다. 많은 가난한 나라들은 의료 시설과 의사가 절대적으로 부족합니다. 우리나라에도 15-20% 정도의 빈곤 인구가 있으며, 북한은 심각한 식량난으로 고통받고 있습니다.

둘째, 세계 도처에서 지역 분쟁과 살상이 계속되고 있습니다. 제1차 세계 대전(1914-1918)에 2,600만 명이 죽었고, 제2차 세계 대전(1939-1945)에는 5,357만 7천 명이 죽었습니다. 그리고 중동 분쟁, 르완다 대학살, 아프가니스탄 내란, 동티모르 분쟁을 비롯해 최근 코소보 학살과 체체니아의 살상은 인류의 역사에 수치스러운 기록을 남기고 있습니다. UN이 평화 유지군을 파견하고, 분쟁을 해소하려 하고 있으나, 평화는 쉽게 얻어지지 않고 있습니다. 한반도에서는 남북한의 대립이 계속되고 있습니다.

셋째, 또 하나의 중요한 세계적 문제는 과다한 군사비의 지출과 전쟁으로 비화할 수 있는 잠재적인 대립입니다. 현재 전세계는 약 7,853억 달러 정도를 군사 비용으로 쓰고 있습니다. 이것은 전세계 GDP의 4.2%에 해당하는 것입니다. 현재 공개적으로 핵무기 보유를 인정한 미국, 러시아, 영국, 프랑스, 중국 등이 1945년 이후에 생산한 핵탄두는 전부 12만 8천 개에 달합니다. 그리고 이들이 핵탄두를 발사하기 위한 미사일, 잠수함, 폭격기를 만드는 데 약 5조 달러를 지출했습니다. 미국과 러시아는 전략무기 제한 조약을 통해 핵무기를 줄이는 작업을 진행해 왔습니다. 그런 시도에도 불구하고 아직도 전세계가 보유한 핵무기는 모든 인간을 멸망시키기에 충분합니다. 남북한의 군사적 경쟁은 한민족의 복지 발전에 도움을 주지 못합니다. 남한은 GDP의 약 3-4%

를, 북한은 세계에서 가장 높은 25% 정도를 군사비로 지출합니다.

넷째, 세계적인 환경 문제 또한 인류의 중요한 관심사입니다. 지금 지구는 온실 효과에 의한 지구 온난화 현상, 오존 감소, 산림 황폐, 농경지 축소, 핵폐기물 처리, 장거리 오염물(산성비 등), 대기·수질·토양 오염 등 여러 가지 환경 문제에 시달리고 있습니다.

환경 오염은 우리의 건강을 해치고, 중국에서 오는 기류는 우리의 환경 문제를 더욱 복잡하게 만들고 있습니다.

다섯째, 인권과 정치적 탄압 문제입니다. 1948년 12월 10일 UN에서 인권에 관한 기본적 선언 Universal Declaration on Human Rights이 채택되었지만, 아직도 도처에서 많은 사람들의 기본권이 유린되고, 재판 없는 처형과 정치적 탄압이 계속되고 있습니다. 우리나라도 인권이 확실히 보장되지 못하는 나라로 지적되어 왔으며, 아직도 여성과 미성년자의 인권 문제가 심각합니다.

여섯째, 세계적으로 만연한 문제는 부정부패라고 하겠습니다. 상대적으로 부정부패가 심한 나라들은 저개발국이라고 할 수 있습니다. 세계 각국의 부정부패 정도를 측정하는 세계 투명성 연구소 Transparency International의 1999년 보고서에 의하면 조사된 52개국 중 나이지리아가 최하위인 52위(부패 지수 1.76)였고, 러시아는 49위(부패 지수 2.27) 중국은 41위(부패 지수 2.88), 브라질은 36위(부패 지수 3.56), 한국은 34위(부패 지수 4.29)를 기록했습니다. 부정부패를 척결하지 못하면 경제적 위기와 사회적 불안정을 막기 어렵습니다.

일곱째, 세계적으로 많은 사람들이 아직 글을 읽지 못합니다.

세계 은행의 세계 개발 보고서(1999)에 의하면 전세계 15세 이상의 남자 중에 18%가, 그리고 여자 중에 33%가 문맹입니다. 심한 경우 방글라데시는 남자의 50%와 여자의 73%가, 아이티는 남자의 52%와 여자의 57%가, 니제르Niger는 남자의 78%와 여자의 93%가, 나이지리아는 남자의 31%와 여자의 49%가 문맹입니다. 문맹이 많은 나라에서는 가난을 퇴치하고, 환경을 보존하고, 부정부패를 막고 인권을 보호하기 어렵습니다. 교육 문제를 해결하지 않고 다른 문제를 해결하기는 요원합니다. 우리는 비교적 낮은 문맹률(남자 1%, 여자 3%)을 가지고 있지만 입시 제도, 학원 폭력, 사교육비, 인간적 가치 상실 등 많은 문제점을 안고 있습니다.

문제 해결을 위한 새로운 기회

이러한 문제점들이 존재하는데도 불구하고 우리의 사고 방식과 행동 양식에 영향을 끼치는 새로운 경향이 나타나고 있습니다. 이러한 경향은 위험의 수위를 높이는 한편, 우리가 바람직한 변화를 시도할 수 있는 기회를 마련해 줍니다.

첫째, 국가간의 경제적 상호 연관성이 증대되고 있습니다. 국제 무역, 다국간 합작 투자, 전략적 제휴, 국제적인 자금 유통 등이 증가함에 따라 기존 제도의 개혁이 촉구되면서 새로운 국제 기구가 창설되고 제도가 설립될 가능성이 있습니다. 우리나라의 경우, 수출 없이 경제를 지탱하기 어렵습니다. 수출이라는 국제적 경제 행위는 우리에게 위험과 기회를 동시에 던집니다.

둘째, 민주주의로의 이념적 전환은 세계적 현상이 되었습니다. 1974년에 140개 정도이던 세계의 국가 수는 1998년에 이르러 180개를 넘었습니다. 이와 함께 같은 기간중 민주주의 국가의 숫자는 20여 개에서 60여 개로 늘어났습니다. 우리나라는 1997년 수평적 정권 교체를 이루고 전체주의를 벗어나 민주주의를 실천하기 위하여 개혁을 시도하고 있습니다.

셋째, 시장경제의 적용과 확대·시장경제로의 전환이 도처에서 시도되고 있습니다. 냉전이 끝난 후 중국과 환태평양 지역의 여러 나라들, 소련과 동유럽 지역 볼리비아, 멕시코 등지에서 경제적 개혁과 변혁이 계속되고 있음을 봅니다. 특히 1990년대 이후 많은 나라들이 시장 개방과 민영화를 추진해 왔습니다. 과거에 정부 주도형 경제 발전을 도모해 왔던 우리나라도 시장경제 개념을 적극적으로 적용하려고 노력하고 있습니다. 그런데 시장경제의 확대는 경제 성장을 촉진하는 한편 국가간, 계층간의 경제적 불평등을 초래한다는 비판을 받아왔다는 것을 잊지 말아야 할 것입니다.

넷째, 세계의 지역적 제조직들이 구조적으로 개편되고 있습니다. 예를 들어 EU(European Union), NACC(North Atlantic Cooperation Council), ASEAN(Association of Southeast Asian Nations), NAFTA(North American Free Trade Association), SADC(South African Development Community), APEC(Asia Pacific Econonic Cooperation), ASEM(Asia Europe Meeting) 등 새로운 지역 조직들이 생겨나고 기존의 국제 조직들을 개편하자는 주장도 등장하였습니다. 우리나라는 ASEAN, APEC, ASEM 등의 회원국입니다.

다섯째, 과학과 기술이 급격히 발전함으로써 우리의 생활은 상상할 수 없을 정도로 빨리 변화하고 있습니다. 재료과학, 정보

통신 기술, 교통 기술, 초전도체, 유전공학 그리고 핵융합 기술 등의 발전을 예의 주시하고 그 사회적 영향을 평가해 볼 필요가 있습니다. 특히 정보 통신 기술은 놀랄 만큼 **빠른** 속도로 발전하고 있습니다. 그 발전 속도를 단적으로 표현한다면 전자 계산의 효율성은 지금까지 매 20년마다 1,000배가 증가했다고 합니다. 그뿐 아니라, 정보 기술은 정부, 기업체, 교육 기관, 민간 단체, 개인을 통해 사회의 각층에 폭넓게 보급되고 있습니다. 원래 군사적인 목적으로 개발되기 시작했던 전자계산기, 운영 연구, 인터넷 등은 이제 정치, 경제, 사회, 교육, 문화, 예술 분야에 광범위하게 적용되고 있습니다. 예를 들어 우리나라의 인터넷 사용자와 전자 상거래 e-business는 급격한 속도로 증가하고 있습니다. 학교에서는 교실에 가지 않아도 과목을 이수할 수 있으며, 인터넷을 이용하여 세계 어느 곳에 있는 자료도 손쉽게 수집할 수 있고, 많은 사람들과 신속하게 의사를 소통할 수 있게 되었습니다.

여섯째, 사회 변화를 요구하고 정부·기업 등을 감시하려는 다양한 시민 조직(NGO : Non-governmental Organization)들이 결성되었습니다. 이들은 경제적 문제, 인권, 소비자 보호, 환경, 부정부패 등 중요한 시민 사회의 과제들을 다루고 있습니다. 우리나라도 예외는 아닙니다. 경제 정의 구현, 소비자 보호, 인권 보호, 환경 보존 등 여러 가지 시민 운동이 전개되고 있습니다.

일곱째, 다문화적 가치관과 생활 양식이 세계적으로 형성되고 있습니다. 특히 서울, 파리, 동경, 런던, 뉴욕, 워싱턴 등 세계의 주요한 대도시 지역 주민들은 금융, 정치, 문화의 세계적인 공동

권역 속에 살고 있습니다. 이러한 중심지들은 국제적 또는 국내적 사회 변화에 능동적 참여하고 또 변화를 주도할 수 있는 기회를 제공합니다. 우리나라의 문화와 생활 양식은 이제 나훈아와 마이클 잭슨의 공존으로 표현하는 것이 타당합니다.

2 고등 교육(대학)의 사명

교육 생산 체제

성공적인 교육 정책을 구상하고 실천하기 위해서는 교육 생산 체제를 이론적으로 살펴볼 필요가 있습니다. 이러한 이론적 고찰을 근거로 교육 정책 방향을 설정할 때에 투자 효과를 증대시키고 정책의 지속성을 높일 수 있습니다.

〈도표 1〉은 교육 생산 체제를 투입 요소와 산출 요소로 설명하고 있습니다. 투입 요소로는 교육 시설, 인적 자원, 지식·정보, 정책과 정책 환경이 있고, 산출 요소로는 교육, 연구, 공공 봉사와 문화가 있습니다.

좀더 세분하면 이 체제는 네 가지 생산 관계로 나누어볼 수 있습니다.

1) 교육의 생산은 자원, 지식·정보, 정책과 정책 환경의 함수로 결정되고, 2) 연구의 생산은 자원, 지식·정보, 정책과 정책 환경의 함수로 결정되고, 3) 공공 봉사의 생산은 자원, 지식·정보, 정책과 정책 환경의 함수로 결정되고, 4) 문화의 생산은 자원, 지식·정보, 정책과 정책 환경의 함수로 결정된다.

〈도표 1〉교육 생산 체제

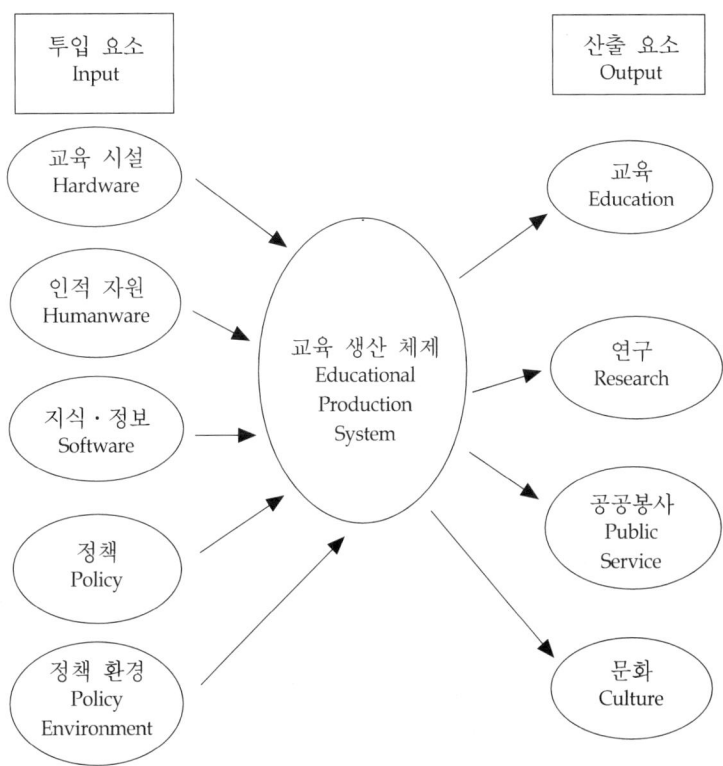

우리나라 교육 생산 체제의 중심적인 실천 단위는 학제상의
유치원, 초등학교, 중학교, 고등학교, 고등 교육 기관이라고 할
수 있습니다. 그리고 이 이외에 교육을 담당하는 다른 조직은 일
종의 평생 교육 기관이라고 할 수 있을 것입니다.

모든 교육 실천 단위가 위의 네 가지 기능을 전부 수행하는 것은 아닙니다. 유치원에서 중등학교까지는 주로 교육을 담당하는 것입니다. 네 가지 기능을 전부 담당하는 것이 소위 종합대학 Comprehensive University인데, 대학이 지닌 이러한 종합성 때문에 대학에게 사회적, 국가적, 세계적 책임과 윤리성을 요구하게 되고 또 국가의 정책적 지원이 정당화되는 것입니다. 대학이 평생 교육의 발전에 기여해야 하는 이유도 여기서 발견할 수 있습니다.

대학의 사명

대학은 인격을 도야하고, 국가와 인류 사회의 발전에 필요한 학술의 심오한 이론과 그 응용 방법을 교수·연구하며 국가와 인류 사회에 공헌함을 목적으로 한다.

—— 고등 교육법 제28조 목적

우리나라에서 고등 교육 기관으로 분류되는 학교의 종류는 대학, 산업대학, 교육대학, 전문대학, 방송통신 대학, 기술 대학과 각종 학교들입니다(고등 교육법 제2조).

위에서 제시된 교육 생산 체제의 틀을 대학에 적용하여 대학의 사명을 다음과 같이 정의합니다.

대학의 사명은 교수, 학생, 행정가가 교육, 연구, 사회 봉사, 문화 활동을 통하여 지식을 생산하고, 전파하고, 사용함으로써 지역, 국가, 세계 인류 사회의 삶을 향상시키는 것이다.

대학의 사명은 외부적으로는 역사를 통하여 한 시대의 가치관

과 제반 환경에 따라 그 초점이 변화해 왔습니다. 또 내부적으로
는 교수, 학생, 행정가가 추구하는 목적에 따라 형성되고 조정되
어 왔습니다. 장기적으로 볼 때, 대학의 사명은 농경 사회, 산업
사회, 정보 사회의 특수성에 따라 각기 다르게 정의되어 왔다고
할 수 있습니다. 사회가 안정되고 일관성 있는 가치 체계를 지니
고 있을 때에는 대학의 사명이 보다 선명히 정의되고 추구될 수
있는 반면에, 아노미적인 사회 환경 속에서는 대학의 사명에 대
한 합의가 어려워지고 내부적 갈등이 고조되기도 합니다.

우리나라의 경우, 국내적으로 경험한 급격한 사회 변화, 부정
부패, 가치관의 혼란 등은 대학의 지속적인 발전에 부정적인 요
소로 작용해 왔습니다. 그리고 최근에는 외부적으로 세계화와 정
보화의 거센 물결이 몰려옴에 따라 대학은 새로운 도전을 맞이
하고 있습니다.

3 평생 교육의 확대

정의

평생 교육 Lifelong Education이라는 말은 1965년 유네스코의
성인 교육 추진 위원회에서 폴 랑그랑 Paul Lengrand이 발상한
것에서 시작되었다고 할 수 있습니다. 그 후 랑그랑은 1970년에
『평생 교육 입문 Introduction to Lifelong Education』이라는 책에서
그 개념을 정의했습니다. 평생 교육은 예전에는 흔히 성인 교육,
계속 교육, 비정규 교육, 시간제 교육, 야간 교육 등으로 불리던

여러 가지 교육 활동을 보다 포괄적으로 다루는 것으로 이해되고 있습니다.

평생 교육이란 용어를 많이 사용하는 나라라고 할 수 있는 미국의 경우, 상당수의 대학들이 평생 교육 학부 등을 설치하여 여러 가지 장기, 단기, 학위, 비학위 과정을 제공하고 있습니다. 예를 들면, 오하이오 주립 대학교의 평생 교육 학부나 조지아 대학교의 지도자 및 평생 학습 학부 등입니다.

미국의 주 정부들은 교육부 안에 성인 교육, 직업 교육, 원격 교육 등 학교 외에 여러 형태의 교육을 지원하고 제공합니다. 그리고 미국 연방 정부의 교육부는 교육 연구 및 개선국 산하에 국립 학부, 도서관 및 평생 학습 연구소를 운영하고 있습니다.

일반적으로 평생 교육이란 전통적인 정규 학교 교육 과정이 아닌, 그러나 체계적이고 조직적인 모든 교육 활동이며 그 목적은 보다 포괄적이고 다양하다고 정의할 수 있습니다.

평생 교육 실시가 확대된 배경

평생 교육의 중요성이 국제적으로 강조되고, 여러 나라에서 평생 교육을 제도화하여 실시하며, 보다 넓은 폭의 인구에 그 혜택을 전달할 수 있게 된 배경은 다음과 같습니다. 이 배경은 제1절에서 설명된 시대적 상황들과 관련하여 도출될 수 있습니다.

1) 사회 변화의 속도가 빨라지고 있기 때문에 학교 교육을 받고 사회 생활을 하는 사람들이 계속해서 새로운 사회 현상을 파악할 필요가 생긴 것입니다.

2) 지식의 양이 폭발적으로 확대되는 까닭에 일반 직업인들은 새로운 지식을 습득해야 소속된 직장에서 개인의 발전과 조직의 발전을 도모할 수 있게 되었습니다.

3) 새로운 문화적 현상이 태동하고 다문화적인 생활 양식이 퍼져 나감에 따라 모든 사람들은 과거에 흔히 학교 교육에서 얻는 것 이상의 교육을 요구하게 되었습니다.

4) 개인의 소득과 여가가 증대되어 새로운 형태의 교육 수요를 가능하게 하였습니다.

5) 시민 의식의 점진적인 민주화가 폭넓고 자유로운 교육을 요구하게 되었습니다.

6) 지식 전달의 매체인 신문, 방송 등이 보편적으로 보급되어 가고 있습니다.

7) 정보 기술의 급속한 발전이 원격 교육 등을 통한 새로운 비정규적 교육 과정을 창출할 수 있게 하였습니다.

한편 비판적인 측면에서 보면, 평생 교육은 정규 교육의 부분적인 상업화라고 볼 수도 있습니다. 또 평생 교육은 공공 교육 부문이 당연히 해야 할 일을 재원 부족으로 다른 기관에 넘긴 것이라는 관점도 있습니다.

따라서 평생 교육이 한 국가의 교육 정책 수단으로 성공하려면, 교육 시설, 정책 사업 수행자의 선정, 교원의 편성, 교육 과정의 구성, 재정 조달, 교육자와 피교육자에 주는 동기 등 〈도표 1〉에 나와 있는 구체적인 투입 요소가 확실히 확보되어야 합니다. 그렇지 않으면, 각종 기관에서 실시하는 평생 교육은 상업화되거나,

지식의 전달이 미미해지거나, 부실한 경영을 초래할 수 있습니다.

우리나라의 평생 교육 : 법적 배경

평생 교육은 우리나라에서는 1981년에 헌법 29조 5항에 최초로 명문화되었고 현행 헌법 31조 5항에 〈국가는 평생 교육을 진흥하여야 한다〉라고 평생 교육의 중요성을 밝히고 있습니다.

이러한 헌법의 정신에 맞추어 평생 교육법이 1999년 8월 31일에 공포되었습니다. 그리고 2000년 3월 13일에 대통령령으로 평생 교육법 시행령과 교육부령으로 평생 교육법 시행 규칙이 공포되었습니다.

평생 교육법 제2조에 따르면 〈평생 교육〉이라 함은 학교 교육을 제외한 모든 형태의 조직적인 교육 활동을 말한다.

평생 교육의 이념(제4조)은 다음과 같이 정의됩니다.

1) 모든 국민은 평생 교육의 기회를 균등하게 보장받는다.

2) 평생 교육은 학습자의 자유로운 참여와 자발적인 학습을 기초로 이루어져야 한다.

3) 평생 교육은 정치적·개인적 편견의 선전을 위한 방편으로 이용되어서는 아니 된다.

4) 일정한 평생 교육 과정을 이수한 자에게는 그에 상응하는 사회적 대우를 부여하여야 한다.

교육부는 그 입법취지를 이렇게 설명합니다.

1) 교육 관계법의 기본 체제 구축 : 교육 개혁 방안으로 현행 교육법과 사회 교육법 체제를 교육 기본법 아래 초·중등 교

162

육법, 고등 교육법, 평생 교육법으로 체제 개편, 종전의 공급자(교육자) 중심의 사회 교육보다는 넓은 개념으로 수요자(학습자) 중심의 평생 학습으로 범위를 확대하기 위해 사회 교육법을 전면 개정하여 평생 교육법으로 제정.

2) 21세기의 지식 기반 사회를 주도하는 신교육 체제의 〈열린 교육 사회·평생 학습 사회〉 건설 : 평생 교육법은 급변하는 지식 기반 사회에서 누구나, 언제, 어디서나 배울 수 있는 평생 학습 기회를 확대하여 국민의 삶의 질 향상과 사회 발전에 기여.

3) 국민의 학습권과 학습자의 선택권을 최대한 보장하여 평생 학습 분위기 조성 : 평생 교육 기관의 상호 유기적인 수평적 통합과 정보 통신 매체를 통한 원격 교육 확대, 평생 교육 정보 센터 및 평생 학습관 운영 등 다양한 평생 교육 제도 마련과 폭넓은 교육 과정 운영으로 학습자 중심의 학습 기회 확대와 평생 학습 분위기 조성.

4) 평생 교육 과정 이수자의 사회적 대우와 평생 학습 의욕 고취 : 평생 교육 과정 이수자에게 학점 및 학력 인정, 각종 자격 시험 및 승진·승급 기회 부여, 유·무급 학습 휴가 및 학습비 지원 등 금전적·비금전적 보상을 통해 평생 학습 의욕 고취.

5) 형식적 학력 위주 사회를 실질적 능력 위주 사회로 변화 유도 : 성인의 경험 학습 인정, 문하생 학력 인정 등을 통해 우리 사회를 형식적 학력 위주에서 실질적 능력 위주 사회로 변화시키기 위한 새로운 제도 마련(평생 교육법과 학점 인정

등에 관한 법률에 의거 취득한 학점 및 학력으로 대학의 편입학 기회 부여).

6) 성인 교육 기회 확대와 고등 교육 수준으로 국민의 능력 향상에 중점 : 지역 사회 학교, 평생 교육원, 사업장 및 언론 기관 부설 평생 교육 시설 등 다양한 평생 교육 기관을 통해 성인 교육 기회를 확대, 학점은행제, 사내 대학, 원격 대학 등 다양한 학력 인정 제도를 통해 고등 교육 수준으로 국민의 능력 향상에 중점.

7) 국가 및 지방 자치 단체의 평생 교육 정책 지원 강화 : 국가 및 지방 자치 단체는 평생 교육 기관의 학습비 지원, 평생 교육 기관의 네트워크 구축, 중앙 단위의 평생 교육 센터와 시 · 도 단위의 지역 평생 교육 정보 센터 및 평생 학습관 운영 등 행정 · 재정 지원 강화.

8) 지식 · 인력 개발 사업과 교육 훈련 산업 육성 : 민간 자본을 통해 교육 훈련, 연구 용역, 프로그램 개발, 평생 교육 기관의 경영 진단 및 평가, 교육 서비스 사업 등 지식 · 인력 개발 사업을 육성.

앞에서 살펴본 평생 교육의 정의와 배경에 비추어볼 때, 우리나라의 평생 교육 관련법이 제시하는 제도적 장치는 상당히 포괄적이며 구체적입니다. 이러한 제도가 생긴 지 불과 몇 개월밖에 되지 않았음으로 이 제도의 효과를 평가하기는 아직 이릅니다.

앞으로 이러한 제도가 구속적인 장치가 아니고 동기 유발적인 장치로 사용되도록 정책을 집행하여야 할 것입니다. 꾸준한 조정

164

과 통제를 통해 평생 교육 정책을 집행하고, 참여자의 의견을 흡수하고 수렴하여 법률을 필요에 따라 개편할 준비를 하는 것이 바람직합니다.

4 정책적 제안 : 고등 교육이 평생 교육을 위해 할 일

정책적 제안

이제 위에서 살펴본 세계적 상황, 고등 교육과 평생 교육의 본질을 배경으로 몇 가지 정책적 제안을 하고자 합니다. 여기서 대학이라고 부르는 것은 일반적으로 고등 교육 기관을 지칭합니다.

첫째, 〈지속 가능한 세계 교육 공동체의 형성〉이라는 비전을 갖자.

평생 교육을 포함한 모든 교육은 〈지속 가능한 세계 교육 공동체의 형성〉을 비전으로 삼을 것을 제안합니다. 종합적 교육 기관으로서의 대학은 이러한 비전을 성취할 수 있게 하는 교육과 연구와 공공 봉사와 문화 활동에 많은 노력을 기울여야 합니다. 참고로 지속 가능성을 자세히 설명하는 〈표 1〉을 제시합니다.

〈표 1〉 다섯 가지 지속 가능성

경제적 지속 가능성	성장과 형평	① 꾸준한 경제 성장 ② 부의 공평한 분배 ③ 무능력자와 의존 인구의 보호
	도시 및 지역 성장의 논리	① 규모의 경제 ② 집적의 경제 ③ 비교 우위
	재정	① 효율적 재투자 ② 부채 관리 ③ 간접 자본 투자 계획 ④ 재정적 독립
	분야별 계획	① 토지 ② 주택 ③ 교통·통신 ④ 교육 ⑤ 건강 ⑥ 위락 ⑦ 환경 ⑧ 동력·자원 ⑨ 안전·질서
	계획 연관성	① 국가 계획과의 관계 ② 인접 지역과의 관계
제도적 지속 가능성	위계적 제도의 연관성	① 국제 기관과의 연관성 ② 국내 기관과의 연관성 ③ 도시 및 지역 내부 기관 단체와의 연관성
	수평적 제도의 연관성	① 인접 지역과의 연관성 ② 타 도시 및 지역(국내)과의 연관성 ③ 타 도시 및 지역(국제)과의 연관성 ④ 민간 단체-정부 협조 체제 ⑤ 기업-정부 협조 체제 ⑥ 학계-정부 협조 체제
	제도 설정 및 변환	① 행정 제도의 설정 및 역동적 변환 ② 입법 제도의 설정 및 역동적 변환 ③ 사법 제도의 설정 및 역동적 변환
	민주적 결정 체제와 동의 형성	① 시민 참여 제도의 확립 ② 협상 제도의 공식적·비공식적 운용 ③ 중재 제도 ④ 기타 갈등 해소 제도의 활용

생태적 지속 가능성	환경 보전에 관한 사항	① 환경 철학의 파악 ② 국제 동향(ISO 14000등) ③ 국내 동향(환경 친화 관계 법령 등) ④ 환경 보호 운동 ⑤ 환경 영향 평가
	공해 대책	① 대기 ② 수질 ③ 고형 ④ 핵폐기물 ⑤ 소음
	수용 능력	① 생태학적 수용 능력 ② 경제적 및 여타 수용 능력
	동력	① 에너지 수요 ② 에너지 공급 ③ 분야(산업, 주거, 상업 등)별 계획 ④ 원자력 발전 문제 ⑤ 생태적 발전 기술
	위락 공간	① 위락 공간 수요 ② 위락 공간 공급 ③ 국제 위락 ④ 국내 위락 ⑤ 도시 및 지역 위락 ⑥ 근린 지역 위락
기술적 지속 가능성	환경 과학 기술 도입	① 지식적 과학 기술 Software 도입 ② 설비적 과학 기술 Hardware 도입 ③ 환경 친화적 과학 기술 도입
	환경 과학 기술 개발	① 지식적 과학 기술 개발 ② 설비적 과학 기술 개발 ③ 환경 친화적 과학 기술 개발
	환경 과학 기술 적용	① 지식적 과학 기술 적용 ② 설비적 과학 기술 적용 ③ 환경 친화적 과학 기술 적용
	환경 과학 기술 교육	① 지식적 과학 기술 교육 ② 설비적 과학 기술 교육 ③ 환경 친화적 과학 기술 교육

문화적 지속 가능성	환경 가치관 및 일반 환경 교육	① 정부 ② 민간 단체 ③ 기업체 ④ 학교 ⑤ 일반 시민
	환경 정보	① 환경 가치관-의식 조사 ② 환경 정보 체제 데이터 베이스 ③ 환경 통신 체제 ④ 인터넷의 활용
	환경 문화 시설 및 행사	① 환경 센터 ② 국제 행사 ③ 국내 행사 ④ 지역 행사 ⑤ 도시 및 지역 행사 ⑥ 근린 지역 행사 ⑦ 공익 방송 · 공익 신문 광고 ⑧ 환경 학술 활동 ⑨ 환경 캠페인

둘째, 대학이 수평적 교육 체제 중심으로 평생 교육 사업을 협조하고 지도한다.

우리나라의 교육 체제는 〈도표 2〉에서 간략히 보는 바와 같이 유치원에서 대학원까지 위계적인 학제로 구성되어 있습니다. 이러한 교육 체제에서는 위계 구조의 하위 단위와 상위 단위의 유기적인 접촉이 아주 적습니다. 반면 〈도표 3〉 수평적 교육 체제나 〈도표 4〉 대학 중심의 수평적 교육 체제에서는 유치원에서 대학원까지 모든 교육 기관들이 긴밀하게 협조하고 일함으로써 교육 체제의 효율성을 높일 수 있습니다. 평생 교육이 그 이상Ideal을 성공적으로 구현하려면 사람의 평생을 다루는 모든 교육 단위가 수평적으로 연계되는 것이 바람직합니다. 그리고 대학은 교

〈도표 2〉 위계적 교육 체제 모형

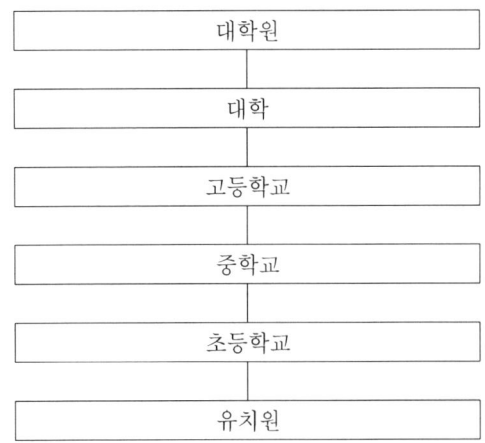

〈도표 3〉 수평적 교육 체제 모형

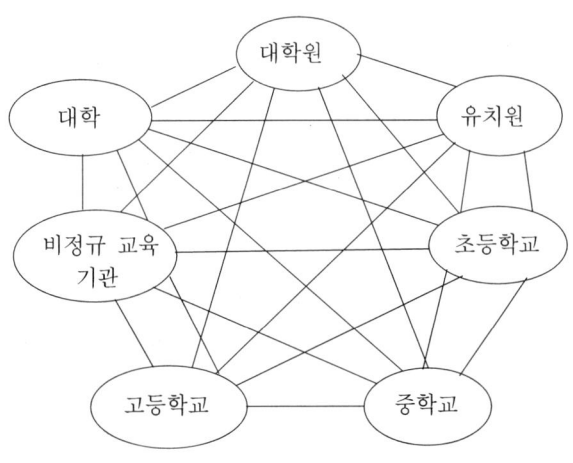

〈도표 4〉 대학 중심의 수평적 교육 체제 모형

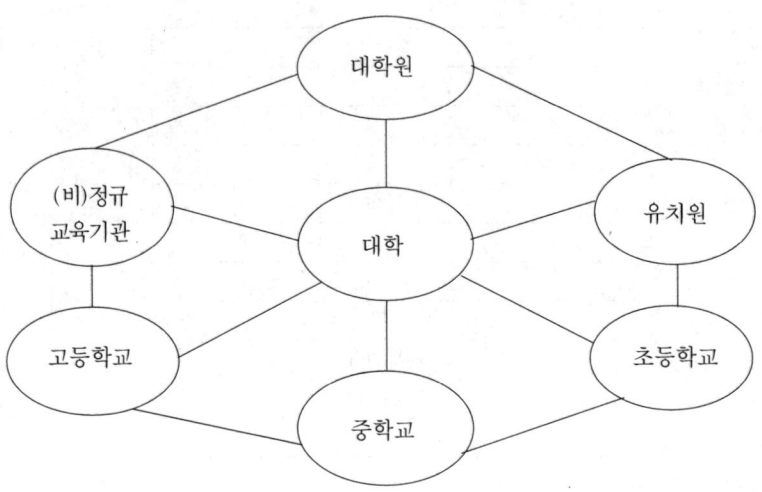

육의 네 가지 기능을 종합적으로 수행할 수 있는 가장 적합한 단위입니다. 따라서 저는 평생 교육 실시를 위한 대학 중심의 수평적 교육 체제를 응용할 것을 제안합니다. 이 제안은 제도화 없이 자연 발생적으로 태동하기를 기대할 수도 있습니다. 다음의 세번째 제안은 보다 능동적인 대안입니다.

셋째, 구체적인 정책 도구로 대학 중심의 평생 교육 공동체를 형성한다.

이 대안은 한 지역의 모든 교육 기관, 기업, 정부, 민간 단체, 시민들이 하나의 공동체를 형성하여 서로 배우고 일하자는 것입니다. 이러한 대안의 실제적인 예로 제5절에서 교육 정보 공동체 운동을 소개합니다.

넷째, 전국적인 평생 교육 협의체를 구성한다.

유치원에서 대학원까지 모든 교육 기관과 교육 활동을 하는 다른 기관들이 모여 전국적인 평생 교육 협의체를 구성할 수 있습니다. 이 조직은 비정부 기구의 형태를 취할 수도 있고 현재 교육부의 조직과 관련하여 구성할 수도 있습니다.

다섯째, 대학을 사계절 개방하고 적극적으로 세계적 역량을 기르는 장소로 육성한다.

대학은 모든 교육 기관 중 가장 좋은 투입 요소(시설, 인적 자원, 지식·정보)를 가진 곳입니다. 그런데 이 중요한 자원이 밤이나 방학중에 사용되지 못하고 있습니다. 활짝 열린 대학을 만들어야 합니다. 평생 교육을 위해 대학을 사계절 개방하고 활용하는 방안을 구상해 봅시다. 대학의 시설은 내국인뿐 아니라 외국인에게도 열려야 하며 활발한 국제적인 교류를 통하여 대학이 구성원과 평생 교육 참가자들의 세계적 역량을 함양하는 배움의 터가 되어야 합니다.

여섯째, 교과 과정과 연구 주제의 세계화를 실천한다.

이미 제2절에서 지적한 바와 같이 일반적으로 우리 사회의 여러 단체, 개인들은 새로운 변화를 주도하기 위해 고질적인 문제의 본질을 파악하고, 새로운 기회를 포착하고, 사회 전체적인 방향을 함께 탐구해야 할 필요가 있습니다. 이러한 문제와 기회는 교육 기관에서 교육 정책을 수립하고, 교과 과정을 만들고, 연구 주제를 설정하는 등 교육 활동을 실시하는 데 충분히 참고되고 적용되어야 할 것입니다. 대학은 이러한 세계화된 교과 과정과 연구 결과를 평생 교육의 구체적 운영에 적용하는 주도적인 역할을 담당해야 합니다.

일곱째, 평생 교육을 위한 대학과 지방 자치 단체의 긴밀한 협조가 필요하다.

우리나라가 풀어야 할 여러 가지 과제 중의 하나는 지방 자치 단체의 육성입니다. 이것은 지방 정치를 민주화하고, 정부 조직을 민주화하는 것과 깊은 관계가 있습니다. 따라서 대학이 주도하고, 참여하고, 협조하는 평생 교육 사업을 지방 자치 단체의 인력과 업무에 좋은 영향을 끼칠 수 있도록 설계해야 합니다. 구체적으로 지방 자치 단체를 위한 정기적이고 지속적인 평생 교육 과정을 만들 것을 권합니다.

여덟째, 대학이 산학 협동을 통해 민간이 평생 교육에 적극 참여하도록 유도한다.

평생 교육은 직업인의 능력을 지속적으로 유지시킬 수 있는 교육 기회를 제공하는 것입니다. 대학과 산업의 교류는 대학이 현실적 지식을 흡수하게 하는 장점과 함께 직업인이 최신의 학구적 지식을 대학에서 습득할 수 있는 기회를 확대할 수 있습니다. 평생 교육이 직업 활동과 효과적으로 연결될 때 사회적 생산성이 높아질 수 있습니다. 대학 중심의 벤처 기업은 이러한 연관성 속에서 장기적으로 구상될 수 있습니다.

아홉째, 시민 단체 및 언론 기관과 함께 일한다.

이미 많은 시민 단체 및 언론 기관들이 평생 교육을 실시하고 있습니다. 이들이 혜안과 규범적 방향을 가지고 일할 수 있도록, 그리고 지식과 시설을 공동 사용할 수 있도록 하는 것이 바람직합니다.

열째, 지역 단위 인터넷 체제를 구축하고 확대하여 세계적 평생 교육 인터넷 체제를 만든다.

대학을 중심으로 평생 교육을 위한 지역적 인터넷 체제를 구축하고 이들을 연계하여 전국적 평생 교육을 위한 인터넷 체제를 만들 것을 제안합니다. 그 다음 세계 여러 나라의 평생 교육 기관들과 연계하는 것은 우리 평생 교육을 세계화하는 좋은 방법이 될 것입니다. 기존의 EDUNET을 활용하는 것을 고려할 수 있습니다.

관련된 다른 정책적 과제들

위에서 대학이 평생 교육 발전을 위해 무엇을 할 수 있는가를 살펴보았습니다. 그런데 대학이 그러한 일을 하려면 대학 자체가 스스로의 역량을 강화하는 작업이 필요합니다. 다시 말하면 대학이 튼튼해야 같이 일하는 단위가 튼튼해질 수 있다는 것입니다. 다음에 관련된 다른 정책적 과제들 몇 가지를 언급하겠습니다.

첫째, 대학이 기본적 사명을 달성할 수 있도록 그 기본을 강화해야 한다.

최근 우리나라의 대학들이 세계적인 비교에서 낮은 평가를 받고 있다는 소식이 가끔 있었습니다. 대학의 능력은 〈도표 1〉에 있는 투입 요소에 따라 결정됩니다. 실제로 우리나라의 대학들은 그 중요한 투입 요소가 아주 약합니다. 한 가지 요소인 교수 : 학생 비율을 살펴봅시다. 한국의 평균 교수 : 학생 비율은 1 : 36.6이고 OECD 평균은 16.3입니다. 미국의 명문 대학인 하버드 대학의 교수 : 학생 비율은 1 : 8, MIT는 1 : 6, 프린스턴은 1 : 5입니다. 이러한 상황에서 우리 대학이 세계적 일류가 되기는 요원하며 질 높은 평생 교육을 만들기는 어렵습니다. 대학의 기본을 강화해야 합니다.

둘째, 정책 집행 수단을 다양화한다.

과거의 우리 정책은 주로 규칙과 규제에 의존했기 때문에 경제적으로 비효율적이었습니다. 〈도표 5〉에서 보는 바와 같이 정책 집행 수단에는 규칙과 규제, 동기와 보상, 그리고 도덕적 설득의 세 가지가 있습니다. 이러한 집행 수단을 여러 가지 행정 단위별로 구상해서 다양화할 필요가 있습니다.

〈도표 5〉 정책 집행 수단

집행수단 행정단위	규칙과 규제 Rules & Regulations	동기와 보상 Incentives & Rewards	도덕적 설득 Moral Persuasion
국가			
지방			
대학 본부			
단과 대학			
학부 · 과			

셋째, 교육 기술을 다양화하고 종합적으로 사용한다.

교육 효과를 극대화하려면 지식·정보를 효율적으로 사용해야 합니다. 〈표 2〉교육 기술 분류 체계(ETeCS : Educational Technology Classification System)는 각종의 교육 기술을 보여줍니다. 교육이 높은 생산성을 가지려면 이러한 교육 기술을 교육 기관, 교육 대상, 교육 목적, 재정 능력에 따라 잘 선택하고 조합해서 사용해야 합니다.

〈표 2〉교육 기술 분류 체계

1차 분류	2차 분류
1. 인쇄물	1-1. 서적 1-2. 간행물 1-3. 복사물
2. OHP와 슬라이드	2-1. OHP 2-2. 슬라이드
3. 테이프와 영화	3-1. 오디오 테이프 3-2. 비디오 테이프 3-3. 영화
4. CD	4-1. 오디오 CD 4-2. 비디오 CD
5. 라디오	5-1. AM 라디오 5-2. FM 라디오
6. TV	6-1. 공중파 TV(UHF & VHF) 6-2. 케이블 TV
7. 통신	7-1. 텔렉스 7-2. 음성 전화 회의 7-3. 화상 전화 회의 7-4. 팩시밀리와 개별 무선 통신 시스템 7-5. 1:1 회의
8. 컴퓨터를 이용한 교육 소프트웨어	8-1. CD 8-2. 테이프 8-3. 디스켓 8-4. 하드 디스크 저장
9. 컴퓨터를 활용한 통신	9-1. 인터넷을 통한 전자우편 9-2. WWW 9-3. PC 통신 9-4. 인터넷폰 9-4-1. 오디오 폰 9-4-2. 비디오 폰 9-5. 컴퓨터 회의 9-5-1. 음성 회의 9-5-2. 화상 회의
10. 컴퓨터 통합 시스템	위에 나온 방법의 조합

넷째, 평생 교육을 과학적으로 관리하는 체제를 운영한다.

예를 들면 지리 정보 체계(GIS : Geographical Information Systems)를 사용하여 평생 교육 체계에 관한 정보를 수집, 관리, 응용해서 정책을 집행하고 분석하고 조정하는 작업을 하는 것입니다. 이것은 대학이나 다른 기관도 수행할 수 있습니다. GIS 사용의 한 예로 한국 교육 기관 GIS가 있습니다. 그중의 한 부분인 전국의 대학교의 분포를 〈그림 1〉에, 전국의 초등학교 분포를 〈그림 2〉에 보여드립니다. 이러한 방법은 기술을 지속적으로 사용해서 제도적 지속성을 추구하는 가능성을 확대하는 것입니다.

〈그림 1〉 전국 대학교의 분포

대학교	주소	전화번호
서경대학교	서울시 성북구 정릉4동 산16-1	940-7006
상명대학교	서울시 종로구 홍지동7	287-5114
성균관대학교	서울시 종로구 명륜동3가 249-1	920-7114
방송통신대학교	서울시 종로구동숭동169	744-5082
감리교신학대학교	서울시 서대문구냉천동31	3619-1114
경기대학교	서울시 서대문구충정로27가71	390-5114
명지대학교	서울시 서대문구남가좌동50-3	300-1700
연세대학교	서울시 서대문구신촌동134	361-2114
이화여자대학교	서울시 서대문구대현동 11-1	360-2114
서강대학교	서울시 마포구신수동1	705-8121
홍익대학교	서울시 마포구 상수동72-1	320-1114
숙명여자대학교	서울시 용산구청파동27}53-12	710-9013
단국대학교	서울시 용산구한남동 산8	709-2114
세종대학교	서울시 광진구 군자동98	460-0114
건국대학교	서울시 광진구 모진동93-1	450-3182
장로회신학대학교	서울시 광진구 광장동353	453-3101
한양대학교	서울시 성동구 행당동 산17	290-0114
동국대학교	서울시 중구 필동3가26	260-3114
그리스도신학대학교	서울시 강서구화곡6동 산204	699-8641
성공회대학교	서울시 구로구 항동1-1	610-4114
중앙대학교	서울시 동작구 흑석동 221	820-5114
숭실대학교	서울시 동작구 상도5동1-1	820-0114
총신대학교	서울시 동작구 사당동 산31-3	537-5101
서울대학교	서울시 관악구 신림동 산56-1	880-5114
카톨릭성심교정	서울시 서초구 반포동 505	590-1114
서울교육대학교	서울시 서초구 서초동 1650	580-5114
한국체육대학교	서울시 송파구 오륜동 88-15	410-6700
인국업전문대학교	서울시 노원구 월계동산76	901-7500
서일전문대학교	서울시 중랑구면목동43-3	433-0015

〈그림 2〉 전국 초등학교의 분포

학교명	이메일주소	주소	전화번호	학급수	이메일유무
현매초등교	khk@choliian.dacom.co.kr	안성군서운면매리193	74-9082, 72-9082	6	Y
산월초등교		안성군서운면산월리162	74-9083, 72-9083	6	
서운초등교		안성군서운면동촌리150	72-9080, 9081	7	
미양초등교		안성군미양면양기리203	72-8081, 73-1997	8	
보체초등교		안성군미양면보체리23	74-8083, 72-8083	6	
개산초등교		안성군금광면개산리180	74-0907, 72-3082	6	
조령초등교		안성군금광면사올리631-2	74-3084, 72-3084	6	
금광초등교		안성군금광면금광리107	72-3080, 3081	6	
동신초등교		안성군보개면동신리229	74-3995, 73-3995	6	
양성초등교		양성군안성면구야리185	74-5804, 5800	45	
광덕초등교		광명시활리동523	83-8734, 8735	25	
비룡초등교		안성군안성읍당왕리	676-0280, 0281	22	
대덕초등교		안성군대덕면아산리463	74-3395, 73-3395	7	
면덕초등교		안성군대덕면진현리285	676-8007, 8008	6	
마전초등교		안성군삼죽면마전리35	74-0444, 72-4083	6	
보개초등교		안성군보개면보평리162	74-676-8487, 675-	5	
서삼초등교		안성군보개면남풍리1070	74-4082, 72-4082	6	
가율초등교		안성군보개면곤전리72	676-9965, 4082	6	
고삼초등교		안성군고삼면가유리330	72-7080, 7081	6	
미곡초등교		안성군양성면노곡리443	73-9064, 74-0306	6	
죽산초등교		안성군일죽면죽산리405-2	676-6080, 6081	14	
삼죽초등교		안성군삼죽면덕산리269	74-4081, 72-4081	7	
장암초등교		안성군일죽면장암리204	72-5086, 5084	6	
일죽초등교		안성군일죽면주천리300	72-5080, 5081	13	
죽화초등교		안성군일죽면화곡리731	72-5082	6	
방초초등교		안성군일죽면방초리459	74-5083, 72-5083	6	
율면초등교		이천시율면모설리550-1	643-8640, 8175	6	
본죽초등교		이천시율면본죽리	643-8623, 8163	6	

5 공동체적 평생 교육 운동 사례 : 교육 정보 공동체 운동

한국 교육의 도전

우리나라는 지금 교육 방법, 입시 제도, 사교육비, 세계화 교육, 학생 수급, 교육자 양성, 교육 시장 개방 등 여러 가지 도전적인 교육 과제를 안고 있습니다. 이러한 상황하에서 1996년 교육 개혁 위원회는 〈열린 교육, 평생 학습〉이라는 목표를 설정하였습니다. 이 목표를 달성하기 위한 한 가지 방법으로 21세기형 정보화 교육이 실시되어야 한다는 것이 제시되었습니다. 정부는 각급 학교를 정보화하기 위한 여러 가지 계획을 세우고, 1996년 9월 10일에는 EDUNET이 개통되었습니다. 그리고 2000년에 대통령은 신년사를 통해 한국을 10대 정보 강국으로 만들겠다고 발표하였습니다. 또한 영어 교육과 세계 이해 교육의 중요성이 동시에 강조되고 있습니다. 이러한 교육 정책이 성공하려면 수요자 중심의 다목적적이고 구체적인 정책 실천 장치가 필요합니다. 여기에서 정보화, 세계화, 언어 교육의 세 가지 목표를 지속 가능한 세계 교육 공동체의 형성이라는 비전을 가지고 실천하는 공동체적 운동을 소개합니다.

교육 정보 공동체 운동의 철학

정보화 교육을 성공적으로 시행하기 위해서 가장 중요한 것은 전국민적인 정보 교육 체제를 설치하는 것입니다. 정보망이 일부에게만 보급되어 있거나, 지역적으로 또는 계층적으로 편중되어 있다면, 결코 열린 교육, 평생 학습의 이상을 실현할 수 없습니다.

교육 부문에 있어서 가장 핵심이 되는 정보화의 대상은 초, 중, 고등학교와 대학교 들입니다. 투자 자원이 한정되어 있다는 것을 고려할 때, 교육을 위한 정보 체제의 최적 설계를 구상해 볼 필요가 있습니다. 이미 투자된 자원을 최대한으로 이용하고, 기존의 교육 자원을 활용한다는 점에서 교육 정보 공동체 운동 EduCom 이라는 실천 방법을 제안합니다.

EduCom은 교육 Education, 공동체 Community, 의사 소통 Communication, 전자 기술 Computer을 상징합니다. EduCom의 바탕

178

이 되는 철학은 어떤 한 대학이 중심이 되어 그 주변에 있는 각급 학교, 주민, 기업체, 민간 단체, 공공 기관들과 함께 교육 목표를 정하고, 계획을 세우고, 과업을 수행한다는 것입니다. 다시 말하면, 대학을 중심으로 한 지역 사회가 공동체 의식을 가지고 진정 열린 교육을 실천하자는 것입니다. 궁극적으로 대학의 사명은 새로운 지식을 창출할 뿐 아니라, 지식의 전파를 통해 사회 발전에 기여하는 것입니다. 이러한 점에서 대학이 EduCom을 통해 가치 혁명을 시도하면 인간 중심의 선진 정보 사회를 만드는 새로운 계기가 마련될 것입니다.

운동의 5단계 전개 방식

EduCom은 각 지역의 고유성과 운동을 선도하는 주체의 특성에 따라 다양하게 구성되어야 하며, 한 공동체가 해야 할 사업의 내용도 운동 주체와 지역의 특성에 맞추어 전개되어야 할 것입니다. 이 운동을 5단계로 나누어보면 다음과 같습니다.

1 단계 : EduCom 지역별 추진 위원회 결성

○○대학교가 위치하고 있는 지역에서 각급 학교, 정부 기관, 기업, 관련 시민 단체들이 연대하여 〈○○ 지역 EduCom 추진 위원회〉를 결성한다. 또한 정보 전문 인력으로 구성된 실무 추진팀을 구성한다. 학생들이 주축이 될 수도 있다.

2 단계 : 운동 추진 위원회에서 계획을 수립

○○ 지역의 특수한 조건을 고려하여 지역 교육 정보 네트워크를 구축하고 운동 목표의 우선 순위를 정한다. 다음과 같은 과

업을 고려할 수 있다. 이 과업들은 정보화, 세계화, 언어 교육의
세 가지 목표를 추구하는 정책 수단들이다.

일반적인 정보 기술 교육
평생 교육
생산성 향상을 위한 교육
정보 윤리 교육
인터넷 사용 교육
원격 교육
교육 교재 공동 개발
주변 학교에 인터넷 접속
주변 학교에 외국 학교와 인터넷 자매 결연 지도
영어 및 외국어 교육
외국 학교 및 단체들과 교류
해외 한인들과 교류
다른 지역의 교육 공동체와 교류
산학 협동
사회 봉사

3단계 : 계획 추진을 위한 인적·물적 자원의 확보
EduCom 추진 위원회는 구축된 지역 교육 정보 네트워크를 운
영하고 지원할 단체 및 개인을 위촉하고 대학과 지역 사회에서
자원봉사자를 확보한다. 일반 학생들을 광범하게 포함시키고 주
도적으로 일할 수 있도록 동기를 부여한다.

4단계 : 운동의 실천 및 전개

운동 추진 위원회는 축적된 재원, 장비, 기술, 정보를 종합적으로 활용하여 2단계에서 수립된 구체적 사업(예를 들면 원격 교육, 산학 협동)을 전개한다.

5단계 : 실천 계획의 평가, 조정 및 개편

운동 추진 과정에서 제기된 문제들을 지역 사회의 특성에 적합하게 수시로 조정하고 개선한다.

EduCom 모범 인증 제도

EduCom 참여자 모두는 자발적으로 서로 돕고 공동체적인 목표를 달성하고자 합니다. 운동의 확산을 위해 EduCom에 참여하여 활동하는 단체 및 개인에게 EduCom 모범 인증서를 수여합니다. 모범 인증 종류로 다음을 들 수 있습니다.

EduCom 모범 공동체
EduCom 모범 학교(초등학교, 중학교, 고등학교, 대학교 등)
EduCom 모범 학원
EduCom 모범 교사
EduCom 모범 학생
EduCom 모범 기업
EduCom 모범 사회 단체
EduCom 모범 공공 기관(지방 자치 단체 등)
EduCom 모범 시민
EduCom 모범 공무원

6 맺음말

평생 교육은 〈모든 이〉의 〈인격을 도야하고 자주적 생활 능력과 민주 시민으로서 필요한 자질을 갖추게 하며 인간다운 삶을 영위하게 하고 민주 국가의 발전과 인류 공영의 이상을 실현하는 데 이바지하게〉 하려는 노력의 일환입니다. 그런 점에서면, 우리는 다시금 21세기의 도전에 걸맞는 교육계의 혜안(비전)이 필요하다는 것을 절감하게 됩니다.

저는 이 글에서 인류가 21세기의 도전에 효율적으로 대처하기 위한 새로운 혜안으로 지속 가능한 세계 교육 공동체의 형성을 제시했습니다. 지속 가능한 세계 교육 공동체란 세계의 모든 교육자들이 평화, 정의, 자유, 평등, 사랑, 믿음, 풍요 등 인간의 기본적 가치가 생활의 모든 국면에서 실천되는 시민 사회를 구축하기 위해서 서로 배우고 함께 만드는 공동체입니다.

인간의 도덕적 발전 단계를 적용한다면 우리나라는 아직 사회 계약이나 자율적 체제나 보편적 윤리성으로 움직이는 사회에 도달하지 못했습니다. 이렇게 보면, 오늘날 교육 문제에 대한 책임은 우리 모두가 함께 지어야 할 것입니다. 범사회적인 가치 혁명을 실시해야 하는 이유도 바로 여기에 있다고 생각됩니다. 그리고 바탕에서 일어나는 평생 교육을 추진할 수 있는 정책 집행 수단을 만들어야 할 것입니다.

평생을 통하여 교양을 늘이고, 전문 지식을 습득하고, 세계를 배우고 외국어 능력을 높이고, 세계적 역량을 함양하는 교육을 확장해야 합니다. 그런 점에서 이 교육 심포지엄의 의미가 있다고 믿습니다.

우리나라의 교육은 여러 가지 문제점을 가졌고, 개혁을 방해하는 요소도 크지만, 우리는 다른 나라에 비해 많은 강점을 가졌다는 것을 잊지 말아야 할 것입니다. 세계적으로 견주어볼 때 문맹이 거의 없고, 교육열이 뜨겁습니다. 불확실성이 높아가고, 인구, 지식, 자본의 유동성이 커지는 21세기에 생존하고 번영하려면 우리의 강점을 기초로 과감하게 미래를 만들어야 할 것입니다. 고질적인 그리고 새로운 문제들을 해결하기 위해 지속적으로 기회를 포착하고 이용해야 하겠습니다. 〈모든 이〉를 위한 〈모든 이〉의 지혜와 용기와 행동이 우리의 앞날을 밝게 하리라 믿습니다.

〈참고 문헌〉

Atkinson, Robert D., Randolph H. Court, *The New Economy Index :
Understanding Americas Economic Transformation*, Progressive
Policy Institute(Technology, Innovation and New Economic
Project), November 1998.

Bok, Derek, *Universities and the Future of America*(Duke University
Press, 1990).

Boone, Mary E., *Leadership and the Computer, Rocklin*(CA : Prima
Publishing, 1993).

Brockman, John, *The Third Culture : Beyond the Scientific Revolution*
(New York, N.Y. : Simon & Schuster, 1995).

Brown, Lester R., et al, *State of the World*(New York, N.Y. : W.W.
Norton & Company, 1998. 1999).

Center for Defense Information, "Chap. 12 First Strike Weapons at Sea
: the Trident II and the Sea-Launched Cruise Missile," *The
Nuclear Reader : Strategy Weapons, War.* 2nd Ed., Charles W.
Kegley, Jr. and Eugene R. Wittkopf, eds.(New York : St. Martins
Press, 1989).

Haugeland, John, *Artificial Intelligence : The Very Idea*(Cambridge,
Massachusetts : The MIT Press, 1987).

Hayes, Charles D., *Beyond the American Dream : Lifelong Learning and
the Search for Meaning in a Postmodern World*(Autodidactic Press,
1998).

Home Page of the Program on Humanistic Globalization : http://
www.ssc.msu.edu/-pohg. 1996.

International Institute for Strategic Studies, *The Military Balance 1999/2000*(London : Oxford University Press, 1999).

Koelsch, Frank, *The Infomedia Revolution*(Toronto : McGraw-Hill Ryerson, 1995).

Lengrand, Paul, *Introduction to Lifelong Education*(UNESCO, 1970).

Lim, Gill-Chin, (ed.) *Strategy for a Global University*(East Lansing, Michigan : Michigan State University, 1995).

Lim, Gill-Chin, "Humanistic Globalization of Higher Education : Critical Issues, Values, and Actions," Paper presented at Conference on Strategies for Internationalization of Higher Education : A Global Comparison(California State University, Monterey Bay, October, 1995).

Moravec, Hans. *Mind Children*(Cambridge, MASS : Harvard University Press, 1988).

Rowley, Daniel James, et al., *Strategic Choices for the Academy : How Demand for Lifelong Learning Will Re-Create Higher Education* (Jossey-Bass Higher and Adult Education Series, 1998).

Transparency International, "Combating Corruption : Are Lasting Solutions Emerging?" Report 1998, eds. Pope, Jeremy, Carel Mohn and Susan Cote-Freeman(Berlin : Transparency International, 1998).

Trusted, Jennifer, *Moral Principles and Social Values*(London : Routledge & Kegan Paul, 1987).

U.S. Department of Commerce, *The Emerging Digital Economy II*, Washington D.C. : Secretariat on Electronic Commerce, 〈http://www.ecommerce.gov〉, June 1999.

United Nations Development Programme, *Human Development Report 1998*(Oxford : Oxford University Press, 1999).

World Bank, *Entering the 21st Century : World Development Report 1999/2000*(New York : Oxford University, Press, 1999).

World Bank, *Poverty Reduction and the World Bank : Progress and Challenges in the 1999s*(Washington D.C., 1996).

World Bank, *World Development Report*(Washington : D.C. 1997. 1998. 1999).

권대봉, 『산업교육론』(민음사, 1998).

이혜은 · 성효현 · 임길진, 「지속 가능한 교육을 위한 정보 교육의 가능성」, ≪지리학 연구≫ 32.1(1998). 1-18쪽.

임길진, 『가치 혁명 : 정보화 사회에서 문명 사회로』(개발연구협의체, 1997).

임길진, 『미래를 향한 인간적 계획론』(나남출판사, 1997).

국가 차원의 인적자원 개발을 위한 구상

이종재

.

　임길진 원장님의 〈평생 교육 발전을 위한 고등교육의 역할〉을 주제로 한 발표에 토론을 하게 됨을 기쁘게 생각합니다. 이 발표 논문은 세계화와 정보화가 사회 변화의 축을 이루는 이 시대에 평생 교육을 위한 고등 교육의 역할을 규정하는 〈국제적 관점〉과, 이 문제를 논의하기 위한 하나의 거대한 사고의 틀을 제시하고 있습니다. 특히 대학이 중심이 되는 〈평생 교육 공동체〉에 대한 구상과 EduCom으로 축약하고 있는 〈교육정보 공동체〉에 대한 구상은 앞으로 그 실체를 설계해 나가는 데 매우 중요한 시사를 주고 있습니다.

　저는 요즘 논의되고 있는 국가 차원의 인적자원 계발의 관점에서 평생 교육과 고등 교육의 역할의 중요성에 대하여 덧붙여 말하고자 합니다. 21세기는 지식 기반 사회를 구축하고 세계화라는 국제 환경은 인적자원 계발을 통한 국가 경영론을 제기하고 있습니다. 국가 차원의 인적자원 계발론은 1960년대에 우리 사회를 주도하였던 〈국가발전론〉을 대치하는, 21세기에 등장하는 〈신국가발전론〉의 핵심을 형성하고 있는 것으로 이해할 수 있습니다.

인적자원은 자원으로 활용하는 인간 속성을 의미하는 것으로 이해됩니다. 논자에 따라서 인적자원의 개념을 다양하게 정의할 수 있으나, 자원으로 생각하는 인간 속성을 〈인간의 천부적 자질이 생애에 걸친 교수―학습 과정을 통해 형성된 인간 능력〉으로 규정할 수 있을 것입니다. 이렇게 볼 때 인적자원을 〈생애에 걸쳐 형성된 인간 능력〉으로 보아 무리는 없겠습니다.

인간 능력을 활용하는 맥락에서 이러한 인간 능력을 〈자원〉으로 생각할 수도 있습니다. 어떤 형태의 가치이든 가치 창조의 맥락은 경제적 가치 창조뿐만 아니라 비경제적 맥락까지 포함할 수 있습니다. 이 가치 창조의 맥락에서 인적자원은 중요한 자원으로서 작용합니다. 마치 경제적 생산 함수에서 자본, 기술과 함께 노동이 중요한 생산요소가 되듯이 인적자원이 가치 창조의 생산요소가 됩니다. 이 관계를 〈가치창조 = f (인적자원, 물적자원, 기술, 정보)〉라고 표현할 수 있습니다. 이 가치 창조의 과정에서 인적자원은 물적자원, 기술, 정보를 통합하여 발전과 변화를 주도하는 주체가 된다고 볼 수 있습니다.

인적자원은 종래의 인적 자본 Human Capital, 인력 Manpower, 사회적 자본 Social Capital을 포함하되, 이것들이 질적으로 인간 능력에 체화된 총체적 속성을 의미한다고 볼 수 있습니다. 종래에는 인적자본이 투입 교육비의 총량을 의미하고 인력이 생산 관계의 투입·산출의 고정적 기술 관계에서 규정된 인력의 양적 규모를 의미하였습니다. 또한 요즘 거론되고 있는 사회적 자본이라는 것도 인간에게 체화된 신뢰성, 덕성, 인륜 등의 사회적 가치의 속성을 의미한다면 인적자원은 인적 자본, 인력, 사회적 자본을 총합한 인간의 속성으로 규정할 수 있겠습니다.

국가 차원의 인적자원 계발은 〈생애 차원에서 인간 능력 계발과 발휘·활용을 지원하는 활동 프로그램·제도·정책〉을 의미합니다. 종래의 인적자원 계발은 좁은 의미에서 조직을 단위로 하여 인사 관리와 인력 관리의 차원에서 논의하여 왔으나, 인적자원을 거시적이고 포괄적으로 규정하고 이를 위한 국가 차원의 정책적 과제로 생각할 경우에 국가 차원의 인적자원 계발은 교육을 포함하여 관련된 중요한 국가 과제를 요구하게 됩니다. 이러한 개념과 관점은 21세기 교육의 비전과 전략을 모색하는 데 혹은 교육에 대한 새로운 관점을 세우는 데 중요한 의미를 함축하고 있는 개념으로 활용할 수 있습니다.

국가 차원의 인적자원의 계발은 교육에 대한 몇 가지 중요한 관점을 포함하고 있습니다. 첫째로 생애 교육의 관점입니다. 이 관점에 따르면 인간은 이제 학교 교육 단계에서뿐만 아니라 전 생애 동안의 교육과 학습 과정을 거쳐 인적 자원의 기초가 되는 인간의 능력과 속성을 계발하게 됩니다. 그리고 이 관점에서는 학교 교육뿐만 아니라 직무 수행 과정상에서 지식을 생산하고 지식을 활용하는 학습 효과 Knowledge Use에 주목합니다.

둘째로 자기 주도적 학습을 강조하는 학습주의의 관점을 포함하고 있습니다. 개인은 학교 교육 및 직무 수행 과정을 통하여, 그리고 학습과 경험을 통하여 지식이나 기술을 습득하게 됩니다. 이때 다른 일반 조직에서 공통적으로 활용될 수 있는 일반 능력을 습득할 수도 있고, 특정의 맥락과 장소에서만 활용할 수 있는 특정의 능력을 습득할 수도 있습니다. 일반 능력이 되었든 특정 능력이 되었든 개인은 이 과정에서 성장과 발전을 도모하게 됩니다. 따라서 이 관점에서는 본인이 주도하는 학습 노력의 비중이 증대하는 특성을 갖게 됩니다.

셋째로 인간 능력 계발의 관점이 중핵을 이루고 있습니다. 인적 자원 계발은 존재적 인간의 전인적 성장과 발전을 도모하는 것에 중점을 두고 있습니다. 간단하게 말하여 인간 능력의 계발은 전인적 인간의 성장에 관심을 가지고 있습니다. 인간은 건강한 신체의 성장과 발달뿐만 아니라 마음의 발달(知 : 지성, 情 : EQ 및 인성, 意 : 의지 및 덕성)을 통하여 전인적 성장을 기할 수 있습니다.

인간 자원의 중심이 되는 인간 능력의 발휘와, 활용 차원에 주목하는 인적자원은 심신의 조화로운 성장·발전을 통해 형성된 〈인간 능력〉이 됩니다. 인간 계발 관점은 교육적 관점이 중심이 되어, 이 교육적 관점을 중심으로 전인적 인간 자질의 계발과 활용을 도모하는 〈일이관지(一以貫之)〉의 중심을 가져야 될 것입니다.

넷째로 인적자원의 발휘와 활용의 관점을 강조하게 됩니다. 인간 능력의 계발뿐만 아니라 이 능력을 발휘하고 활용할 수 있는 체제적 접근을 요구합니다. 학교 교육과 자기 주도적 학습의 장인 평생 교육을 통하여 형성되는 인간 능력을 통하여 지식의 생

190

성과 활용할 수 있는 〈인적 자원 관리를 위한 체제〉에 대한 구상과 관리가 필요합니다. 발휘와 활용 차원에서 요구되는 특성은 지성, 인성, 덕성, 건강 등 심신의 조화로운 성장을 통하여 계발된 인간 능력 개념의 인적자원이 됩니다. 생애에 걸쳐 형성하는 인간의 능력 계발과 자아 실현을 도모하기 위하여 학교 교육과 직업 훈련 및 지역 사회 자원을 체계적으로 연계하는 평생 교육 학습 체제의 구축과 체계적인 활용 관리를 위하여 정부의 적절한 역할이 요구됩니다. 인적자원의 계발과 활용을 지원하는 정부 역할의 초점은 생애 교육의 관점에서 통합 Integration, 일관성 Consistence, 적확성 Cogency에 두고, 정부는 인간 능력을 계발·발휘·활용하는 주체들의 자율성, 책무성, 창의성이 최대한 보장되도록 지원과 조정의 기능을 충실히 수행하여야 할 것입니다.

우리나라의 인적자원 계발 정책은 산업 인력 개발 중심의 관행과 정책을 유지하고 있습니다. 1960년대 인력 계발 차원에서의 개발 도상국 시절의 부처 이기주의적인 낡은 관행과 정책 모델을 유지하고 있어 국가 차원의 인적자원 계발 체제 구축에 어려움을 초래하고 있습니다. 인적자원 정책 추진 과정에서의 관료주의와 할거주의는 세계화, 정보화, 지식 기반 산업 사회에서는 오히려 정책 대상간 경계가 불투명해지면서 비능률과 저생산성의 원천이 되고 있습니다. 또한 이 과정에서 교육에 대한 폭넓은 관점이 인적자원 계발의 축을 이루고 있지 못합니다. 직업 교육과 평생 학습은 더 이상 기존 교육의 한 부문이 아닌, 21세기 지식 정보 사회의 정치, 경제, 사회, 문화를 지탱하고 그 토대를 형성하는 기본적인 사회 제도가 될 것입니다. 평생 교육 체제의 확립은 개인과 국가의 경쟁력을 제고할 뿐만 아니라, 학교 교육의 비민주성을 보완하고 사회를 보다 평등하게 만드는 첩경이 될 것입니다.

국민의 정부는 통치 이념으로서 참여 민주주의적 국가 경영을 지향하며, 자율과 경쟁 위주의 수요자 중심 시장 경제 체제를 정착시키는 새로운 패러다임으로의 전환을 추구하고 있습니다. 국가 인적자원 계발 체제는 지식 산업 사회에 능동적으로 참여하고 운영의 주체가 되는 인간의 형성에 그 목적을 두고 있습니다. 이러한 맥락에서 인적자원 계발의 관점은 정부의 역할과 기능을 재구조화하는 계기를 마련할 수 있을 것입니다.

대학은 생애 교육의 관점에서 평생 교육을 진흥하기 위한 핵심적 역할을 수행할 수 있는 가장 적합한 교육 기관입니다. 발표자께서 이미 지적한 바와 같이 이 역할을 수행하기 위하여 오늘날 우리나라의 상황에서 요구되는 몇 가지 구체적 과제를 제시하고자 합니다. 먼저 대학은 우리나라에서도 이미 보편화되었습니다. 평생 교육을 위한 학습자에게는 입학의 문호를 개방하여야 할 것입니다. 25세 이상 4년 이상의 직장 경력을 가진 자에게 대학을 개방하는 스웨덴의 〈25/4 계획〉은 우리에게도 참고가 될 것입니다. 대학의 개방을 위하여 별도의 학위 과정을 개설하는 것도 한 방편이 될 수 있습니다.

둘째로 학습하기 쉽게 하여야 합니다. 우선 성인은 〈기회 상실 비용·opportunity cost〉이 매우 높기 때문에 학습 동기가 여간 높지 않고는 생애적 학습을 하기가 어렵습니다. 교육 비용을 낮추는 방법을 강구하여야 하며 이 비용을 절감하고 이에 대한 공적 지원을 검토하여야 할 것입니다.

셋째로 학습자가 성인이기 때문에 자기가 주도적으로 전공을 설계하고 조합하여 자기 나름의 교육과 학습의 내용을 구성할 수 있도록 대학의 교육 서비스가 유연하게 조직 운영되어야 할 것입니다. 또한 학습의 결과를 사회적으로 인증하여 그 활용도를 높이는 자격증제와 연결하여, 학위를 위한 교육에서 능력 계발을 위한 학습으로의 전환을 이루어야 할 것입니다.

평생 교육 진흥을 위한 고등 교육은 세계적 관점과 인간 계발의 새로운 관점을 수용하여 적합한 교육 체제를 정비하여 가야 할 것으로 생각합니다.

고등 교육 중심의 평생 교육을 위한 제언

주경란

　먼저 임길진 원장님이 21세기의 새로운 문명 창조를 향한 혜안과 종합적이고 거시적인 안목에 기초해 평생 교육 발전을 위한 고등 교육의 역할을 제시한 것을 높이 평가한다. 전반적으로 임 원장이 제안한, 고등 교육이 평생 교육을 위하여 채택해야 할 정책들에 동의하면서 토론자의 몇 가지 입장과 의견을 제시함으로써 이들을 구체화하고 보완하고자 한다.

　21세기를 사는 인류는 새로운 문명을 창조해야 할 운명에 처하여 있다. 표준화, 전문화, 동시화, 집중화, 극대화, 중앙 집권화 등의 제2물결의 규범들은 더 이상 새 천년을 살아가는 데 적합하지 않다. 21세기의 지식 사회(또는 정보 사회)에서 사회 변동은 매우 급격하게 일어나고 지식과 정보의 양은 폭증하여, 한 개인으로서는 끊임없이 계속 교육을 받아야만 행복을 위한 자아 실현을 할 수 있고, 직업에 필요한 새로운 지식과 기술을 익힐 수 있다. 한 기업의 차원에서는 기업이 학습 조직 learning organization으로 전환해야만 경쟁에서 살아남을 수 있고, 한 국가의 차원에서는 학습 사회 learning society가 되어야 국가 경쟁력을 가질 수 있게 된다.

2020년경 후기 산업 사회의 대기업 조직은 지금의 형태와는 아주 달라 관리자층의 두께가 지금의 절반으로 줄고, 관리자 수는 3분의 1에 불과하게 될 것이다. 미래의 조직은 대학, 병원 또는 교향 악단과 같은 지식 기반 조직이 될 것이고, 동료, 고객, 그리고 본부에서 받는 각종 피드백을 통하여 자신의 활동을 지도하고 통제하는 전문가들로 구성된 정보 기반 조직의 형태를 갖게 될 것이다. 과거에 최고 경영자층에서 지식을 독점하던 것과는 달리 지식 사회에서 지식은, 하층부의 서로 다른 업무를 담당하며 독자적으로 행동하는 전문가 계층이 소유하게 될 것이다. 후기 산업 사회에서는 과거와 같은 상명하달식이 아니라 상사와 부하 직원이 지적 권위에 기초한 협력 관계로 변화하게 되었다. 그러므로 미래의 조직에서 누구나 생산성을 높이고, 자신의 위치와 역할을 지키려면 끊임없이 교육을 받아야 하게 되었다. 21세기의 노동 시장은 창조적 인간, 세계화의 안목을 지닌 인간, 첨단 과학기술 친화적 인간, 평생토록 학습하는 인간, 학습하는 조직, 학습하는 사회를 필요로 하여 정치, 경제, 사회뿐 아니라 교육(학습)의 제도와 운영에 있어서도 새로운 패러다임의 전환이 시급히 요청된다.

인류의 궁극적인 목적인, 행복한 사람들이 모여 서로 협력하고 인간다운 민주 시민의 삶을 살며 인류 공영을 실현하는 사회를 위하여 다음과 같은 고등 교육을 중심으로 한 평생 교육을 제안한다.

첫째, 평생 학습 센터(가칭)를 설치하여 국가 차원에서 4년제 대학을 비롯한 각종 고등 교육 기관(예를 들면, 교육대학, 전문대학, 개방대학, 방송통신 대학교 등)과 다른 교육 훈련 기관들이 네트워크를 형성하여 평생 교육을 실천한다.

여기에서는 학위 과정과 비학위 과정을 설치하여 학위 과정뿐 아니라 ① 성인 기초 교육, ② 일반/교양 성인 교육, ③ 평생 직업 교육, ④ 공공 교육을 제공하는 열린 교육 시스템을 구축한다.

일본과 호주의 열린 평생 교육에서 시사받을 점이 크다. 호주 정부는 1988년 백서를 통해 성인의 교육과 훈련에 있어 평생 교육이 기본적임을 인정하였다. 이에 따라 호주의 〈열린 교육 OLA〉 프로그램을 통하여 30개 이상의 대학들이 참여하고, 학생들은 세계 어느 곳에서도 학위 과정, 직업 교육, 훈련을 받을 수 있게 되었다. 이 프로그램을 통하여 ① 학부 예비 과정 bridging, ② 학부 undergraduate, ③ 직업 교육 및 훈련 과정 vocational education and training, ④ 졸업 후 postgraduate 과정이 제공된다. 학부 예비 과정은 학업에서 오랫동안 떨어져 있던 사람들이 본격적인 교육을 받기 전에 필요한 최소한의 지식과 기술, 그리고 동기화를 획득하는 것에 목표를 두고, undergraduate course는 200개 이상의 인문 및 경제, 경영 영역의 과목들을 택하며 학위도 습득할 수 있게 하며, 직업 교육 및 훈련 과정은 금융, 회계, 정보, 직업 건강, 소기업 경영과 관련된 과목들로 구성되고, 정규 대학 과정을 마친 사람들을 위해서 인문, 경영, 환경, 보건 등 15개 영역의 과목들이 개설되어 있다.

둘째, 대학 평생 교육원과 다른 교육 훈련 기관과의 연계 구축에 있어 고등 교육의 높은 수준을 희생하지 말아야 한다.

현재 우리나라에서는 과열한 고등 교육의 요구에 부응하기 위한 대안으로 학점은행제(1998년 3월 시작), 대학에서의 시간제 등록제(1997년 시작), 독학 학위제(1990년 시작)를 운영해 오고 있다. 대학의 평생 교육원이 다양한 교육 훈련 기관의 유기적 연계를 구축함에 있어 만인을 위한 평생 교육은 정당성을 갖고 있긴 하나 모두를 위한 고등 교육으로 인하여 고등 교육의 높은 수준이 희생되어서는 안 되겠다. 학점은행제에 의하여 대학 과정을 공부하는 학생들은 2년 후 학위 과정을 마치게 되는데 정규 학부 교육의 학사 학위증과 평생 교육 차원의 학사 학위증은 구별되어야 할 것이다.

셋째, 성인들의 평생 학습 확대를 위한 원격 교육 확대가 시급하다.

현재 우리나라의 대학에서 성인들을 위한 원격 교육은 매우 미미하다. 미국의 경우 다음과 같은 가상 대학들이 성인들을 위해 고등 교육을 제공한다.

가) A * DEC : 50여 개의 대학교(주로 주립 대학교)들이 컨소시엄 형태로 조직한 가장 큰 가상 대학이다. 수백 명의 교수들이 수백 개의 교과목을 2천여 개 이상의 학교와 사업체에 위성 중계한다(주로 학부 수준).

나) National Technological University(NTU) : NTU는 미국 위성 교육의 선구자로서 오늘날과 같이 바쁘고, 이동성이 높은 기술

자, 과학자, 기술 경영자들의 첨단 교육 필요를 충족시키고자 1984년 6개의 대기업들이 콜로라도 주 포트 콜린스에 문을 연 온라인 주문형 교실이다. NTU는 전문성 수준 면에서 미국의 50개 이상의 명문 공과대학과 기관의 최고 교수진이 가르치는 광범위한 위성 통신 텔레비전 강좌를 제공하고 있다(주로 석사 과정과 비학점 단기 교육 강좌, 최고 경영자 과정).

다) Western Governers University : 미국 서부의 14개 주와 괌의 주지사들이 1995년 2월 서로의 자원과 경제를 공유함으로써 지역 주민에게 중등 교육 이후의 교육을 가장 효과적인 비용으로 제공하기 위하여 설립하였다.

유럽의 경우, EU의 13개 회원 국가들이 1990년대에 European Open University Network를 구축하였고, 고등 교육 단계의 European Tertiary, Distance Education Network를 설립하기 위한 종합적인 가능성 조사 연구를 포함하는 WIRE Project를 실시해 오고 있다. 여기에 영국(4개교), 프랑스(1개교), 벨기에(3개교), 핀란드(3개교)의 대학교들과 EPAM과 11개의 Euro Study Centres가 참여하고 있다. 위성 셀룰러 텔레커뮤티케이션과 컴퓨터를 통하여 현재 학생들은 가상 캠퍼스에서 교사와 쌍방향으로 동시적 또는 비동시적으로 학습하고 있다.

넷째, 성인들을 위한 평생 교육은 인문 교양 교육 위주에서 국가 경쟁력을 높이기 위한 직업 교육 및 자격증 취득 중심으로 전환하여야 하겠다.

영국은 국제 경쟁력에 뒤지는 요인 중의 하나가 직업 교육의 부실에 기인한 낮은 생산성에 있다고 판단하여 정부가 직업 교육을 크게 강화하였다. 1992년, 〈계속 교육법과 고등 교육법〉을 개정하고, 중앙 집중화를 통해 중앙 정부의 권한을 확대하였다. 1991년 Further and Higher Education Bill에서 성인 교육을 여가 교육과 직업 교육으로 나누었고, 1992년에 제정된 Futher and Higher Education Act에서도 이 정신은 그대로 이어져 직업 교육은 정부로부터 전폭적인 재정 지원을 받게 되었다.

영국의 자격 제도는 1986년 국가 직업 능력 자격 위원회가 수립되어 전국 직업 능력 자격증(NVQ : National Vocational Qualification)을 창출하였고, 1993년에는 일반 국가 직업 자격제를 도입하였다. 1997년에는 국가 직업 자격증 주관 기관과 교육 과정 평가원을 통합하여 직업 능력 자격증과 학업 능력 자격증을 동일한 기관에서 주관하도록 하였다. 우리나라의 성인 교육은 영국의 성인 교육의 변화된 제도 및 운영을 참고할 필요가 절실하다고 하겠다.

다섯째, 전 국민을 위한 평생 학습의 재정적 지원 체제를 확립하여야 한다.

영국에서는 성인들의 평생 학습 재정 지원을 위하여 개별 학습 계좌(ITA : Individual Learning Account)를 도입했고, 미국에서는 전 국민이 고등 교육을 포함한 평생 학습을 실천하도록 하기 위하여 고어 부통령이 이와 비슷한 내용의 평생 학습 계좌와 같은 평생 학습 재정 지원 제도의 도입 운영을 제안하여 검토하고 있다. 개인의 저축, 고용주의 기부금, 연방 정부의 지원금을 합하여 성인들이 고등 교육과 평생 학습을 받을 수 있게 하는 것을 목표로 한다.

4부
성인 교육을 위한 평생 학습 공동체

〈모든 이를 위한 평생 교육 공동체 구성〉의 과제

한준상

인류 문명은 우리에게 여러 가지 사회 양식으로 그 모습들을 드러내 놓고 있다. 지금 우리에게 드러난 인류 문명의 생산 양식을 미래학자들은 〈멘토팩처 Mentofacture의 생산 양식〉이라고 부른다. 이런 생산 양식이 어떤 식으로 변화되어 왔는지는 불분명하다. 변증법적으로 성숙되어 왔는지, 아니면 일정한 발전 단계를 거치면서 그렇게 발전되어 왔는지 불분명하다. 다만 우리에게 현재 드러내 놓고 있는 인류 문명의 모습을 생산 양식의 변화에 견주어 말하자면 지금의 생산 양식은 지금까지 나타난 3가지 생산 양식 중 마지막 단계의 형태인 것만은 틀림없다. 지금까지 우리가 경험하고 있거나 상정해 볼 수 있는 인류 문명 발전의 양식은 첫째로 애그리컬처 Agriculture, 둘째는 매뉴팩처 Manufacture 였다. 이후의 마지막 생산 양식은 멘토팩처로 불리는 지업(知業/

知識) 중심의 생산 양식이다. 지업 중심의 멘토팩처 산업 구조는 이 시대 문화 특성 중의 하나인 영성 문화 Spiroculture의 발전과 더불어 정착되어 왔다.[1] 그래서 학자들은 멘토팩처를 지업 생산 양식 대신 심업(心業) 중심의 생산 양식이라고도 부른다.

애그리컬처는 이미 우리가 경험하고 있듯이 노동 집약을 필요로 하는 농업경제 생산 양식을 지칭한다. 농업 중심 경제 양식은 자연을 있는 그대로 활용하며 그것과 더불어 인간 삶의 질을 향상시켜 나갈 것을 요구하고 있다. 매뉴팩처는 공업 중심 경제 양식이다. 산업 혁명을 기점으로 대량 생산과 대량 소비의 경제 양식을 토대로 인간 삶의 질을 향상하려고 노력한 인류 발전의 양식이 매뉴팩처 시대의 핵심이다. 이와는 달리 멘토팩처는 디지털 문명을 중심으로 하는 이미지와 영상, 디지털, 그리고 사회 변화의 속도 감각이 그 어느 시대보다도 빠른 생산 양식을 구사하는 사회이다. 이런 지업 중심의 생산 양식은 21세기 포스트모던 문명의 상징인 다양성과 해체 중심의 문화와도 걸맞는다. 경제 발전에 있어서 인간의 심성 개발과 배우기가 무엇보다도 중요한 동기 유발의 요소임을 역설하는 멘토팩처는 인간 삶의 향상은 인간의 정신 세계와의 밀접한 관련 속에서만 가능함을 드러내 보인다.

그러나 놀랍게도 기존의 종교들이나 소비 문화는 멘토팩처의 이 틈새를 파고들어 인간의 정신 세계마저 상품화시키고 있다.

---

1) J. C. Burgoyne, "Learning from experience : From individual discovery to meta dialogue vis the evolution of transitional myths," *Personal Review* 24(6)(1995), 61-72쪽. 그리고 D. Pym, "Work is good employment is bad," *Employee Relations* 1(1)(1979), 16-18쪽 참고.

영성에 대한 이해에 있어서 개념적 혼돈과 혼란이 뒤섞임으로써, 포스트모던 현대인의 마음을 달래는 식의 기복 상품(祈福商品)을 대량으로 만들어내고 있다. 이런 인간 정신 세계의 대량 생산을 가능하게 만든 것이 바로 매뉴팩처의 대량 생산 정신이다. 기복 상품들은 신흥 종교를 통해 그 나름대로 주술 상품(呪術商品)으로 대량생산되고 있다. 샤먼도 아니고 과학도 아니며 인간도 아닌 상태의 〈동물적인 혼백〉들로 포장된 채 대량으로 상품화되고 있다. 그런 상품 가운데, 그 어떤 상품들은 학습과 배움의 가장 효율적인 수단으로 미화되기도 하고, 또 어떤 상품들은 정신 건강의 보조 식품과 같은 것으로 둔갑하기도 한다. 어쨌거나, 멘토 팩처의 생산 구조 속에서 그와 비슷한 사이비 영성 문화와 심업 문화들은 인간의 정신 세계와 인간 심성 개발의 주체인 나를 심성 문화 소비를 위한 단순 소비자나 방관자로 객체화시키는 것들이다. 다시 말해서, 자기 자신의 깨우침이나 배움보다는 타인의 가르침이나 선각자의 깨달음이 자기 영혼의 쉼을 마련해 줄 것이라는 확신 속에 안주하게 만들어버렸다.

멘토팩처와 디지털 문화

매뉴팩처의 생산 양식에 잇대어 새로운 국면을 열어놓은 멘토팩처의 토대에는 디지털이라는 과학 기술이 자리잡고 있다. 디지털은 정보화와 새로운 지식 생성의 원형이다. 디지털이 사회 문화와 일상 생활에 침투하면 할수록 인간의 의식은 더욱더 멘토팩처의 필요성을 절감한다. 이미 인간의 삶과 의식 속에 디지털과 정보화라는 화두가 자리 잡고 있듯이, 이런 디지털은 우리 생활에 일상적으로 따라 붙어다니는 과학이나 정보 통신을 나노 단위의 기술로 가속화시키고 있다. 나노 단위의 기술 속에선 과거, 현재, 미래와 같은 시간적인 구분마저 쓸모가 없다. 나노 단위의 기술은 일상적인 눈으로 감지되는 밀리미터나 분, 초 같은 과학 기술의 척도 단위가 아니다. 그것은 고감도 전자 현미경으로나 겨우 포착될 수 있는 10억 분의 1과 같이 아주 미세하고도 정교한 단위의 기술이다. 정교함과 미세함을 기본으로 삼는 나노의 기술이 실생활에 응용되면, 일상 생활의 형태는 급격히 달라질 수밖에 없다. 이런 나노 기술의 응용으로 인해 나타날 긍정적인 면만을 고려해 본다면 그 파급 효과는 엄청나다. 예를 들어, 냉장고 안의 우유가 유효일자를 지나면 자동적으로 우유 회사에 새로운 우유 배달을 주문하는 그런 생활이 가능하다. 소비자가 세계 어느 국가, 어느 기업에 상품을 주문해도, 비슷한 시간에 배달이 이뤄지게 된다. 그래서 전지구적인 일일생활이 가능해진다. 생명공학의 첨단적인 발달로 인해 유전자를 이용한 질병 치료, 인간 능력 개발 등도 새로운 국면을 맞이한다. 지금처럼 21세기 화두로 각광받는 인터넷은 의미를 상실하고 그 대신 월드와이드 웹 WWW만이 생존한다. 곧바로 웹사이트로 접속하는 기술이 발전하기 때문에, 그 동안 웹과의 접속 통로였던 인터넷이 사회적으로 주목을 받는 그런 통신 도구로서의 의미는 더 이상 찾아볼 수 없게 된다. 이로부터 새로운 학습 경영과 새로운 학습 체제인 에지케이션 Edgeucation과 같은 학습 조직이 가능해진다.

인간의 조건과 행복의 조건

과학화와 정보화의 중요성이 강조되었다고 해서 인간의 행복이 늘어나는 것은 아니다. 이것을 입증하는 것이 바로 새로운 인간으로서 〈포스트휴먼〉의 출현이다. 포스트휴먼은 지금의 인간 능력보다 훨씬 더 업그레이드 된 지적 능력과 지식창출의 감각을 갖고 있다. 말하자면 자연인의 몸과는 다른 물리적 기반을 통해 실행하는 인공적인 존재인 포스트휴먼은 그 스스로 현실에 몸은 담고 있지만, 또다른 현실에 있어서는 자기에게 장착되는 여러 가지 프로그램에 의해 가상현실의 세계들을 자유롭게 선택하며 살아가는 존재이다. 그래서 포스트휴먼은, 소위 디지털의 신세대인 N(Net)세대의 등장에서 보듯이,[2] 인간이라는 단순한 생물학적 몸이나 생체적인 조건에만 의존하지 않는다. 오히려 그들의 생물적인 몸은 실존의 근거가 아니라 하나의 장식품에 지나지 않는다. 포스트휴먼 시대에 있어서 지금과 같은 생물학적 몸에 의존하는 인간은 열등한 존재로 전락할 수밖에 없다.[3]

---

2) 디지털 혁명의 물결을 타고서 새로운 문화의 주인공이 등장하고 있는데, N세대가 바로 그것이다. 여기에 관심이 모아지는 이유는 이들의 모습에서 다가올 시대의 한 단면을 읽을 수 있기 때문이다. N세대란 영어로 〈네트 제너레이션 net generation〉의 줄임말이다. 컴퓨터나 통신기기를 이용한 〈접속〉을 중시한다는 점에서 〈네트워크 세대〉라고도 불린다. 미국의 경우 N세대는 1976년 이후 출생한 인구 집단을 가리키는데, 현재 전체 인구의 30%를 점하고 있다. 이들은 전후 베이비붐 세대와 X세대의 계보를 잇고 있으며, 국내에 소개된 돈 탭스콧의 『N세대의 무서운 아이들』이나 더글러스 러시코프의 『카오스의 아이들』이 겨냥하는 것도 이들의 문화 코드다.
3) 이 문제로 인해 독일은 시끄러운 한 차례 논쟁을 거쳤다. 논쟁의 발단은 카

그래서 앞으로는 무엇보다도 첫째로 포스트휴먼의 〈파워 개인〉
사회가 열리게 된다. 그 동안 특정 정보를 독점함으로써 누릴 수
있었던 특정 계층의 파워 엘리트 시대는 사라지고 다양한 정보
로 무장한 개인의 힘이 극대화되는 시대가 열리게 된다. 무선 단
말기를 통해 다양한 인터넷 정보를 활용하는 보통 개인의 지식
량이 기존의 엘리트가 소유하고 있는 정보의 양보다 훨씬 더 많
을 뿐만 아니라 보다 더 효율적이다. 정보와 지식의 양이 달라지
면 그 동안 지식인이라는 상징성이나 대학의 기능은 상대적으로
약화될 수밖에 없다.

파워 개인 시대가 열리면, 경제 발전으로 빈부 격차는 해소되
겠지만 분야별로 소외 계층과 취약 계층이 심각한 사회 불만 세
력으로 등장하게 되고, 그들 스스로 사회 문제화될 가능성은 더
욱 커진다. 정보를 효율적으로 검색하고 이용하는 자와 그렇지
못한 자 사이의 괴리감으로 인한 사회적 괴리감이나 격리감이
그들로 하여금 소외 계층을 만들어놓을 가능성은 그 어느때보다
도 더 커진다. 일이 이렇게 되면, 과학화와 정보화로 행복을 찾
겠다던 포스트휴먼의 꿈은 사라진다.

를 루어 대학의 페터 슬로트치크(철학)가 《슈피겔》에 유전자 조작과 인공지
능의 발달로 니체가 예언한 〈초인〉을 만들 수 있다고 주장했기 때문이었다.
그는 자연인을 중심에 놓고 사고하는 근대 휴머니즘이라는 것도 단순히 이야
기하면 기독교, 자연법, 프랑스 혁명의 이데올로기적 산물이었을 뿐이라는 하
이데거의 주장도 끌어들였다. 인간 존재의 절대성을 한마디로 허물어버리는 순
간이었다.

인간의 행복과 자율주의

〈행복의 총량과 인간의 존엄성은 행복의 총량이 늘어날 적에 비로소 가능하다〉는 싱어Singer교수의 말을[4] 교육에 차용하면,

---

4) 『동물 해방 *Animal Liberation*』(1975)이라는 저서로 동물 보호 운동의 이론적 기반을 마련한 호주 모나시 대학의 피터 싱어 교수는 실천윤리학을 강조한다. 그는 동물 보호를 주장하는 한편 최대 다수의 최대 행복을 지향하는 공리주의적 입장에서 장애아의 낙태도 찬성한다. 그가 그렇게 윤리의 쓰임새를 주장하는 것은 동물의 고통과 쾌락의 감수 능력을 믿기 때문이다. 그는 동물 역시 고통과 쾌락을 느낀다는 점을 근거로 동물 실험과 열악한 조건에서의 동물사육에 반대해 왔다. 예를 들어, 사람들이 좋아하는 분홍빛의 연한 송아지 고기를 만들기 위해서는 송아지에게 상상도 못할 정도의 고통을 가해야 한다. 송아지는 태어나자마자 어미소와 격리돼 운동이 거의 불가능한 우리 안에서 철분이 최대한 억제된 먹이를 먹어야 한다. 그렇게 최소한 16주 동안을 빈혈에 시달려야 고기 살결이 연한 〈우아한〉 송아지 요리감이 된다. 송아지 고기가 식탁에 오르려면 그런 연속적인 고통이 뒤따라야 한다. 닭이나 돼지 역시 꼼짝달싹하기 힘든 우리에서 사육된다. 쥐나 토끼는 실험실에서 온갖 약물을 투여받으며 죽어간다. 싱어 교수에 따르면 〈동물도 고통과 쾌락을 느낄 수 있는 유정물(有情物)〉이므로 그들을 좁은 우리에 가둬 기르거나 실험용으로 수술하고 약물을 투여하는 등의 행위는 정당화할 수 없다. 그래서 〈동물도 인간과 마찬가지로 고통과 쾌락을 느끼는 존재〉라는 그의 주장은 공감을 얻게 된다. 동시에 그는 종(種) 차별주의도 반대한다. 싱어 교수는 인간과 동물을 구분하여 인간에게만 특별한 지위를 부여하는 것은 인종차별주의나 성차별주의와 다를 것이 없다고 주장한다. 인간이든 동물이든 개체로 인정받는 기준은 고통과 쾌락의 감수 능력이 있느냐 혹은 없느냐와 같은 것이다. 〈각 개체가 고통과 쾌락을 느낄 수 있는가〉 하는 것이 개체성의 의미를 부여한다고 주장하는 싱어 교수는 〈고통과 쾌락을 잘 느끼지 못하는 경우〉에는 개체로 인정하지 않는다. 수정된 지 28일이 안 됐다면 태아는 고통과 쾌락을 느낄 수 없고 자아 인식도 못하므로 개체로 인정되기 어렵다는 것이다. 그래서 싱어는 그런 경우 낙태가 가능하다고 본다. 물론 개체로 인정받기까지의 기간을 한 달로 정하는 것이 타당한가에 대해서는 의학적으로 논란이 있을 수 있음을

교육이 인간에게 행복의 총량을 허용할 적에 비로소 인간의 존엄성도 가능해진다고 볼 수 있다. 지금의 우리 교육은 인간의 존엄성을 지켜내는 일과는 거리가 멀다. 인간에게 행복의 총량을 늘려주지도 않는다. 교육이 인간에게 행복의 총량을 늘리고 그로부터 인간의 존엄성을 높이려면, 〈인간 교육〉이 우선 먼저 실천되어야 하는데, 그것의 원형이 학습이다. 인간의 학습 본능을 실현하게 하는 것이 인간의 행복을 늘리는 길이다.

이런 시점에서 한나 아렌트가 우리에게 예시해 주는 삶에 대한 이야기는 지금 우리의 정신 건강을 위해 도움이 된다. 한나 아렌트는 『인간의 조건』(1958)에서 현대의 축인 과학과 기술의 발전이 인간의 활동력을 도구화함으로써 인간을 탈인간화시키는 근본 원인이라고 주장한다. 아렌트는 과학주의적 발상에 저항해 인간이 정치적 행위를 조직하는 역사적 맥락에서 인간으로 되어가는 조건을 의미 있는 활동적인 삶과 관조적인 삶으로 간주한다. 그녀는 그런 삶의 조건이 제대로 표현되고 실현되는 사회상으로 고대 그리스의 폴리스 공동체와 신앙 공동체를 예시한다. 그녀는 그런 공동체 속에서 일어났던 우정과 사랑의 연대감을 중요시한다.

사실 인간됨의 조건이라는 것이 유별난 것은 아니다. 인간이 되기 위해서 필요한 그 첫째 조건은 출생의 조건이다. 인간은

그 자신도 인정한다. 그럼에도 그는 〈공리주의적 입장〉에서 낙태의 합법화를 주장한다. 태어날 아이와 그 가족의 고통을 생각할 때 낙태는 불가피하다는 것이다. 또 그렇게 하면 〈행복의 총량〉은 늘어난다는 주장이 바로 그의 공리주의적 윤리관이다.

〈인간으로서 태어나야〉 한다. 태어난 후 인간은 둘째로 지속적으로 〈성장〉해야 하며, 그러는 동안 인간은 한 인격체로 〈성숙〉하게 된다. 이 성숙이 인간의 마지막 조건이다. 인간은 성숙하기 위해 다른 사람들과 여러 〈활동〉을 벌이기도 하고, 그들의 활동에 참여하기도 한다. 인간의 노동이나 배움도 다 이런 다른 사람과의 만남과 관계 맺음의 연속들로 이뤄진다. 이렇게 인간은 다른 사람들과 끊임없이 교류하며, 살아남기 위해 〈노동〉하고, 창조적으로 〈작업〉하며, 사회적으로 혹은 정치적으로 〈행위〉한다. 이런 삶을 한나 아렌트는 〈활동적 삶 vita activa〉이라고 부른다. 활동적인 삶이 말하자면 인간 성숙을 약속한다.

그러나 인간의 성숙은 활동으로 완성되는 것이 아니다. 활동이 의미를 갖기 위해서는 인간의 사고 능력이 필요하다. 인간의 〈생각〉하는 능력과 생각의 깊이에 따라 인간이 그 동안 치열하게 벌여왔던 활동적인 삶이 비로소 의미 있는 삶으로 변한다. 인간에게 있어서 생각 능력의 극대화는 바로 아렌트가 말하는 〈관조적 삶 vita contemplativa〉으로 나가는 지름길이다. 인간이 죽음을 맞기 전까지 그에게 있어서 인간적인 조건은 어떻게 하면 활동적인 삶을 제대로 맞이하고 어떻게 하면 관조적인 삶을 제대로 살아갈 것인가가 무엇보다도 중요하다. 활동적인 삶과 관조적인 삶에 최선을 다하는 사람일수록 〈인간은 자신이 아무것도 하지 않고 있을 때 가장 활동적〉이라는 마르쿠스 카도의 말을 제대로 음미하게 된다.

인간의 조건이 성숙되는 사회적 조건은 생태주의와 직결되는 공동체의 완성을 요구한다. 단순하게 자연으로 돌아가라는 구호

보다는, 정보화되고 기술화된 사회적 조건을 진지하게 고려하면서 만들어지는 생태주의가 필요하다. 말하자면 정보화된 사회적 환경 속에서의 활동적인 삶과 관조적인 삶의 복원을 만들어가는 새로운 생태주의가 필요하다. 인간, 자연, 과학이 모두 행복하게 공존할 수 있는 합리적인 대안으로서의 에코 아나키즘 같은 것이 필요하다. 이런 새로운 생태주의를 가능하게 만드는 힘이 인간의 학습력이다.

에코아나키즘

한국에서도 1990년대 중반부터 생태주의라든가 환경 친화적인 운동이 본격화되고 있다. 이런 운동은 우리나라뿐만 아니라 인류의 미래가 환경에 달려 있다는 절박한 인식에서 나온 절규 같은 것이다. 그러나 놀랍게도 환경 친화적이라는 슬로건은 강압적이고도 고답적인 표현과 강압성을 동반한 채 에코파시즘 Ecofascism 같은 것으로 전락하고 있다. 환경론자들이 권력자들과 함께 환경 제일주의의 여러 모습을 나누는 과정에서 자연스럽게 환경을 정치적, 권력적으로 이용하고 있으며, 동시에 권력도 함께 나누고 있는 현상이 바로 에코파시즘의 속 모습이다. 이런 과정에서 인간의 휴식과 인간의 놀이와 인간의 자율성과 인간의 영성(靈性)이 다 함께 억압당하고 있다.

이것은 환경을 내건 환경 독재주의에 지나지 않는다. 우리가 필요로 하는 것은 에코파시즘이 아니라 에코아나키즘[5]이다. 에코

212

아나키즘의 핵심은 역시 환경 문제와 공동체주의 복원에 있다. 에코아나키즘은 신휴머니즘을 제창한다. 인간의 이성에 기초한 휴머니즘을 주장한다. 여기서 말하는 인간 이성은 협동과 연대의 공동체를 추구하는 실천적인 의미의 이성을 말한다. 에코아나키즘이 인간 이성을 중시하는 이유는 도덕규범이 필요하기 때문이다. 물론 인간에게 필요한 도덕은 개인적 차원뿐만 아니라 공동체 복원을 위한 도덕이다. 욕망의 통제, 기술의 공유, 사적(私的) 영역의 축소 등과 같은 도덕이 우리가 필요로 하는 공동체적인 도덕이다. 이런 공동체 지향적인 도덕은 환경 친화적 공동체 생활에서 비롯된다.

에코아나키즘은 환경 친화적 공동체주의를 선호한다. 그래서

5) 에코아나키즘은 에콜로지 Ecology와 아나키즘 Anarchism의 합성어로서 아나키즘의 시각으로 에콜로지 문제를 해결하자는 의미를 담고 있다. 아나키즘은 그 동안 무책임하게 정치적으로 무정부주의 테러리즘 혹은 정치적 몽상주의처럼 부정적인 의미로 알려져 왔지만 이것은 아나키즘에 대한 바른 이해는 아니다. 원래 아나키즘이 그렇게 곡해된 것은 프랑스의 사회주의자 프루동이 처음 이 용어를 사용해 이론을 세웠고 러시아의 사회주의자 바쿠닌 크로포트킨 등이 체계화했기에 생겨난 정치적 오해들이다. 19세기 중반의 유럽에서 이해된 아나키즘의 핵심은 반(反)권력, 반(反)국가와 같은 것이었다. 게다가 마르크스주의가 테러리즘, 모험주의, 몽상주의라는 이름으로 아나키즘을 〈왜곡한〉 탓에 의미가 더욱더 변질됐다. 아나키즘이 새 옷으로 갈아입은 것은 1960년대부터이다. 유럽에서 환경 친화적 속성으로 인해 생태 위기를 해결할 사회 실천적인 대안으로 아나키즘이 각광을 받으면서 에코아나키즘으로 발전해 나갔다. 아나키즘의 환경 친화적 속성, 국가 권력의 잘못된 억압을 거부하고 공동체주의를 추구하는 속성은 포스트모던의 분자화되고 파편화된 시대적인 분위기와 일치한다. 아나키즘은 반(反)위계적, 반(反)권위적, 반(反)도그마적, 반(反)이데올로기적이라는 점에서 탈(脫)중심의 사회 권력을 주장하는 포스트모던 시대의 시대 정신과도 어울린다.

에코아나키즘은 실천적으로는 정치적 이데올로기라기보다는 하나의 공동체적 생활 양식과 비슷하다. 에코아나키즘은 한나 아렌트가 예시한 활동적인 삶이나 관조적인 삶을 위한 더 실천적이며 협동적인 공동체적 삶을 요구한다. 동시에 사회적 관계를 중시하고 정치적이고 이념적인 가치보다는 공동체적 삶의 가치를 위한 연대와 결속, 그리고 관용의 미덕을 중시한다. 아나키즘은 어떤 규정된 틀을 거부하기에 권력화나 조직화를 지향하지 않는다. 에코 아나키즘은 또한 절대 진리를 믿지 않으며 모든 것은 변하고 쓰러진다는 사실을 중시한다. 인간에게 생존 조건이 있듯이, 사회 역시 생존 조건이 다하면 사그러진다. 에코아나키즘은, 유토피아를 실현하려고 하면 할수록, 동시에 유토피아가 완성되는 순간 곧 닫힌 유토피아로 변질한다고 믿고 있기에, 그곳에는 끊임없는 변화와 유동성만이 존재한다. 거대 이념을 거부하고 삶의 부분부분에서 새로운 생태주의를 실현하기 위해 에코아나키즘은 공동체의 배우기 정신과 자유주의적인 자율 행동을 열망한다.

홀로닉 네트워크의 평생 학습 경영

지금까지의 교육 이론이나 교육 경영은 에코파시즘과 비슷한 에듀파시즘 edufascism을 위한 것이었다. 교육 현장에서 맞부딪힌 현안 문제들의 해답을 찾아나서거나 혹은 그것에 적응하기 위한 임시 방편적인 것이었다. 이제 이것으로는 부족하다. 디지털 경제나 디지털 교육이 요구하는 것처럼, 교육에 대한 보다 크고 새로운 틀을 짜놓고 그 안에서 새로운 학습의 그림을 그려내야 한다. 바로 이런 것을 위한 경영을 디지털 경영학에서는 홀로닉 네트워크 경영[6]이라고 하는데, 이것은 교육 경영에서도 유용하다.

---

6) 디지털에 기반을 둔 네트워크는 디지털 경제, 디지털 경영으로의 이행을 유도하고 있다. 경제·경영 이론, 경영 기법 등의 컨버징이 이뤄지는 것이다. 첫째로 모든 과거의 경영 이론들이 홀로닉 네트워크 경영 이론으로 컨버징되고 있다. 각각의 구조 기능 프로세스 등에 대한 이론과 방법론들이 하나의 홀론으로 정보 통신 기술 덕분에 서로 네트워킹됨으로써 과거 〈역설의 경영〉으로 불렸던 이론과 방법론들이 실천 가능할 뿐만 아니라 유용한 프레임으로 작용하고 있다. 1900년대의 대량 생산, 1950년대의 다각화 경영, 1960년대의 집중과 분산 및 매트릭스 경영, 1970년대의 품질 경영, 1980년대의 셀 Cell 생산과 유연 생산 체제 FMS, 1990년대의 비즈니스 프로세스 리엔지니어링 BPR 등이 모두 연결돼 네트워크 경영으로 컨버징되고 있다. 패트릭 맥휴 Patrick McHugh 는 홀로닉 네트워크 경영이 BPR의 다음 단계임을 주장하면서 각각의 기능이나 추진하는 홀론들의 프로세스들이 연결돼야 함을 강조하기도 했다. 둘째로 과거의 경제 가치가 시장 가치로 컨버징된다는 것이다. 매출, 이익 등 전통적인 재무 가치 중심에서 보이지 않는 비재무 가치들인 품질 가치로, 다시 기술 혁신 가치와 지식 가치, 인적 자원 가치 등으로 이동하고 이는 다시 고객 가치로 이동한다는 것이다. 셋째로 기업 조직의 진화에 있어 「거미나무 조직」으로 컨버징된다는 점이다. 가레스 모건 Gareth Morgan은 7단계의 조직 발달 유형을 제시하면서 정보 통신의 발달로 6단계인 네트워크 조직에서 각 조직들이 유기적으로 연결되는 거미나무 조직으로 컨버징된다고 설명하고 있다. 다시 말하자면 글로벌 네트워킹을 통한 조직간의 유기적이고 효율적인 연결이 가능한 시스템을 갖춘다는 것이다. 넷째로 글로벌 경제의 기업 전략이 네트워크된 e-비즈니스로 컨버징돼 글로벌 전략, 국제화 전략, 다국적 전략, 초국적 전략이 가능해진다는 것이다. 이는 비용과 고객의 압박에서 벗어날 수 있는 전략의 동시 수행을 가능케 한다. 다섯째, 이제까지 따로따로 설명됐던 지식 경영, 고객 경영, 가치 경영 등을 동시에 추진할 수 있게 됐다는 점이다. 이는 각 경영 이론들의 어플리케이션 툴이었던 지식 경영 시스템, 고객 관리 시스템, 가치 기준 경영 등을 묶는 홀로닉 네트워크 경영 시스템으로 가능해 졌다. 중심은 역시 고객이다. 고객이 이끌어가는 경제 시스템에서 고객 가치

말하자면 홀로닉 네트워크 교육 경영이 필요하다.

디지털 경영의 핵심인 홀로닉 네트워크 경영 Holonic Network Management을 이해하기 위해서는 먼저 홀론 Holon을 이해해야 한다. 홀론은 모두 whole를 뜻하는 holos와 부분을 뜻하는 on의 합성어이다.[7] 모든 유기체와 사회적 조직은 홀론이라는 작은 기본 단위들로 구성돼 있는 동시에 각각의 단위 조직이나 개체들은 더 큰 조직을 구성하는 일부 단위(홀론)로 존재하며 작용한다. 〈개체이면서 전체〉로 제각각의 특성과 자율을 가진 개체로서의 홀론은, 다른 개체와의 상호 협력 작용을 통해 스스로를 유지한다. 따라서 홀로닉 경영은 경영 과정에 직간접적으로 관계를 맺는 모든 사물이나 관계자, 이론, 방법, 구조, 기능, 자원, 외부의 이해 관계자들과 같은 모든 홀론을 디지털 네트워크로 연결해 시너지 효과를 얻어내는 경영이다. 연결의 고리는 디지털 기술의 발전에 힘입은 하드웨어적인 네트워킹과 비즈니스 프로세스 등의 소프트웨어적인 네트워킹이 필요하다. 네트워크에서는 모두가 주체이며 모두가 학습인이라는 경영 활동에 관계된 각각의 홀론들이 디지털 시대의 경영 활동에 직간접적으로 연결된다.[8]

에 봉사하는 것이 기업 경영의 지속성을 유지하는 방법이기 때문이다(《한경 비지니스》 213호(2000년 1월) 참고).

7) 홀론이라는 말은 1967년 헝가리 철학자인 아서 케슬러가 만든 단어이다.

8) 여기서 중요한 것은 한 부분만 강조되지 않고 모든 부분이 상호 연결된다는 점이다. 특히 고객을 가장 중요한 가치로 삼고 모든 내외적 자원과 경영 단위들을 연결시킬 뿐만 아니라 프로세스의 연결로 비용 절감과 글로컬라이제이션 glocalization을 이뤄 결국 기업의 주식 시장 가치를 높인다는 것이다. 이처럼 생산 시스템이나 조직에만 적용됐던 홀로닉 네트워크 경영은 적용 범위가 확장되면서 모든 경영 가치들을 수용하는 가장 포괄적인 경영 이론으로

디지털 경제 시대에서 근로자들이 그들 스스로 삶의 질을 향상하려면, 빠르게 변하는 기술을 자기 것으로 만들어야 한다. 잘 못 배운 것은 교정하고, 덜 배운 것은 보완하며, 더 배울 것은 강화한다는 삶의 질 향상을 위한 평생 학습 능력을 자기 것으로 만들어야 새로운 경영의 시대에 생존할 수 있다. 현실적으로 모든 국민들은 근로자로서 동시에 평생 학습자로서 자신의 노동력이나 학습 능력을 차별화시킬 것을 권고받고 있다.

사실 변화하는 경제 환경 속에서, 사람들이 살아남기 위해서는 두 가지 선택 이외에는 별다른 현실적인 대안이 없는 상태이다. 그것은 첫째로, 낮은 지식 수준의 직업을 통해 낮은 임금에 만족하거나, 반대로 높은 지식으로 창출되는 높은 임금을 획득하는 두 가지 선택 중의 하나이다.[9] 미래에 유망한 직업들은 한결같이 한 차원 높은 교육과 학습을 기본으로 한다. 21세기에는 데이터베이스 관리자, 컴퓨터 엔지니어, 시스템 분석가, 개인 및 가정보

다시 주목받고 있다. 물론 모호하다는 일부의 비판도 있다. 하지만 홀로닉 네트워크 경영이 복잡계 경영이나 스피드 경영 등 경영 환경의 불확실성과 변화의 급속함을 고려한 경영 이론들을 모두 반영한다는 점에서 디지털 경제의 가장 유효한 경영 패러다임이 될 수 있다는 점에 주목할 필요가 있다.

9) 미국의 경우, 기업과 근로자들은 그 동안 지식 수준을 높이기 위해 애써왔다. 1950년대에는 전체 근로자의 20%가 전문직이었으며 또다른 20%는 숙련된 기술자였다. 1997년 이 구성을 다시 살펴보면 20%가 전문직에 종사하고 있으며 60% 이상은 숙련기술자의 범주에 들어 있다. 미국은 2006년까지 총 1900만 개의 일자리를 만들어낼 전망이다. 가장 빠른 성장이 전망되는 분야는 서비스 분야로 이 분야에서 새롭게 나타날 일자리는 나머지 산업을 합한 것보다도 많을 것으로 예상된다. 서비스 분야는 불과 수년 전만 해도 낮은 기술 수준에 임금도 낮은 것으로 인식됐으나 최근에는 정보 통신 등 새로운 기술을 빠르게 받아들이면서 전체 경제를 주도하는 첨단 산업으로 자리 잡고 있다.

조원, 물리치료 보조원, 가정보건 보조원, 의료 보조원, 컴퓨터 출판인, 물리치료사, 작업치료 보조원과 같은 직업이 유망하다. 이들 10대 유망 직업 중 개인 및 가정 보조원과 가정보건 보조원을 제외한 나머지는 대학 교육 등 중장기간 교육을 통해서 도달이 가능하다.

현실적으로 교육과 학습 능력의 향상은 근로자 자신뿐만 아니라 기업이나 사회를 위해서도 여러 가지 이점이 있다. 첫째로 자본재에 대한 투자를 10% 늘릴 경우 기업의 생산성 증가는 3.4%가 이뤄지는 반면, 근로자 교육 수준을 10% 향상시킬 경우에 생산성은 8.6%가 늘어난다. 생산성 증가 효과는 제조업보다는 서비스업에서 월등하게 높다. 사내에 교육 시스템을 운영중인 미국 기업들은 이로 인해 평균 15-20%의 생산성 증가 효과를 얻었다는 증거가 있다.

둘째로 근로자의 새로운 지식 습득은 임금 상승으로 직결된다. 1997년 미국 근로자 가운데 대졸자의 평균 연간 임금은 40,500달러(한화 약 5300만 원)로 고졸자의 평균 임금(22,900달러)보다 무려 77%나 많았다. 이러한 격차는 지난 1975년(58%)에 비해 20% 가까이 늘어난 것이다. 앞으로는 개인의 임금은 학벌보다는 개별 근로자가 보유한 지식이나 기술 수준에도 영향을 받을 것이다. 2년간 진행되는 비학위 과정을 마친 고졸자의 평균 임금은 단순 고졸자에 비해 14%가 더 많은 것으로 조사됐다. 또 사내에 설치된 교육 훈련 프로그램을 마친 근로자들은 최종 교육 수준에 따라 26-33%의 임금 상승의 효과를 경험했다.[10] 이에 반해 공식적인 교육 프로그램에 참여하지 않고 〈작업을 통한 학습 learning-by-

218

doing〉등 비공식적인 교육 과정을 거친 근로자는 임금 상승의
혜택을 누리지 못하고 있다는 연구 보고들이 이를 증명하고 있
다. 이런 이유로 인해, 미국에서는 1990년 이후 전체 기업 가운데
57%가 근로자에 대한 교육량을 늘리고 있다. 미국 기업들은 연
간 전체 지출의 1% 정도를 교육비에 사용하고 있다. IBM, 모토
롤라, 페더럴 익스프레스와 같은 대기업들은 교육비 투자 비율
이 3-5%에 달한다. 교육 내용은 컴퓨터, 마케팅, 경영 기법 등
현재 직업과 관련되는 것이 전체의 68%를 차지하고 있다. 근로
자의 교육과 관련해 노동조합의 역할도 달라지고 있다. 노조는
과거의 단순한 임금 협상에서 벗어나 최근에는 근로자의 자질
향상을 협상 내용에 포함시키고 있다.

홀로닉 네트워크 경영의 사회 속에서 개인 학습자들에게 필요
한 평생 학습 기술은 대체로 기초 기술, 전문 기술, 기획력 같은
것들이다.

1) 기초 기술 습득
독해, 작문, 계산 능력은 모든 직업에서 기본적으로 필요한 부

---

10) 미국의 경우, 기술 수준이 높을수록 실업의 가능성도 낮은 것으로 조사됐다.
지난 20년 간 고등학교 재학 이하의 학력자는 평균 11%의 실업률을 기록한
반면 대졸자 이상은 2.5%의 실업률을 보였다. 또 실직을 하더라도 기술 수준
이 높으면 재취업이 쉬웠다. 즉 지식의 습득 및 활용 여하에 따라 노동 시장
의 경직성을 쉽게 뛰어넘을 수 있다는 것이다. 1995-1997년 기간 동안 대졸
실직자 가운데 7.4%만이 1998년에도 여전히 실업 상태에 남아 있는 반면 고
등학교 중퇴 이하의 학력자는 이 비율이 15.8%에 달했다. 대졸자는 재취업시
이전에 비해 더 높은 임금을 받은 반면 전문대졸 이하의 근로자는 오히려 낮
은 임금을 받았다.

문이다. 최근에는 컴퓨터 이용 확산과 정보의 디지털화가 빠르게 진행되고 있기에 많은 정보를 단시간 내에 이해하고 분석해 지식화하는 능력이 요구된다. 많은 정보들이 수치화나 도표화되고 있어 한 차원 높은 수리력도 요구된다.

2) 전문 기술 심화

컴퓨터 관련 기술을 습득하는 것도 시급하다. 기업들은 경영 개선이나 수익성 개선을 위해 컴퓨터를 갈수록 많이 활용하고 있다. 컴퓨터는 이제 전체 사무기기 투자의 90%를 차지하고 있다. 컴퓨터를 알지 못하면 기본 업무조차도 수행할 수 없다. 정보 통신 기술이 하루가 다르게 발전하고 있는 것을 감안, 자기 영역 속에서 개인의 특성을 드러내는 〈핵심 역량 core competency〉의 개발이 필요하다.

3) 기획력

경영자나 관리자가 아닌 일반 근로자들의 절반 이상이 각종 회의에 참석해 문제 해결 방안을 제시해야 할 정도로 기업내 의사 결정이 실무진으로 빠르게 이양되고 있다. 말단 사원이라도 스스로 문제를 해결할 수 있는 능력이 필요하다. 대인 관계 능력, 의사 소통 능력, 분석 능력, 창조성, 자기 관리 능력 등을 갖춰야만 지식 기반 경제가 창출해 낸 환경에서 두각을 나타낼 수 있다. 동시에 기업들 역시 기술의 발달, 시장 환경의 변화, 기업 간 경쟁 격화 등의 환경 속에서 작업 과정을 끊임없이 개선시키고 있다. 이러한 변화에 적절히 대응치 못한다면 그 누구든 낙오되

220

기 십상이다. 새로운 제품 사양, 생산 과정, 서비스 제공 과정 등 해당 기업이나 위치에 필요한 기술이나 지식을 꾸준히 자기 것으로 만들어내는 프로그램 기획력이 필요하다.

에지케이션과 새로운 평생 학습 기관

디지털 교육 네트워크를 중심으로 한 학습의 개인화와 〈학습 아나키즘 learning anarchism〉을 실현하는 학습 구조를 에지케이션이라고 부른다. 에지케이션이라는 말은 기존의 에듀케이션 Education과 차별화하기 위한 신조어이다. 에지케이션은 디지털 매체를 중심으로 한 갖가지 사이버 교육 매체를 동원하는 교육 환경으로 구성된다. 에지케이션은 지금까지 대중의 교육을 휘어잡던 학교 교육에 대한 대안으로서 그 효용성이 크다.[11] 이런 에지케이션은 기존의 에듀파시즘에 대한 새로운 대안 교육을 창출하고 있다. 말하자면, 재택 학교 Home-schooling라든가[12] 쌍방향

---

11) 한준상, 「새로운 밀레니엄의 교육」(1999, KBS 위성 강좌 원고) 참고.
12) 홈스쿨링 Home-schooling은 가정 학교 혹은 재택 학교를 말한다. 부모나 이웃이 선생님이 되고, 인터넷이나 각종 교육용 프로그램을 교재로 가정에서 교육이 이루어지는 새로운 학습 자율주의 교육 형태이다. 홈스쿨링의 배경에서 관료화된 학교 교육에 대한 불만을 엿볼 수 있다. 현재의 국가 주도 교육에 대한 불만이 우선적인 원인이다. 그러나 이것보다 더 중요한 홈스쿨링의 동기는, 지금의 학교 교육으로는 아이들의 다양성과 성장 가능성을 충분히 살리지 못한다는 부모들의 심리적 불만이다. 이와 더불어 디지털 문화가 교육의 구조를 바꾸기 시작한 것도 무시할 수 없다. 이미 교육 선진국인 미국에서는 백만 가정 이상이 홈스쿨링을 선택, 교육 과정이나 평가 등 모든 것을 인정받

온라인 대학 Interactive universities 등이 바로 그런 예이다. 이런 에지케이션은 학교 기관 중심의 교육을 대신하는 새로운 교육 활동들이며 이를 위해서 평생 학습망의 전국토화를 겨냥하고 있다.[13]

미래의 에지케이션은 학습의 기능과 오락의 기능이 합성된 에듀테인먼트 edutainment로 더욱더 분화될 것이다.[14] 학습용 CD롬

___

고 있다.

13) 예를 들어, 미국은 이미 전국토의 학습화와 전국민의 평생 학습을 위한 홀로닉 네트워크 교육 경영과 그것을 위한 에지케이션의 인프라를 구축했다. 그것이 바로 〈학습 정보 교환(ALX : America's Learning eXchange)〉 체제이다. 이 네트워크는 인터넷 서비스를 통해 시민들이 교육·훈련에 대한 자료나 고용 정보 등을 쉽게 찾아볼 수 있도록 개설한 일종의 디지털 정보망이다. 미국의 평생 학습 정책은 지식기반 경제에 대비해 평생 학습, 고용과 관련한 양질의 정보를 제공함으로써 국민들의 부가가치를 높이려는 멘토팩처, 즉 지업 중심 사회에 부응하는 조처이다. 〈미국 학습 정보 교환〉의 홈페이지(www.alx.org)는 크게 (1) 학습자, (2) 고용주, (3) 교육 프로그램 제공자, (4) 교육 과정 개발자, (5) 특별 데이터베이스라는 메뉴와 (1) 직업은행, (2) 경력 정보 네트, (3) 재능은행이라는 메뉴로 각기 구성되어 있다. 이중에서 학습자, 고용주, 제공자, 개발자에 관한 홈페이지의 메뉴는 교육·훈련을 희망하는 학습자, 직무 교육 등을 제공하고자 하는 고용주, 교육 프로그램 제공자, 교육 과정 개발자 정보로 가득 차 있다. 예를 들어, 〈학습자 Learners〉 메뉴를 클릭하면 개인이 받을 수 있는 각종 훈련·교육 프로그램에 대한 정보를 얻을 수 있다. 업무 능력을 검증하는 각종 업무 능력 인증서와 자격증을 취득하고 싶다면 〈인증 Certification〉 항목을 들어가면 관련 정보를 얻을 수 있다. 〈고용주 Employers〉는 경영자들에게 기업 생산성과 직원들의 직무 능력 향상을 위해 필요한 교육·훈련 프로그램 정보를 제공한다. 예를 들어 직원 재교육의 목적으로 직무 교육을 실시하려는 기업들은 여기에 등록된 교육 과정을 검색해 가장 적합한 교육과정을 찾아볼 수 있다.

14) 한 예로 이런 에듀테인먼트의 기업에 성공한 회사가 미국 코네티컷 주에 있는 글로바런 GlobaLearn이라는 회사이다. 이 회사는 인터넷 회사(www.globalearn.com)로서 〈교육이란 흥미롭고 재미있어야 한다〉는 취지를 내걸고 학습 내용을 인터넷을 통해 학습자들을 사로잡고 있다. 초기의 에듀테인먼트는 학습 내용의

개발뿐 아니라 통신망을 통한 에듀테인먼트 교재의 등장은 이미 기존의 교육과 학습의 형태를 상당한 방식으로 바꾸어놓았다. 에듀테인먼트를 뒷받침해 주는 소프트웨어의 개발로 인해 학습자들은 학교 공간으로 제한된 학습의 공간을 학교 바깥으로 확산시키게 되었다. 에듀테인먼트는 학습의 개념도 바꾸어놓았다. 즉 강의와 교실 교육의 틀을 벗어나 학교 이외의 가상 공간을 통해서도 다양한 볼거리와 즐길 거리에 의해 새로운 학습이 얼마든지 가능함을 예시해 주었다.

이런 새로운 에지케이션을 가능하게 만드는 평생 학습 기관들은 성인 학습자들의 직능 개발이나 평생 학습을 위해 새로운 기능과 새로운 모습으로 분화되고 있다. 그들이 발휘할 새로운 전문적인 학습 기능이나 역할들은 대체로 세 가지 정도로 집약된다. 그 첫째 학습 기능은 향상 기능 improvement이며, 둘째는 실행 기능 implement이고, 마지막 기능은 통합 기능 integration이다. 이런 에지케이션의 평생 학습 기관들은 학습자들에게 그들의 학습 필요성이나 요구에 따라 자신의 실생활에 도움이 되거나 쓰임새를 높이는 프로그램만을 전문적으로 제공할 수 있다. 말하자면, 지금보다는 더 나은 기술을 익힌다든가 새로운 방법을 익힘으로써 과거에 비해 더 높은 생산성을 올리는 학습 프로그램을

전달 방식이 일방적이었다. 따라서 학습 과정에 학습자들의 참여 기회와 참여 정도를 높이기가 힘들었다. 동시에 제공되는 학습 자료 역시 한정적이어서 교과목에 정확하게 맞는 영상물을 준비하는 데 많은 어려움이 있었지만, 지금은 그런 애로 사항이 상당히 줄어들었다. 물론, 에듀테인먼트가 학습과 관련된 모든 문제를 해결해 줄 수는 없지만, 학습은 학교에서만 가능하다는 고정 관념을 극복하는 데 크게 기여한 것만큼은 사실이다.

제공하게 된다. 기본적으로 학습자로 하여금 지금보다는 〈한 발자국 더 낫게 Doing thing better〉를 기본 학습 목표로 삼는 평생 학습 기관을 직능 향상 중심 평생 학습 기관이라고 부를 수 있다. 이에 반해 실행 중심의 평생 학습 프로그램을 제공하는 교육 기관은 주로 학습자들에게 현장에서 현업에 충실하게 하거나 배운 대로 제대로 실천할 수 있는 지식이나 능력을 학습시키는 것을 교육의 목표로 삼고 있다. 이런 평생 학습 기관은 학습자들에게 최신정보를 제공한다든가, 관련된 실천 방안을 훈련시킨다든가 하는 교육 프로그램을 강화한다. 마지막으로, 학습의 통합 기능을 강조하는 평생 학습 기관은 배우고 익힌 지식이나 기술을 최대한 이용하여 새로운 것을 창출해 내거나 만들어내는 교육 프로그램을 강조한다. 이런 평생 학습 기관들로서 벤처 창업 기관이나 연구 기관들이 있지만, 일반 평생 학습 기관에서도 기존의 기술을 응용해서 새로운 것을 만들어내는 프로그램을 학습자들에게 제공할 수 있다.

모든 이를 위한 평생 학습 활동이 보다 광범하게 확산되기 위해서는 영리 기관 못지않은 비영리 기관의 평생 학습 활동에의 참여가 필요하다. 물론 평생 학습을 보다 강력하게 확장시키는 기관으로는 영리 기관이나 비영리 기관 모두가 가능하다. 그러나 모든 이를 위한 평생 학습망은 개인의 자아 실현과 국가의 생산적 교육을 촉진한다는 점에서, 선진국에서 보는 것처럼 비영리 기관이 보다 더 적극적으로 평생 학습 활동에 참여해야 할 것이다. 왜냐하면, 정부라는 조직은 〈권력〉이나 〈권위〉, 그리고 법률적 집행 기구로 성립되므로 국민의 평생 학습을 직접적으로 책임지기에는 너무 많은 부작용을 수반하게 된다. 반대로 기업은 〈이익 추구〉의 논리로 사람을 결집시키는 조직이므로 상품화를 위한 평생 학습망을 구축하려고 한다. 영리 기관은 기관의 생존을 위해서라도 평생 학습 프로그램의 상업화를 유도할 것이다. 영리 조직이 제공하는 서비스는 기본적으로 시장 메커니즘에 의해 공급 가격과 수요 가격이 일치하여 서비스와 요금이 적절히 대비되는 거래를 통한 자기 완결 시스템이다. 이에 비해 비영리 기관은 에지케이션을 목표로 하는 평생 학습 기관을 위해 보다 적합한 기능을 발휘할 수 있다.

비영리 평생 학습 형태의 학습 공동체

비영리 기관은 프로그램 창출 방식이나 운영 방식이 영리 기관과 다를 수밖에 없다. 비영리 기관은 기본적으로 정보(이념, 가치관)를 공유하고 실행에 옮기는 네트워크 조직 원리를 제시하는 조직이다. 따라서 모든 이를 위한 평생 학습에 대한 공적인 책무성과 평생 학습의 효율화를 위한 홀로닉 네트워크 평생 학습망으로서 활동하기가 보다 유리하다.

비영리 학습 기관의 서비스는 첫째, 학습 서비스의 불특정화를 기본으로 하고 있다. 둘째, 그렇기 때문에 학습자들이 기본적으로 100%의 대가를 지불하지 않아도, 서비스 비용은 시민의 기부나 세금 등의 부담에 기초한 공공 보조금 등으로 보전된다. 이처럼 비영리 학습 기관은 공급자와 수익자 사이에서 자기 완결 되

는 학습 운영 시스템을 가진다.[15)]

따라서 비영리 학습 기관의 경영이 보다 효율적으로 운영되기

15) 비영리 기관이라고 할지라도 특정한 가치관과 이념을 조직 원리로 갖고 있
다. 이것은 비영리 기관의 수입 구조, 사업 내용, 전개 방식과 연관된다. 비영
리 기관의 가치관과 이념은 NPO의 정체성 바로 그것이라고 보아도 무리가
없다. 정치적으로 NPO에는 이해 당사자가 수없이 개입한다. 자금 제공자로
서의 개인 기부자, 기업, 재단, 중앙 정부, 지방 자치 단체를 포함해 규제를
가하는 정부, 여론 조성이나 권고의 대상으로서의 정부, 서비스의 대상인 클
라이언트, 일반 사회 동종업계의 NPO 등 다양한 관계자와의 이해를 조정하
면서 활동해야 한다. 그러나 이것은 기업처럼 시장에서 자원을 구해 제품과
서비스를 생산함으로써 시장으로 돌아오는 것과는 달리 자금의 조달 장소(기
부나 정부 지원금, 정부 사업 위탁, 소비자의 지불 등)와 서비스의 수혜자가
반드시 일치하지 않는 데서 오는 NPO의 숙명이다. NPO 활동의 목적은 돈
벌이에 있지 않고 사회성을 가진 것이기 때문에 추상적일 수밖에 없다. 또 목
표가 애매하고 여럿이다. 그래서 비영리 기관의 운영 지침이 쉽게 변화하기도
한다. 비영리 기관의 운영상 문제점은 여러 가지이다. 첫째, 내세우는 목적과
목표 그리고 그것을 달성하기 위해 확보한 자금원에 괴리가 생길 가능성이
있다. 미국의 NPO도 정부나 재단 등 외부의 지원금을 받는 과정에서 지원자
의 의도에 말려들어 본래의 목표를 상실한 예가 많이 있다. 심지어는 NPO가
이상적이라 생각하는 개인의 기부금조차 그것을 얻기 위해 본래의 사명을 훼
손, 조직의 내부 대립으로 이어지는 경우도 있다. 둘째, 조직의 성장이나 시대
의 변화에 따라 목표가 진부해지거나 변하는 경우가 있다. 이때는 어떻게 새
로운 목표를 도출할 것인가가 경영의 중대한 과제가 된다. 개발 협력과 관련
된 NGO의 경우 목표나 존재 방식에 있어 전환점에 이른 것으로 보인다.
NGO는 구제 활동에서 자립 지원으로 또 국내의 계몽과 보급 활동으로 단체
의 장기적 목표에 대한 자기개혁을 거듭하고 있지만, 지금까지 걸어온 길과
향후의 전망에 대해 어느 정도까지를 사정권에 넣을 것인가는 중요한 과제이
다. 또 구제에서 자립 지원이나 구조 개혁 등 복수 부문에 관여할 경우 전체
활동과 부문의 적절한 배분이 중요한 문제가 된다. 목표나 활동 형태가 전혀
바뀌지 않은 단체들도 개발 협력과 관련된 분야의 이론적인 성과를 배우거나
후발 NGO의 활동에 자극을 받으면서 〈과연 이대로 괜찮은가〉에 대한 문제
제기가 일면서 자기 규정에 어려움을 겪고 있다.

위해서는, 우선 개인의 사적인 수요가 아니라 사회적인 학습의 수요를 어떻게 파악하느냐가 중요하다. 사회적인 학습 필요란 예를 들면 안전이나 활동이 부자유스러운 사람들에 대한 배려 또는 공해 대책 등 누구라도 그 필요성을 인정하는 것에서부터, 마음의 안심이나 예술 문화처럼 지극히 주관적인 가치 판단을 포함한 것까지 여러 가지를 생각할 수 있다. 그러한 구체적인 필요의 충족을 목적으로 명확히 두지 않으면 학습 사업을 제대로 시작하기 어렵다.

비영리 학습 사업은 서비스와 거래로는 사업의 활동이 완결되지 않는 시스템이다. 따라서 교육 서비스를 필요로 하는 사람만을 보고 비영리 사업을 운영한다면 학습 경영의 성립이나 지속이 어렵다. 학습 서비스의 사회적 필요성이나 그것의 충족을 위한 사회적 지원을 촉발시키지 않는 한, 그 학습 사업은 경제적으로나 사회적으로 제대로 지탱될 수 없으므로 사적인 욕구가 아닌 사회적 필요를 파악하고 그 필요를 충족시키는 활동을 통해 사회의 이해와 지원을 얻어내는 일에 충실해야 한다.

평생 학습 클리닉

비영리 기관은 아니지만 평생 학습을 위한 영리 기관 중 그 교육의 기능성이 뛰어난 여러 형태가 있다. 그중 하나가 바로 대학의 평생 교육 기관이나 학원, 문화 센터 같은 곳이다. 현재 이런 학습 기관들은 약 3만여 개가 전국에 산재해 있다. 학원은 단순히 학습자들이 자기 개발을 위해 필요로 하는 지식이나 기술을 가르쳐주는 교육 기능을 주로 담당하고 있지만, 앞으로는 학원의 학습 기능도 급속하게 변화될 것이다.

미래의 학습 지역 사회에서는 학교, 학원, 문화 센터들이 하나의 〈학습 클리닉〉이 되어 학습자를 위한 프리 학습 pre learning 이나 학습의 애프터서비스 기능을 담당하게 될 것이다. 이중에서도 학원의 학습 기능 변신은 크게 기대된다. 학원은 지금처럼 단순한 지식 전달의 교육 기능이나 여가 선용의 학습 기능을 벗어나서 학습 장애를 교정해 주는 학습 치료 기능까지 담당하는 평생 학습 기관으로 변화될 수밖에 없다. 동시에 지역 사회 주민들의 평생 직능 개발의 역할까지 감당할 것이다.

모든 학습 클리닉들은 지금의 가전제품 회사가 고객에게 애프터서비스를 제공하듯이, 혹은 내과, 안과, 치과처럼 병원이 고객들의 신체적 불편을 진단하고 나타난 질병을 치료해 주듯이, 학습자들에게 학습 서비스 제공의 기능을 감당할 것이다. 학습 클리닉의 기능들은 학습자들이 잘못 배운 것을 교정해 주고, 덜 배운 것은 보완해 주며, 더 배워야 될 것은 더욱더 강화시켜 주기 위해 학습자들의 학습 장애를 진단하기도 하고 또는 그 진단에 따라 결손 학습력을 치유해 주는 기능을 발휘할 것이다. 이런 학습 크리닉들이 하나의 전국적인 학습망으로 연결되어 기능을 발휘하면, 그들의 학습력은 그 어느 평생 학습 기관보다도 강력할 것이다. 이들 학습 크리닉들은 모든 이를 위한 평생 학습 사회를 건설하기 위한 학습의 향상 기능과, 학습의 실행 기능, 그리고 학습의 통합 기능을 발휘함으로써 학습 실천력이 높은 평생 학습 기관으로 기능할 것이다.

동호인 학습 마당/터

소수들의 이야기와 소수들의 동호인 모임 역시 평생 학습을 위한 새로운 학습 매체이자 학습 방법이 된다. 동호인 모임을 간단히 동호라는 이름으로 묶어놓을 수 있을 정도로 간단하지는 않다. 동호인 모임의 성격이나 취향의 폭이 너무도 다양하고 다채롭기 때문이다. 동시에, 사회 계층성도 강하고, 문화 소비의 색깔 역시 다양하기 때문이다. 모임의 색깔이나 취향이 다양함에도 불구하고, 이들은 서너 가지 유형으로 분류될 수 있다.[16]

그 첫째는 1인 편집 동호인들의 학습 마당이다. 누가 봐주든 봐주지 않든 개의치 않고 소수의 주장을 피력하는 식으로 자기들의 주장을 펴는 매체를 발간하거나 운영한다.[17] 이런 식의 문화적 차별화와 학습의 차별화는 1인 내지 소그룹 저널리즘 동호인들이 감당한다. 물론, 그들 스스로 특별한 의도를 갖고 출발하

---

16) 「소수 독립의 몸짓 〈끼리 문화〉 뜬다」, ≪뉴스피플≫ 1999년 11월 12일.
17) 이런 영역에서는 아무래도 월간 ≪인물과 사상≫이 대표 주자격이다. 국내 출판동네에 〈1인 편집〉이란 낯선 개념을 들이밀더니 1년 6개월 만에 실하게 뿌리 내리고 있다. 현재까지 확보한 고정 독자는 1만 명인데, 별도의 기획진을 두지 않고 강준만 교수(전북대 신문방송학과)가 혼자 주요 원고 집필에서부터 외부 원고 선정까지 책임지는 편집 시스템으로 굴러감은 널리 알려진 사실이다. 이렇다 할 상업 광고를 붙이지 않고서도 ≪인물과 사상≫이 건재하는 비결은 무엇보다 편집장이나 다름없는 강 교수의 〈스타성〉에 있다. 정치, 경제, 언론, 문화 등 전방위에 걸친 그의 무차별 도발적 글쓰기는 마니아 팬을 이끌어내기에 충분하다. 차별화된 시각으로 〈동조〉 세력들을 꾸준히 모아가고 있는 ≪인물과 사상≫은 이제는 일반 서점으로까지 진출하고, 끼리끼리의 문화적 접촉과 학습의 폭을 넓혀가고 있다.

진 않았어도, 자연스럽게 〈끼리 문화〉와 〈끼리 배움〉을 이끌어내고 있다. 〈우리끼리만 교감한다〉는 학습의 폐쇄성도 있기는 하지만, 틀에 박힌 사회적 관념과는 다른 주장을 하며 서로 배우며 살고 싶은 소집단 의식을 가지고 그들은 알게 모르게 조금씩 서로가 배움의 손을 잡아 나간다는 특징이 있다.

이런 식의 1인 저널리즘 이외에,[18] 서로 문화적인 입맛이 맞는

---

18) 특정 계층끼리 의사 소통하며 서로 배우는 문화 현장은 길거리에도 있다. 신세대들의 구미에 딱 맞는 편집을 무기로 독자층을 확고히 구축해 가는 〈스트리트 페이퍼 Street Paper〉도 바로 그것이다. 영화, 음악, 연극, 레저, 미술, 패션, 이색 이벤트 등 10-20대가 즐겨 찾는 생활 정보들을 주로 담는다. 현재 나와 있는 〈스트리트 페이퍼〉류의 잡지는 ≪인 코리아 매거진≫, ≪페이퍼≫ 등 10여 개인데, 우리나라 〈스트리트 페이퍼〉로는 1994년 발간된 ≪인 서울 매거진≫이 효시다. 이들이 마니아 독자층을 확보하는 매력 포인트는 뚜렷하다. 얼핏 봐선 책인지 화보인지 분간이 가지 않을 만큼 〈도발적〉인 편집 디자인은 10-20대들의 입맛을 잡아끌기에 충분하다. 하지만 한때 20여 종까지 나와 있던 〈스트리트 페이퍼〉시장은 최근 다소 움츠러드는 추세다. ≪굿모닝 인터넷≫, ≪굿타임스≫ 등 10여 종이 광고 시장의 위축으로 휴·폐간하면서 지금은 무가지 형태로 남아 있는 매체가 몇 안 된다. 현재 ≪페이퍼≫나 ≪인 서울 매거진≫ 등은 유가지로 돌아선 상태이다. IMF 체제가 우후죽순으로 난립하던 스트리트 페이퍼 시장을 교통 정리해 준 이후 살아남은 매체들은 오히려 독자층이 더 견고해졌다. 1995년 창간해 지난해 1월부터 유가지로 전환한 ≪페이퍼≫의 경우는 발행부수가 8만 부를 넘는다. 정기독자의 70%가 유가지로 바꾸는 방안에 동의했을 정도로 독자층이 〈마니아급〉이라는 게 업계의 분석이다. 해외 유행 패션과 언더그라운드 음악 등의 감각적 정보를 파격적인 기획과 편집으로 담아내는 이 잡지들은 신세대 사이에서 선풍적 인기를 불러모아 왔다. 이런 잡지들이 배포되는 장소도 젊은이들이 자주 찾는 고급 카페나 소극장 주변, 패션 매장 등이다. 1980년대에서 1990년대 중반 무렵까지도 언더그라운드로 불리우던 제3세력 역시 새로운 학습 동호인들이다. 이들 역시 새로운 학습 조직이며 학습 세포이다. 이들은 정치와 문화 부문의 아웃사이더들을 지나 이제 이들은 전지구적인 동향과 호흡을 함께 하는 사회적

사람들끼리 모여 교감하는 학습의 공간이나 학습의 텃밭도 있다. 그것은 바로 인터넷 학습 매체로 더욱더 강력하게 연결된다. 한 편으로는 다양하지만 다른 한편으로는 고독할 수도 있는 개별 집단이 나름의 발언권과 학습권을 가짐으로써 다(多)중심 문화주 의를 인터넷 학습망에서 찾아낸다. 이런 예가 바로 〈시민언론〉을 표방하고 있는 사이버 언론 〈넷피니언〉(www.GateKorea.net)이다. 소수의 시각을 정형화된 발언 통로를 거치지 않고 표출함으로써, 〈대안 매체〉와 〈학습 매체〉의 몫을 단단히 해내고 있다. 네티즌 들의 기사와 칼럼으로만 채워가는 〈넷피니언〉은 지금까지의 인 터넷상에 떠올려졌던 패러디 사이트들과는 다르다. 이 사이트에 서는 익명과 가명으로는 단 한 줄의 글도 올리지 못하기에 이 모 임은 학습의 신뢰를 높인다. 기자와 칼럼니스트를 모집하는 과정 에서부터 실명 자료를 일일이 우송받아 본인임을 확인하는 절차

운동체들로 기능하고 있다. 물론 보수성을 특징으로 하는 한국 사회에서 이들 의 존재는 여전히 아웃사이더에 불과하지만, 이들의 모습은 인디들로 그들의 문화적 취향과 학습을 전개하고 있다. 인디 영화, 인디 음악, 인터넷 신문, 방 송, 웹진, 사이버 출판사, 스트리트 매거진, 1인 저널룩 등을 통해 이들은 더 이 상 기존 대중사회의 상업적 유통 질서에 의존하지 않는다는 것이다. 그들은 독자적이고 자생적이며 오히려 비대중적으로 의기 투합하는 〈자기 동네 사람 들〉과 함께 놀며, 함께 먹고, 함께 배운다는 전략에 충실하다. 그래서 이들 간 에는 전문가 비전문가의 구별 역시 불필요하며 기존 사회와 적극적으로 투쟁 하겠다는 그런 식의 저항이나 반항 의지 역시 두드러지지 않는다. 이들을 가 리켜 일면 〈인디사이더 indesider〉라고도 부른다. 말하자면, 〈참여적 이방인〉 쯤으로 설정되는 이들 인디사이더들은 이것이거나 저것이거나의 택일이 아 닌 〈다른 어떤 것〉과 세상을 위해 서로 배우고 서로 익히는 것이다. 따라서 이들의 학습 전략이나 학습의 방법, 내용 역시 다른 학습 공동체와는 차별 적이다(≪뉴스피플≫ 1999년 11월 18일 참고).

를 거침으로써 서로 배움의 신뢰마저 높인다.

끼리끼리 유형의 학습 매체나 동호인들은 소위 독자층과 학습
층이 뚜렷하게 정해져 있는 이른바 〈멤버스 member's〉 저널이나
잡지를 통해 그들의 학습을 진행하기도 한다. 철저히 자기들끼리
조성된 〈끼리 문화〉 속에서 사람들은 서로서로 배우는 활동에
참여하게 함으로써, 내가 〈나만 본다〉는 묘한 문화 심리적인 쾌
감 속에서 끼리끼리의 문화를 학습한다. 예를 들어, 구치, 페라가
모, 에르메스, 루이 뷔통, 발리, 프라다, 스테판 켈리앙, 베르사체
등과 같은 유명 상표들이 이들 〈끼리끼리 문화〉와 〈끼리끼리 학
습〉을 선도한다.[19] 이런 학습 마당들은 포스트모던 사회에서 더

---

19) 상류층만을 겨냥해 초고가품 리스트와 쇼핑 장소를 알려주는 회원제 잡지는
국가 금융 위기 속에서도 성업중이다. 고가의 명품만을 소개 대상으로 삼는
것으로 이들은 여타의 시중 잡지들과 차별화를 선언한다. 선두주자는 1990년
창간한 《노블리스 Noblesse》. 현재 월 6만여 부를 찍는 파워 매체다. 이것
말고도 상류층을 타깃으로 만들어진 생활 정보지는 둘 더 있다. 《오트 Haute》
와 《네이버 Neighbor》. 회원의 수준을 엄격하게 정해 놓는 것은 이들 잡지
의 공통점이다. 후발주자로 1996년 7월에 나온 《네이버》의 경우 재산이 현
금 10억 원 이상인 사람이나 월소득 500만 원 이상의 가구 20만 명을 구독
대상으로 잡고 있다. 이들 모두 200-300쪽 분량. 인테리어, 패션, 여가 생활
등의 정보를 집중적으로 다루는 것이 공통점이다. 이들이 백화점이라고 다 들
어가는 것도 아니다. 〈대중 백화점〉을 표방하는 곳에는 아예 들어갈 생각도
않는다. 소득 수준이 높아 구매력이 좋은 30~50대 연령층을 정조준해 호텔
객실이나 스포츠 센터, 비행기 기내, 공항 라운지, 은행 등에 일정 부수가 깔
린다. 이런 동호인 모임의 학습 공동체와는 달리, 개인들의 정신적인 평안함
이나 정신 세계의 여유로움을 찾아나서는 정신 세계 동호인들의 학습 모임도
활발하다. 이들의 학습 모임은 정신 세계 부문별 모임이나 지역별 망을 통한
학습망을 통해 정기적으로 열리고 있다. 이들의 모임은 전국적으로 약 1만여
개의 모임으로 확산되어 있는 실정이다.

욱더 새롭게 분화할 것으로 전망된다.

스터디 서클

평생 학습의 일상적인 수단으로 학습 공동체를 만드는 일이 무엇보다 중요한데 이런 학습 매체 중의 하나가 바로 스터디 서클 study circle이다. 스터디 서클은 단순한 학습 동아리가 아다. 스터디 서클은 자율적이고 참여적인 성인 학습 형태를 취한다. 스터디 서클은 참여자들에게 협력 학습, 민주적 참여, 타인의 의견 및 개인의 관점 존중, 집단에서 도출된 지혜 습득의 기회를 제공하는 성인 교육의 실천적 모범과 같다.

스터디 서클은 일반적으로 5-12명이 함께 모여 관심거리를 서로 공유하는 학습 활동으로 운영된다. 스터디 서클은 전문가가 아닌 보통사람들이 모여 서로의 능력을 합해 일상 학습을 실현하는 운동이며 동시에 지역 주민들의 학습 품앗이를 통해 자기 개발과 지역 사회 개발을 촉진하는 평생 학습 실천 운동이다. 그래서 스터디 서클은 첫째, 조직에 있어서 상당히 비형식적이다. 스터디 서클은 참여자들의 자율성을 존중하고, 관심에 따라 토론 주제가 선정되는 비형식적 학습을 존중한다. 비형식적 학습은 참여자들이 상호 협력하여 학습 과정을 진행한다. 둘째, 스터디 서클은 대면적 관계와 그런 학습을 강조한다. 스터디 서클의 구성원들은 주 1회씩 소모임을 개최하면서 모든 이의 참여를 중요시한다. 셋째, 스터디 서클은 소인수 토론 집단으로 운영된다. 스터디 서클은 바람직하게는 5~6인으로 구성되나, 최대 12인까지 모여 학습하는 모습을 보이기도 한다. 토론은 타인의 의견을 경청하는 기회와 개개인의 관점을 존중하는 계기를 마련한다. 스터디 서클은 토론의 진행을 위해 자체 규칙을 제정한다. 그에 따라 개인들에게 동등한 의견 피력 기회를 허용함으로써 민주적 참여를 실천하는 계기를 만든다. 넷째, 스터디 서클은 정기적인 모임이 일정 기간 동안 지속된다. 스터디 서클은 사회적 혹은 정치적 이슈를 논의하고 상호 의견을 경청하는 과정을 통해 나름대로의 해결책을 구한다. 그리고 새로운 문제로 그 관심을 옮기기는 하지만, 스터디 서클 그 스스로 공동 견해나 합의점을 강요하지 않는, 학습의 자율주의를 존중한다. 다섯째, 스터디 서클에서는 사회적, 정치적 지역 사회 이슈를 주요 논의 주제로 토론한다. 스터디 서클은 지역 사회 생활과 관련된 주제를 토론함으로써 개인보다는 공동 관심의 토의를 통해 집단으로부터 지혜를 얻는 기회를 제공한다. 여섯째, 스터디 서클의 학습 환경을 늘 지역 주민에게 개방시킴으로써, 기본적으로 닫힌 교육, 말하자면 에듀파시즘을 극복한다. 스터디 서클은 의도된 학습 목표를 달성하기보다는 참여자들이 자신의 의견을 자유롭게 피력할 수 있는 환경을 제공한다. 따라서 스터디 서클의 학습 장소는 커피숍, 야영장, 길거리, 백화점 등 다양한 장소가 학습 환경으로 사용된다.

시민들의 일상 생활 속에서 평생 학습을 실현시키는 제도인 스터디 서클은 미국,[20] 스웨덴, 호주, 캐나다와 같은 외국에서는 초기에는 공민학교 folk high school, 도서관, 대중 강연 등과 같

234

은 형태로 지역 사회에서 학교 교육 형태로 시작한 것이 사실이나, 지금은 탈학교 형식을 취하고 있다. 스터디 서클은 지금도 미국이나 북구 등에서는 동네마다 지역 사회마다 타운하우스나 기타의 공개적인 모임을 통해 민주 사회 발전을 위한 중요한 도구로 활용되고 있다. 스웨덴은 스터디 서클을 민주 시민사회 실현의 기제로서 발달시킨 대표적 국가이다.[21] 스웨덴은 국가적 차

---

20) 스웨덴은 스터디 서클의 천국으로 지칭되지만, 스웨덴 스터디 서클 활동의 원조는 원래 미국의 스터디 그룹이다. 미국에서 가장 원시적인 형태로 발전된 스터디 그룹은 19세기 중반 〈차타쿠아 Chataqua 운동〉이다. 이 차타쿠아 운동의 성공으로 인해 미국에서는 스터디 그룹을 통한 성인들의 학습이 활성화되었다. 존 듀이 역시 지역 사회 개발과 주민들의 평생 학습의 실현을 위해 이런 독서 운동과 스터디 서클 운동에 적극적으로 나섰다. 스터디 그룹은 도시, 농촌 구분 없이 직업, 생활의 정도 차에 무관하게 국민들이 모임을 통해 상호학습을 주고받음으로써, 생활 속의 학습을 실천하는 학습체이다. 이렇게 전개된 미국의 차타쿠아 운동은 19세기 후반 유럽으로 파급되었고, 스웨덴도 강한 영향을 받았다. 스웨덴은 차타쿠아를 스웨덴의 실정에 맞는 스터디 서클로 조직했다. 특히 스터디 서클은 스웨덴의 각종 사회 문제, 예컨대 금주 등의 문제를 해결하기 위한 도구로서 시민들의 자발적인 학습 동아리를 활성화시켰다. 스웨덴의 스터디 서클이 부흥하는 동안 미국의 차타쿠아 운동은 쇠퇴되었다. 그러나 미국은 2차 세계 대전 이후 미국 국민들의 사회적 정치적 참여 증진을 위한 성인 학습 모델로서 다시 스웨덴의 스터디 서클을 활용하여 지역 주민들의 평생 학습 실천에 상당히 기여하였다.

21) 스웨덴 수상 Plamer가 1963년 〈스터디 서클 민주주의 Study Circle Democracy〉를 국가적으로 선언함으로써, 스터디 서클은 국민들의 일상 생활 속에 깊이 침투되었다. 스터디 서클은 원래 19세기 후반부터 민주주의 발전 도구로 기능했다. 스웨덴은 19세기 말에 참정권을 부여하고 자율적 교육을 허용했다. 이는 스웨덴 민주사회 형성의 초석이 되었다. 스터디 서클은 20세기 초 몇 가지 사회 운동에 의해 더욱 발전되었다. 금주 운동, 국교 폐지 및 종교적 자율성 획득 운동 free church movement, 노동 운동, 도서관 확산이 바로 그것이다. 사회 운동은 그 성공을 위해 시민들을 교육하려 했고, 그 목적을 위해 스

원에서 스터디 서클을 장려함으로써, 평생 학습의 기회 제공과 학습의 민주주의를 정착시키고 있다. 현재 스웨덴 국민의 75%가 최소한 1개 이상의 스터디 서클에 참여하고 있다. 약 40만 개의 스터디 서클에 300만 명이라는 상당한 숫자의 성인들이 등록하고 있으며, 스터디 서클을 자신의 삶의 일부로 간주하고 있는 지역 주민들도 무려 10%나 된다. 이런 외국의 스터디 서클 운동을 우리나라 실정에 응용할 경우, 기업이나 직장 단위에서 이들의 학습 조직을 구축하는 수단으로도 유용할 것이다. 동시에 대도시 아파트 단위의 모임이나 농촌인 경우 새마을운동을 추진했던 각종 회관 중심의 스터디 서클 운동으로 재활용될 수 있다.

터디 서클이 조직 운영되었다. 사회 운동이 성공하고 그 명분이 변하자, 스터디 서클은 새로운 목적으로 시민들의 생활에 침투되었다. 그것이 국민들의 일상 생활 속의 성인 학습이었다. 스터디 서클은 지역 주민들의 성인 학습을 위해 도서관과 밀접한 관계를 형성하며 발전했다. 도서관은 지역 주민들의 학습 장소와 학습 자료를 제공하는 장소가 되었다. 따라서 20세기 초 스터디 서클은 도서관과 함께 독서에 초점을 두었다. 스터디 서클은 독서가 제도화됨으로써 공교육 제도와 확연히 구분되었다. 스터디 서클은 주 단위로 학습을 실시하며, 1회에 3시간 정도의 학습하고 5-10명의 참여자로 구성되어 있다. 스터디 서클의 참여 동기는 개인적 목적이 우세하다. 예컨대 1950년의 조사는 참여자의 55%가 계급 갈등이나 사회 투쟁 등을 위한 사회적 목적을 위해 참여한다고 응답했으나, 그 비율은 현재 약 5%에 불과하고, 개인적 참여 동기가 두드러진다. 스웨덴에서 스터디 서클은 이제 국민들의 생활의 일부를 형성하고 민주주의 정신을 실현하는 메커니즘이 되었다.

의식 소통을 위한 평생 학습의 활성화

평생 학습을 위한 다양한 클리닉들이 제 기능을 발휘하면, 미래의 사회는 모든 이를 위한 평생 학습이 이루어지는 지업 사회(知業社會)로 자연스럽게 변화할 것이다. 말하자면 멘토팩처 기능의 사회적 쓰임새를 높이는 모든 이를 위한 평생 학습 사회가 될 것이다. 멘토훼처 사회는 기본적으로 학습 자율주의, 즉 〈학습 아나키즘 learning anarchism〉으로 뒷받침되는 평생 학습의 인프라를 요구한다. 평생 학습 중심의 지업 중심 생산 구조는 지식 경제, 이미지 사회, 영상 시대와 그 맥을 같이하고 있다.

멘토팩처의 지업사회는 학교 교육과 같은 교육의 제도화나 기관화, 혹은 〈교육 독재주의〉로서의 에듀파시즘 혹은 스쿨파시즘 schoolfascism의 교육적 토대를 거부한다. 지업과 학습 중심의 생산 양식은 학습의 자율주의와 자기 주도 학습으로서의 〈학습 아나키즘〉을 지향하기에, 학업 중심의 경제 양식은 인간의 학습 본능이 제대로 작동될 때 더욱더 분명하게 드러난다. 동시에 지업 사회는 만인에 의한, 만인을 위한, 만인의 행복 추구가 인간의 학습력 향상임을 강조하기에, 인간 삶의 질은 경제적인 부로 대표된다기보다는 인간 자신에 대한 자기 정체성의 확립과 자기 존재 의미의 확인과 생산으로 대표된다.

지업 중심 사회에서는 모든 생애에 걸쳐 한 인간의 지속적인 전생애적 업그레이드를 강조한다. 인간의 학습 본능이 전생애적으로 향상 가능하다는 말은 개인의 학습 본능이 삶의 서로 다른 3차원에 걸쳐, 말하자면 통생애적이며 공생애적으로, 동시에 범생애적으로 향상된다는 것을 의미한다. 한 개인의 출생으로부터 임종 그 순간까지 개인 삶의 모든 생애에 걸친 〈통생애lifelong, 通生涯〉적인 학습의 업그레이드, 동시에 가정 생활로부터 정치 참여에 이르기까지 자기의 모든 일상적인 관심을 삶의 지혜를 받아들이는 〈공생애(lifewide, 共生涯)적인 학습, 그리고 읽고 쓰고 셈하는 단순한 기초 학습법으로부터 인간의 존재 방식에 이르기까지 보다 복잡한 방식으로 삶의 의미를 찾아내게 만드는 〈범생애 lifedeep, 凡生涯〉적인 학습에 이르는, 삶의 쓰임새를 위한 지속적인 학습의 업그레이드가 가능하다. 이런 학습인 스스로의 학습 업그레이드는 사람들과 더불어 보다 격조 높은 〈의식소통〉을 가능하게 도와준다.

지업 중심 사회에서는 타인의 가르침이나 타인에 의한 훈련이나 교육보다는 개인 자신의 발견과 의미 확인의 학습이 더 중요하다. 지업 중심의 경제 양식에서는 자기 주도 학습, 자기 학습 관리, 학습의 포트폴리오 같은 학습자의 학습 경영 능력과 방법을 필요로 한다. 이런 새로운 학습 경영 기술을 평생 학습에서는 메타 학습 능력이라고 부른다. 이런 학습력을 실현해 나가는 사람을 학습하는 인간, 말하자면 호모 에루디티오 Homo Eruditio라고 한다.[22] 지업 사회는 바로 이런 인간의 학습 본능을 지속적으로 〈업그레이드〉시키는 상생의 호모 에루디티오들의 세계가 될 것이다. 상생하려면 서로가 서로에 대해 배워야 한다. 젊은이들과 성인들 간의 서로 배우기, 이 학습자와 저 학습자 간의 서로

---

22) 한준상, 『호모 에루디티오: 성인 학습의 사상적 기초』(학지사) 참고.

즐기기가 그들의 삶이 되어야 서로간에 상생의 즐거움과 믿음이 가능하다. 서로가 믿음을 주고받는 것이 상생이고 서로 배우기이다. 서로 배우기에 있어서 갈등이나 소요라는 것이 반드시 부정적인 것만은 아니다. 새벽이 밝아오려면 반드시 밤이라고 하는 어둠을 반겨야만 한다. 그래서 사람들은 서로에게 마땅히 가르칠 것은 당연히 가르쳐야 한다. 제대로 된 것을 제대로 가르쳐야 한다. 이것이 삶의 진리이며 사회적으로 살아 나가는 동물에게 요구되는 나눔의 명제이다. 상생에 대한 진리는 영원하다. 설령 그것을 표현하는 언어적인 진술은 그렇지 못하더라도 서로 즐김의 진리는 그 언제나 영원하다. 서로 나누며 서로 커 나가라는 명제는 그 언제나 강둑 언저리에서 자라나는 풀처럼 그렇게 자라나며 성숙해 간다.

갈등과 긴장의 의식 소통

제대로 살아간다는 것, 이 사회와 더불어 살아간다는 것, 바로 그것의 핵심은 자기 자신에 대한 믿음과 자기 자신에 대한 배우기에 있다. 학습자들이 서로 배우며 나누어야 할 것은 삶의 자연스러움과 사회에 대한 신뢰 바로 그것이다.[23] 교육은 믿는 일을 일컫는 말이어야 하며, 학습은 자기 자신과 남을 믿는 것을 익히는 일이어야 한다. 학습자들이 서로가 서로를 바르게 믿을 때 마

---

23) K. Carey, *The third millennium*(San Francisco : Harper, 1999) 참고.

침내 학습이 가능하다. 서로가 서로를 쓰레기로 혹은 잡초라고 비하하기 시작하면 그들은 서로가 잡초로 생존한다. 그러나 삶과 학습에서 잡초란 있을 수 없다.[24) 모두가 약초이다. 풀의 쓰임새를 모르기에 우리는 그것을 잡초라고 오명할 뿐이다. 풀에 대한 쓰임새를 제대로 아는 것이 학습의 시작이다. 인간에 대한 믿음이 결여되면, 세대가 그 아무리 대를 이으면서 계속된다고 해도 그곳에는 희망이 자리를 잡을 수 없다. 희망 대신 절망이 그 자리를 독차지하게 된다.

갈등은 인간의 학습 활동이나 삶에서 어쩔 수 없는 것이기에, 갈등에 대한 새로운 인식이 필요하다. 갈등에 대한 새로운 학습과 갈등이 인간에게 의미하는 것을 배우는 일이 필요하다. 갈등은 대결이나 경쟁으로 끝나는 것이 아니다. 갈등은 중성적인 성격을 갖고 있을 뿐이다. 그것을 삶의 상황마다 어떻게 활용하느냐에 따라 갈등의 성격이 결정된다. 갈등의 쓰임새를 경쟁으로 한정한다면 그 갈등은 긴장을 불러일으킨다. 갈등을 화합의 촉매로 활용하면 그 갈등은 새로운 힘을 만들어내며 상생하는 학습의 원동력이 된다.

식물이 커가는 모습을 보면 이것이 무엇을 의미하는지 잘 알게 된다. 식물은 매일같이 광합성 작용을 하기 때문에 무럭무럭 자란다. 식물이 성장하려면 물과 탄산가스가 있어야 한다. 물과 탄산 가스는 서로가 서로에게 맹맹한 불활성의 관계를 갖고 있다, 서로가 서로에게 이어지거나 흥분하거나 반응하는 관계가 아

---

24) 윤구병, 『잡초는 없다』(보리, 2000) 참고.

니다. 물에 탄산 가스를 강압적으로 주입하면 물에서 공기가 보글거리는, 마치 소다수와 같은 상태가 될 뿐이다. 이런 두 개의 불활성 요소를 그저 놔두면 식물이 성장하는 데 아무런 도움도 주지 못한다. 서로가 서로에게 아무것도 배우지 못하는 그런 무학습의 관계로 남아 있게 된다.

식물의 성장에 필요로 하는 것은 전분이다. 말하자면 에너지가 되는 탄수화물이 필요하다. 물과 탄산가스가 합해서 에너지인 전분을 만들어내려면 물과 탄산가스가 서로 반응하게 해야 한다. 물이 탄산가스에 접근하고, 탄산가스가 물에 흥분하도록 서로가 서로에게 들뜬 상태가 되어야 한다. 이런 흥분/반응/들떠 있는 상태를 신진대사 Metaphoric라고 한다. 식물에서 물과 탄산가스 간에 신진대사가 일어나게 하려면 햇빛이 필요하다. 햇빛이 물과 탄산가스에게 서로 반응하도록 만들면 그로부터 한편으로는 식물의 성장에 이로운 전분이 생기고 다른 한편으로는 모든 인간에게 없어서는 안 될 산소가 생긴다. 모든 이를 위한 평생 학습의 과제는 바로, 모든 이에게 이로운 서로 만듦의 공동체를 생성하게 도와주는 일이다.

인간과 인간의 만남과 이어짐의 관계, 그리고 그로부터 익히고 배우는 것도 따지고 보면 식물의 광합성 과정과 비슷하다. 젊은 이와 젊어본 이들 간의 만남, 이 사람과 저 사람 간의 만남 역시 물과 탄산가스의 불활성적 대응이나 반응처럼 그렇게 긴장하는 관계로 시작한다. 감각과 정서의 어긋남도 그렇고 서로간의 기대 역시 엄청나게 다르다. 서로 다른 기대와 갈등들을 모아 식물의 신진대사처럼 활성화시키는 것이 바로 서로 학습하고 서로 즐기는 사람들의 〈서로 만듦 co-creation〉의 요소이다.

서로 만듦은 갈등을 화합으로 만드는 촉매이기도하고 동시에 공동체를 완성하는 토대이기도 하다. 서로 만듦과 서로 나눔은 지옥도 천당으로 만들어낸다. 서로 나누지 않으면 서로 다르게 나뉘어진다.[25] 천당과 지옥이 서로 어떻게 다른지를 서술하는 이런 우화가 있다. 목사 한 사람이 죽어서 하늘나라에 갔다. 천당과 지옥을 견학하는 시간이 되었다. 그가 처음에 간 곳은 지옥이었다. 저녁 시간이 되자 진수성찬이 마련되고 모두에게 숟가락을 하나씩 주었다. 모두가 숟가락을 받아들고는 서로 맛있는 고깃국을 먹으려고 안간힘을 쓰고 있었다. 그러나 어느 누구 하나도 눈앞에 둔 진수성찬을 먹지 못하고 얼굴만 찡그리고 있었다. 숟가락이 자신의 팔보다 길어서 음식을 집고도 자기 입에 넣을 수가 없었기 때문에 서로 짜증만 내면서 자기 먼저 먹으려고 아수라장을 만들고 있었다. 결국 그들은 음식을 먹으려고 애만 쓰면서 서로가 울상을 짓기만 했다.

그 목사는 지옥을 견학한 다음에 천당에도 가서 견학을 하였다. 여기서도 숟가락의 길이는 사람들의 팔길이보다 모두 길었다. 그렇지만 지옥과는 달랐다. 천당의 사람들은 모두가 즐거워했다. 얼굴을 찡그리거나 서로 싸우지도 않았다. 왜냐하면 여기 있는 사람은 저기 있는 사람에게 맛있는 음식을 입에 넣어주었고, 저기 있는 사람은 여기 있는 사람에게 음식을 넣어주면서 서로 맛있게 저녁을 먹고 있었기 때문이다. 음식을 나누면서 서로

---

25) 한준상, 「나누지 않으면 나뉘인다」, ≪샘터≫ 2000년 1월호 참고.

를 나누고 있었기에 천당이 되고 있었다. 이 우화가 우리에게 넌지시 일러주는 것은 그렇게 엄청나거나 커다란 설교거리가 아니다. 그것은 사람들이 매일같이 살아가는 하나의 방법에 관한 것이다. 말하자면 상생은 서로 즐기는 것이며 서로 배우는 것이며 서로 익히는 〈의식의 소통 행위〉인데, 이 의식 소통이 없는 사회는 사람들이 그 어떻게 살아가든 지옥과 같은 삶을 사는 것이나 마찬가지라는 단순한 메시지이다. 새로운 세기, 심업(心業)의 사회에서 요구하는 모든 이를 위한 평생 학습의 과제는 서로 어긋나 있는 사람들에게 의식 소통이 가능하도록 만드는 일이다.

〈평생 교육법〉과 평생 교육

양열모

「〈모든 이를 위한 평생 교육 공동체 구성〉의 과제」에 대한 한 준상 교수의 주제 발표는 21세기 지식 정보화 사회에서 평생 교육과 평생 학습의 방향 설정에 큰 지표가 될 수 있다는 데 지지와 공감을 표하며, 본 주제 발표 내용을 최근에 제정 공포된 〈평생 교육법〉(1999. 8. 31) 및 〈시행령〉(2000. 3. 13) 〈시행 규칙〉(2000. 3. 31)과 연계하여 논의하고자 한다.

주제 발표자는 21세기의 생산 양식이 멘토팩처 Mentofacture로 불리는 지업(知業/知識/心業) 중심으로, 디지털과 정보화의 과학 기술 발달로 인해 월드와이드웹 등 새로운 학습 경영과 새로운 학습 체제인 에지케이션 Edgeucation과 같은 학습 조직으로 변화할 것이라 예견하고 있다. 이와 같은 교육의 과학화와 정보화는 새로운 인간으로서의 〈포스트휴먼〉의 출현을 가져오며, 포스트휴먼은 지금의 인간 능력보다 훨씬 업그레이드된 지적 능력과 지식 창출의 감각을 갖게 되어 다양한 정보로 무장한 개인의 힘이 극대화되는 〈파워 개인〉 사회가 열릴 것으로 보고 있다.

또한 홀로닉 네트워크 경영 Holonic Network Management으로 모든 국민은 근로자로서 동시에 평생 학습자로서 자신의 노동력이나 학습 능력을 차별화시킬 것을 권고받고 있으며, 특히 평생 학습 기술은 크게 ① 기초 기술 습득(독해, 작문, 계산 능력 등) ② 전문 기술 심화(컴퓨터 관련 기술 습득, 핵심 역량 개발 등) ③ 기획력(대인 관계 능력, 의사 소통 능력, 분석 능력, 창조성, 문제 해결 능력, 자기 관리 능력 등)으로 지식 기반 경제 사회에 필수적인 요소라고 적시하고 있다.

아울러 에지케이션 Edgecuation은 디지털 매체를 중심으로 한 각종 사이버 교육 매체를 동원하는 교육 환경을 통해 재택 학교 Home-schooling, 쌍방향 온라인 대학 Interactive universities 등으로 학교 기관 중심의 교육을 대신하는 새로운 교육 활동들이며, 이를 위해 평생 학습망이 구축되는 전 국토를 겨냥하고 있다. 따라서 에지케이션을 가능케 하는 평생 학습 기관의 학습 기능에는 향상 기능 improvement, 실행 기능 implement, 통합 기능 integration이 있으며, 이러한 기능들은 비영리 평생 학습 형태의 학습 공동체, 평생 학습 클리닉 Clinic, 동호인 학습 마당/터, 스터디 서클 study circle 등을 통해서 평생 학습으로서의 성인 교육이 이루어지게끔 해야 된다는 것이 발표자의 견해이다.

평생 교육 법령과 평생 교육·평생 학습

이러한 논의들은 최근에 새로 제정된 평생 교육 법령과 맥을 같이한다고 볼 수 있다. 즉 평생 교육법의 입법 취지를 보면 첫째, 급변하는 세계화, 정보화 사회에서 누구나·언제·어디서나 원하는 교육을 받을 수 있는 평생 학습 기회를 확대하여 국민의 삶의 질과 사회 발전에 기여하며, 둘째, 평생 교육 기관의 상호 유기적 통합과 첨단 정보 통신 매체를 통한 원격 교육 활성화와 중앙 단위의 평생 교육 센터 및 지역 평생 교육 정보 센터(시·도 단위), 평생 학습관(시군구·읍면동) 등 다양한 평생 학습 지원 제도를 통해 국민의 학습권과 학습자의 선택권을 최대한 보장하여 평생 학습 분위기를 조성하는 데 있다. 셋째는 성인의 경험 학습 인정, 문하생 학력 인정 등을 통해 우리 사회를 형식적 학력 위주 사회에서 실질적 능력 중심 사회로 변화시키는 새로운 제도들을 도입하고, 넷째, 대학·사업장 및 언론 기관 부설 평생 교육 시설 등 다양한 평생 교육 기관을 통해 성인 교육 기회를 확대하고, 학점 은행제 및 사내 대학·원격 대학 등 다양한 학력 인정 제도를 통해 고등 교육 수준으로 국민의 능력을 향상시키는 데 중점을 두고 있다. 다섯째 유·무급 학습 휴가제 도입과 학습비 지원 등으로 직장인들이 계속 교육 및 재교육 등을 통해 자아 실현과 능력 향상의 기회를 확대하며, 전문 인력 정보 은행 제 및 교육 계좌제 도입으로 국민의 평생 학습 촉진 등 인적 자원을 효율적으로 개발 관리하는 데 있다. 마지막으로 민간 자본을 통해 교육 훈련, 연구 용역, 프로그램 개발, 교육 훈련 기관의 경영 진단 및 평가 교육 서비스 사업 등을 할 수 있는 지식·인력 개발 사업을 육성하는 데 있다. 이와 같은 평생 교육 및 평생 학습 체제를 도표로 보면 아래와 같다.

결론적으로 21세기는 지식 정보화 사회로, 평생 교육 기관 및 직장·가정 상호간 온라인 네트워크를 구축하고 디지털 등 첨단 통신 매체는 원격 교육을 활성화시켜 재택 근무와 함께 직장 내 학습, 재택 학습을 본격적인 자기 주도적 학습, 문제 해결 학습, 개별화 학습 시대가 된다. 아울러 인간 복제 등 의학 기술 발달로 인하여 인간 수명이 130-200세에 이를 것이라 예견됨에 따라 성인 교육 연한도 대폭 연장되며, 이로 인해 성인 교육 기회 확대와 특히 노인 교육을 통한 고령자 인적 자원화가 매우 중요한 평생 교육 및 평생 학습의 이슈가 될 것이라 전망된다.

평생 교육법과 사회 교육법 비교

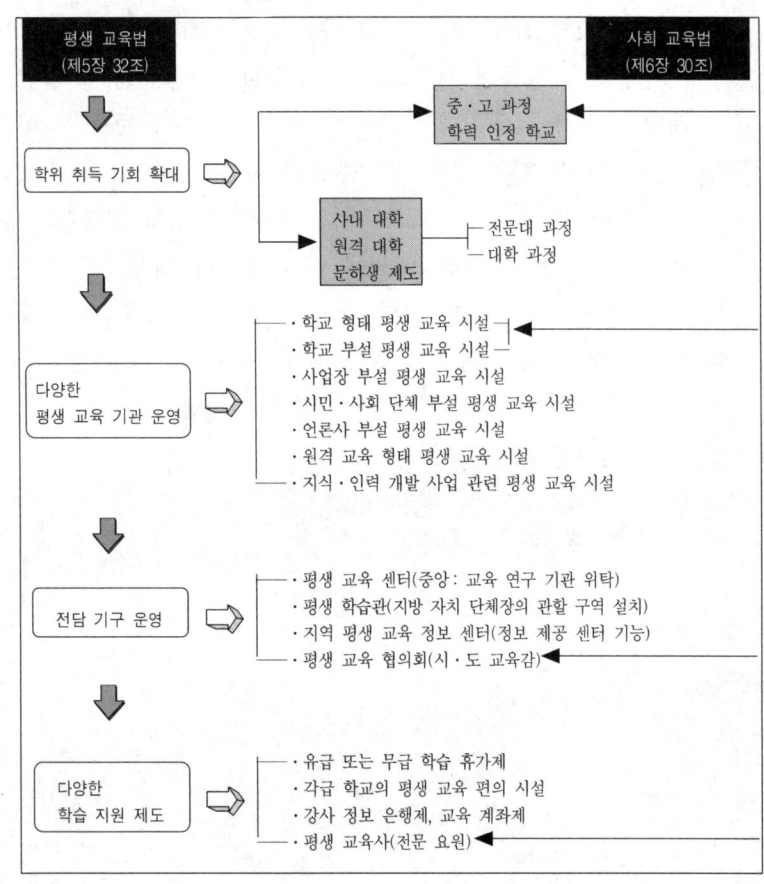

평생 교육의 활성화를 위하여

주성민

〈뉴 밀레니엄 시대의 모든 이를 위한 평생 교육 시스템〉이라는 대주제로 우리 교육에 대한 토론의 자리를 마련해 주신 교보생명 교육문화재단에 감사드립니다.

제4주제인 〈성인 교육〉 분야에 대한 한준상 교수의 「〈모든 이를 위한 평생 교육 공동체 구성〉의 과제」는 인류 문명사적인 측면에서 과거부터 미래까지 예견하는 깊은 통찰로부터 찾아낼 수 있는 예리한 분석이 담긴 훌륭한 글이었습니다. 한 교수께서 제시한 내용에 대해 상당 부분 공감을 느끼며 부족하나마 몇 가지 의견을 말씀드리고자 합니다.

먼저 한 교수께서는 인류 문명의 생산 양식을 애그리컬처(농업 경제 생산 양식), 매뉴팩처(공업 경제 생산 양식), 멘토팩처(지업 중심 생산 양식)로 구분하였다. 디지털과 정보화를 중심으로 이루어지는 멘토팩처는 인간 심성 개발과 배우기를 중요한 활동으로 설정하고 인간의 삶을 향상시키고자 노력하지만, 인간은 자신의 행복을 늘리기 위해 〈포스트휴먼〉을 등장시키면서 파워 개인 사회를 만들어간다고 하였다. 파워 개인 시대가 열리면, 경제 발전으로 빈부 격차는 해소되겠지만 분야별로 소외 계층과 취약 계층이 심각한 사회 불만 세력으로 등장하게 되고, 그들 스스로 사회 문제화될 가능성은 더욱 커진다. 일이 이렇게 되면 과학화와 정보화로 행복을 찾겠다던 포스트휴먼의 꿈은 사라지게 된다. 이러한 문제를 해결하기 위해 정보화된 사회적 환경 속에서 인간, 자연, 과학이 모두 행복하게 공존할 수 있는 합리적인 대안으로서 에코아나키즘을 제안하였고 이를 통해 인간의 학습 본능을 실현하게 하는 것이 인간의 행복을 늘리는 길이라고 주장하였다.

극도로 개인화된, 물질 만능의 가치와 사고 체계 속에서 인간의 생존을 위협하고 있는 예는 얼마든지 찾아볼 수 있다. 이렇게 비인간화되고 있는 사회 속에서 생태주의 가치, 친환경주의 가치 등 자연 친화적인 삶이 강조되는 에코아나키즘은 우리 교육의 근본 목적이 되어야 함은 이론의 여지가 있을 수 없다. 아시다시피 성인 교육의 시작은 성인 자신의 필요와 욕구에서 출발되며 그 욕구는 굳이 매슬로우의 기본 욕구의 단계를 거론하지 않더라도 단계별 욕구 충족의 정도에 따라 내용과 방법이 달라진다. 그러나 에코 아나키즘의, 사회 유지를 위한 개인 욕망의 통제, 사적 영역의 축소 등 상생의 원리, 상호 공존의 원리 등이 강조되는 공동체적인 도덕성을 배우는 과정이 성인 교육 활동에 현실적으로 가능할 것인가는 의문시된다. 그러므로 실천적인 차원에

250

서 성인 교육의 종합적이고 구체적인 프로그램 개발이 시급히 요구된다.

둘째, 한 교수께서는 인류 문명 발전의 마지막 생산 양식을 멘토펙처로 규정하고 있다. 전체적인 문맥상 멘토팩처보다는 멘토컬처 Mentoculture로 표현하는 것이 의미를 더 살릴 수 있을 것 같다. 왜냐하면 멘토팩처의 뉘앙스는 보다 많은 물질적 만족을 얻기 위한 매뉴팩처 시대의 연장으로 볼 수 있기 때문이다.

디지털 시대의 디지털은 본질적으로 0과 무한이라는 개념적 특징을 갖고 있다. 따라서 시간 지체가 없고, 정보 소멸도 되지 않으며 원하는 정보를 무제한 복제할 수 있기 때문에 과거의 물리적인 개념으로는 설명이 되지 않는다. 팩처 시대의 물질적인 기준을 중심으로 멘토팩처를 설명하기보다는 컬처를 통해 설명하는 것이 좋을 듯싶다. 하지만 여기서의 컬처는 자연과 순응하며 인간에게 필요한 생존적 차원의 것을 얻으려는 애그리컬처 시대의 수준의 것이 아니라, 물질적인 것이 기본적으로 충족되고, 소멸되지 않는 무한한 정보들이 넘쳐나는 시대의 컬처의 의미이다. 따라서 멘토컬처 시대의 인간들에게 필요한 것은 과거 시대에 가졌던 물욕감을 버리고, 다양한 선택 상황에서 현명하게 필요한 것을 얻는 접근 방법이다. 또한 역설적이긴 하지만 더 많은 것을 받아들이기 위해 자신이 가진 것을 비워 나가는 접근 방식이 더 필요할지 모른다.

셋째, 한 교수께서는 디지털 경제 시대에 적합한 평생 학습의 형태로 홀로닉 네트워크의 개념을 설명하면서, 학습자 개인이 학습의 주체로 개인과 집단 사이에서 네트워크를 형성함으로써 학습의 시너지 효과를 기대해야 한다고 강조하고 있다. 이러한 현상은 재택 학습이라든가 쌍방향 온라인 학습 등의 대안 교육을 가능하게 하고 있고, 학습의 방법에 있어서도 다양한 학습 도구의 개발과 활용이 쉽게 이루어지게 함으로써 즐거운 학습 환경 속에서 교육이 실천되는 에듀테인먼트 개념을 가능하게 하고 있다.

이러한 디지털 환경 속에서 성인 학습 활동을 확산시키기 위해서는 특히 비영리 사회 교육 기관의 기능과 역할이 강조되어야 한다고 한다. 왜냐하면 비영리 기관은 기본적으로 이념 가치관을 공유하고 실행에 옮기는 네트워크 조직 원리를 제시하기 때문이라고 설명하고 있다.

이러한 주장에 동의하면서 자본주의 체제하에서의 모든 분야의 활동은 자유 경제 체제의 틀 안에서 이루어질 때 모순이 없다는 점을 지적하고 싶다. 성인 교육도 예외는 아닐 것이다. 즉 프로그램의 다양화와 프로그램의 질적인 수준은 공급자와 수요자의 요구가 만족되는 수준에서 결정되기 때문에 영리 사회 교육 기관의 활동이 더 효과적일 것이다. 따라서 사회 교육을 통해 사회 계층간의 격차를 해소하고 공동체로서의 삶의 질을 향상해 나가야 한다는 점을 영리 기관이 인지하고 활동을 전개하도록 정부 차원에서 영리 사회 교육 기관의 육성 대책 또는 지원 대책 등 현실적인 제도들이 강구될 때 질 높은 프로그램의 확산이 가능할 것이다. 즉 정부의 인식과 구체적인 방법이 신속히 강구되어야 할 것이다.

다른 한편으로 비영리 사회 교육 기관의 입장에서 볼 때 한 교수께서 지적하신 대로 평생 교육의 내용에 있어 사적인 욕구

가 아닌 사회적 필요를 파악하고 그 필요를 충족시키는 활동을
통해 사회의 이해와 지원을 얻어내는 일이 중요하다. 하지만 적
어도 그렇게 되려면 일반인들의 평생 교육에 대한 욕구와 필요
성에 대한 공감대가 조성된 분위기가 있어야 할 것이다. 그렇게
되기 전까지는 비영리 기관의 평생 교육 프로그램 운영에 대한
재원 조달 방안이 강구되어야 한다. 이런 조치가 없을 경우 비영
리 기관의 평생 교육 프로그램도 영리 기관처럼 운영될 수밖에
없을 것이다.

넷째, 한 교수께서는 앞으로 사회 교육 기관들이 지식 전달이
나 여가 선용 정도의 교육 프로그램 제공이라는 단순 서비스 기
능에서 벗어나 학습자의 진단, 치료 등을 고려한 학습자의 프리
학습 서비스나 애프터 학습 서비스 기능 등 적극적인 역할을 할
것이라 예견하고 있고 이러한 기능을 감당하는 사회 교육 기관
을 학습 클리닉으로 정의하고 있다. 또 이러한 학습 클리닉들의
전국적인 네트워크가 가능할 때 학습 실천력이 높은 기관으로
그 기능을 충실히 할 것이라 보고 있다.

이렇게 학습 클리닉으로 운영되는 기관의 활동 이외에 비영리
형태의 사회 조직의 활동은, 1인이나 소수 집단의 형태로 취미,
교양 및 전문 영역에서 사회 교육 활동이 가능한 동호인 학습 마
당의 활성화와, 지역 중심의 학습 공동체로서의 스터디 서클을
통해 운영 가능하다는 모형을 제시하면서 이의 활성화가 민주
시민 의식, 집단에 대한 배려, 협력 학습 등 공동체 배우기 교육
을 가능토록 하여 디지털 사회에서 상생하는 사회 환경인 에코
아나키즘의 실현을 가능하게 만든다고 보고 있다.

결국 사회 교육의 주체인 사회 교육 기관의 프로그램 형태로, 또 학습자 주체인 지역 내의 소그룹 중심의 학습 조직의 형태로 모든 성인 학습자의 사회 교육 수요를 충족시킬 수 있다는 설명은 설득력이 있다. 하지만 보다 중요한 것은 그의 실현을 위한 구체적인 실천 방안들의 지속적으로 논의되었으면 한다는 점이다.

한편 우리 사회에 아직 토론 문화, 자치 의식, 지역 중심의 활동 등이 정착되지 않은 가운데서 서구 형태의 지역 중심의 자발적인 학습 소그룹 모형을 도입하는 데에는 어려움이 있을 것이라 본다. 그러므로 사회 교육 기관의 프로그램을 통해 조직하는 것이 현실적으로 효과적이다. 스터디 서클의 조직 방법으로 사회 교육 프로그램에 참여한 참가자들에게 프로그램 수료 후에도 지속적인 자기 발전의 동기를 부여하여 그 참여자들을 지속적인 자기 발전의 모임으로 유도하고 이를 스터디 서클로서 기능할 수 있도록 한다. 그러므로 스터디 서클의 조직의 이니셔티브는 사회 교육 지도자의 의식에 기초한다고 볼 수 있다. 즉 사회 교육 지도자들의 역할 교육과, 정보 교환의 기회 제공 등에 대한 지도자 교육 프로그램의 활성화가 강조되어야 할 것이다.

다섯째, 한 교수께서는 위에서 제시한 사회 교육 학습 주체들이 제 기능을 발휘할 때 평생 학습이 가능한 지업 사회가 된다고 보고 있다. 지업 사회의 특징은 교육 독재주의로서의 에듀파시즘 혹은 스쿨파시즘의 교육적 토대를 거부하며 개인 자신의 발견과 의미 확인의 학습을 중요시하고 그 방법으로 자기 주도 학습, 자기 학습 관리 등을 필요로 한다고 하였다. 이러한 학습 방법을 메타 학습 능력으로 표현하며 이런 학습력을 실현해 가는 사람을 호모 에루디티오라는 학습하는 인간으로 규명하고 있다. 호모 에루디티오들의 사회가 성숙되기 위해서는 학습자간의 상생의 방법을 터득해야 하는데, 이는 사회와 더불어 살아가는 것을 의미한다. 이의 실현을 심업 사회로 보고 심업 사회의 구현을 위해서는 서로간의 의식 소통이 가능해야 하며 평생 학습의 과제가 의식 소통을 위한 내용이 되어야 한다고 지적하고 있다.

그렇다면 어떤 호모 에루디티오를 만들 것인가? 한 교수는 인간의 학습 본능을 지속적으로 업그레이드시키는 상생의 호모 에루디티오들의 세계를 만들어가야 한다고 했다. 인간이 학습 본능을 가지고 태어났다고 하더라도 그 본능을 어떻게 발현시킬 것인가 하는 것은 또다른 문제이기도 하다.

발달 단계적으로 볼 때 성인 교육 단계 이전의 교육의 즐거움이나 필요를 느끼지 못하는 학생들에게 우리는 어떻게 이들에게 교육의 즐거움에 대해 이야기할 수 있는가. 또한 교육의 즐거움을 맛보지 못하고 다 커버린 사람들이 어떤 이유로 교육을 계속하게 할 것인가. 교육은 태어나면서부터 죽을 때까지 연속되는 활동이므로 어느 한 시기만 떼어놓고 보기는 어려운 면이 있다. 하지만 분명한 것은 한 교수께서 마지막 예로 든 천당과 지옥의 모습처럼 교육도 〈매일같이 살아가는 하나의 방법〉이다. 따라서 매일매일 선택하는 방법 중에서 어떤 것들이 중요한지를 선택하는 기준은 〈채우기〉보다는 〈비우기〉에 더 중점을 두어야 할 것이다. 그런 태도를 일생의 과정을 통해 가정이나 학교, 사회에서 보여주고 경험하게 해주는 것이 중요하다.

끝으로 위에서 몇 차례 강조하였지만 평생 교육의 활성화를 위한 노력으로 정부의 역할을 강조하지 않을 수 없다. 평생 교육은 삶의 질의 문제이고 이의 실현을 위해 일정 수준까지 끌어올려 주는 것은 정부의 몫이라고 본다. 단적인 예로 평생 교육 관련 기구 및 조직, 예산의 투자 등이 외국의 선진국에 비해 상대적으로 낮기 때문에 평생 교육의 중요성에 관한 인식이나 평생 교육의 활성화 가능성에 대해 비관적일 수 있다. 이를 위한 정부의 구체적인 장·단기 목표와 아울러, 파트너로서의 민간 기구, 지방 자치 단체, 각종 사회 기관 및 단체 등의 활동이 시너지 효과를 내도록 하는 활성화 대책이 있어야 할 것이다.

새 천년 한국 교육과 평생 교육의 의미

강상진

새로운 천년을 살기 시작하면서, 우리들은 오늘의 시대적 성격을 규명하고, 이 시대에 걸맞은 교육이 무엇인가를 찾기 위하여 다양한 학문적 배경을 가진 우리들 각자가 교육 문제로 고민한 결과를 발표하고 토론하는 자리를 하루 종일 가졌습니다. 현대는 다양한 이름을 갖고 있습니다. 지식 기반 시대, 정보 시대, 디지털 시대, 네트워크 시대, 포스트모던 시대, 전자 매체 시대, 세계화 시대, 지방화 시대 등 오늘날 우리가 살아가는 이 시대는 이름의 종류만큼이나 매우 혼란스럽고, 도대체 뭐가 어떻다는 것인지 알쏭달쏭한 표현들이 난무하는 시대입니다.

동일한 시대에 대하여 이처럼 다양한 표현을 쓰는 이유는 이 시대가 그만큼 다원화된 사회이며, 그만큼 변화가 많고 급하며, 앞일을 예측하기 힘든 사회이기 때문일 것입니다. 현대 사회의

257

시민은, 우리 시대를 표현하는 하나의 이름에 익숙하기도 전에 새로운 이름이 등장하고, 하나의 기술에 익숙하기도 전에 새 기술에 직면하는 등, 지식의 안정감을 상실하고 있습니다. 이러한 시대에 살면서도 우리들은 희망을 갖고자 하며, 이 시대를 〈뉴 밀레니엄〉 또는 〈새 천년〉이라는 희망적인 표현으로 대신하여, 인류의 꿈이 이 시대에 실현되기를 기원하는 표현을 사용하고 있습니다. 따라서 오늘의 심포지엄은 〈이 시대에 희망을 주는 교육이란 무엇인가〉, 〈현대인은 무엇을 어떻게 배우고 살아야 하는가〉에 대한 응답을 구하는 것이며, 평생 교육 시스템을 구축하는 것에서 그 해답을 찾고 있습니다. 따라서 이 심포지엄의 내용은 곧 〈평생 교육 시스템을 갖추기 위하여 우리 교육이 어떻게 되어야 할 것인가〉에 대한 답안을 찾는 행사라고 할 수 있습니다.

오늘 심포지엄에는 종합 정리를 맡은 필자까지 모두 열네 분이 발표와 토론을 하셨습니다. 전 교육부 장관이신 이규호 선생님께서 현대 사회의 허무적인 시대상과 이를 극복하는 방안으로서의 평생 교육을 하나의 비전으로 제시하셨고, 네 분의 전문가가 평생 교육 시스템의 울타리 안에서 교육의 과정에 따라, 유아 교육에서 고교 교육까지의 기초 교육, 전문 직업 교육, 그리고 대학 교육으로 대표되는 고등 교육, 마지막으로 성인 교육을 주제로 발제를 하였습니다. 또한 각 주제별로 두 분의 전문가들이 토론을 하여 본인들의 의견을 제시하였습니다.

이번 심포지엄의 특징은 수많은 제언으로 가득 차 있다는 것입니다. 네 분의 발제자들이 다양한 제언을 하셨으며, 토론자들도 발제자의 내용을 보완하는 데 머물지 않고 새로운 제언들을

258

덧붙이는 방법으로 토론을 대신하였습니다. 따라서 오늘의 주제인 평생 교육 시스템에 대하여는 백가쟁명의 시대에 돌입한 듯한 인상을 받게 됩니다. 수많은 제언으로 가득 찬 이 심포지엄에서 제시된 내용을 정리하여 전체적으로 통합된 의미를 부여하는 작업은 용이치가 않습니다. 그러나 전반적으로 심포지엄의 내용이 산만할 만큼 넓게 퍼진 점을 고려하면 청중 및 독자들의 이해를 돕는 정리 작업은 필요하므로 나름대로 정리를 하고자 합니다.

저는 평생 교육 시스템의 구축을 위한 이번 심포지엄이 신선한 충격을 주는 성과를 거두었다고 생각합니다. 이를 압축하여 제시하면 다음과 같습니다.

첫째, 새 천년 교육의 비전을 평생 교육으로 제시하였다는 것입니다.

새 천년이 도래했을 때, 전 세계의 인류는 그 첫날을 축하하고 희망을 갖고자 하였습니다. 그러나 우리가 현재 살고 있는 이 시대는 희망으로 가득 찬 시기라기보다는 윤리학적 위기와 생태학적 위기가 근저에 자리 잡은 시대입니다. 지식의 생명이 단축되어 개인은 지속적으로 새로운 지식을 습득해야 하고, 객관적이고 일반적인 지식을 거부하는 문화는 허무주의로 나타나고, 개인들은 윤리적인 성찰을 거부하는 감각 문화에 익숙하여지고, 이는 결국 우리 사회의 일반적인 규범을 위협하는 시대인 것입니다. 이러한 시대에 인류에게 희망을 주는 의미 있는 가치관과 바람직한 질서를 알려주는 것은 전인적인 윤리 교육을 통하여 가능하며, 개인의 인격을 높이는 윤리 교육은 곧 평생 교육 또는 삶 자체가 교육인 체제를 통해서만 가능하다는 것입니다.

윤리 교육은, 합리성과 최대화 또는 극대화를 고집하는 이성이 도구화되는 것을 방지하고, 규범의 정당성을 추구하는 삶의 의지와 정서적 지향 그리고 합리적 이성을 모두 갖추는 교육으로서 삶 자체가 교육 과정이며, 학교는 사회화되고 사회는 학교화되는 평생 교육 체제에서 성취가 가능하다는 것입니다.

둘째, 평생 교육의 열린 개념을 제시하였다는 것입니다.

많은 일반인들은 평생 교육을 성인 위주의 직업 교육으로 이해하거나, 직업 교육을 위한 보충 교육으로 이해하여, 학교 교육의 주변에 위치한 제한적인 개념의 평생 교육을 생각합니다. 그러나 오늘 심포지엄에서 제기된 다양한 제언들을 검토하여 평생 교육의 개념을 도출한다면, 평생 교육의 의미는 네 가지 측면에서 열린 개념을 갖고 있습니다. (1) 평생 교육은 이 시대의 삶의 조건이라고 할 수 있습니다. 일평생의 삶이 곧 일평생의 교육인 셈입니다. 즉 교육의 기간이 제한되어 있지 않으며 평생에 걸쳐 열려 있습니다. (2) 직업 교육의 개념을 넘어서 전인 교육을 지향합니다. 즉 교육의 내용이 열려 있습니다. (3) 개인의 직업 능력의 계발에 국한되지 않고 지역 및 국가 차원의 인적 자원 계발과 세계 시민 사회의 교육 공동체 건설의 기초가 됩니다. (4) 학교 또는 사회 교육원 등으로 표현되는 교육 기관의 공간에 제한되지 않고, 사이버 교육 환경을 포함한 다양한 형태의 학습 공동체를 포괄합니다.

셋째, 평생 교육의 조건을 교육의 전 과정에서 제시하였습니다.

(1) 기초 교육에서 평생 교육의 조건은 학교 교육의 정상화로 압축됩니다.

260

즉, 평생 교육은 전인격적인 교육이며, 이는 학교 교육 과정의 성실한 이행으로 성취될 수 있습니다. 그러나 우리 교육의 정상화는 너무도 많은 속앓이를 한다는 것이 발제자와 토론자 모두가 지적하는 내용입니다. 학교 안의 주체인 교사 및 학생들과 학교 밖의 사회인들 사이에 학교 교육의 실상에 대한 의사 소통이 단절되어 있다는 점이 특히 부각되었으며, 이러한 단절은 곧 교육부의 교육 정책과 교육 운영 방법이 학교 교육의 주체들에게 설득력을 갖지 못하는 결과로 나타나고 있습니다.

이에 대한 구체적 대처 방안은 학교와 교육에 대한 정보를 일반에 공개하는 것이라고 판단됩니다. 학교 교육의 정상화를 위해서는 우선 학교와 교육에 대한 정보가 공개되어 학교가 사회 변화에 민감하게 적응하여 반응하고, 학교 교육의 현실에 대하여 사회가 지원할 수 있는 체제를 수립할 필요가 있습니다. 교원의 수급 문제, 교사의 사기 저하, 교사의 실추된 권위, 교사의 전문성 향상 방안, 열악한 근무 조건 등은 실제로 교사가 자라나는 세대의 학생들을 가장 빠르게 접하고 이해하는 전문가이면서도 적절한 지원과 지지를 받지 못하는 교육 환경에 처했기 때문이고, 이는 곧 학교와 교육에 대한 정보가 외부와 차단되어 사회적 지지를 얻지 못했기 때문입니다.

(2) 전문 직업 교육에서 평생 교육의 조건은 인적 자원의 개발 및 관리를 구체화하는 것입니다.

정보와 지식의 주체는 인간이므로, 인적 자원의 개발과 관리가 구체적으로 가시화되어야 한다는 것입니다. 이번 심포지엄에서 제시하는 방안은 ① 자격증 제도를 활성화하고 이를 위하여 자격증 전담 기구를 설립하자는 것입니다. 자격증은 직업 능력의 척도로서 능력 중시 사회를 구현하고, 교육 훈련의 내용, 경력 개발, 인사 관리, 인력 개발의 지표로 활용되는 가치가 있다는 것입니다. ② 교육 소외 계층의 인적 자원 관리를 위하여, 직업 전문 교육을 공교육 차원에서 실시하여야 합니다. 특히 중·고등학교의 교육 혜택을 받지 못한 이들이 평생 교육 체제에서 학력을 인정받을 수 있도록 하여야 합니다. ③ 고급 인력을 선발하는 고등 고시 제도를 혁신하여 전근대적인 왕조 시대의 유물을 폐지하고 전문인 양성을 위한 선발 방법을 개발하여야 합니다. 현재의 고등 고시 제도는 지필 검사에 우수한 인력을 선발할 수는 있으나 전문 영역에 우수한 인력을 선발하는 것은 전혀 아니기 때문입니다. ④ 전문인 교육을 위하여 개별적인 교육 자원을 서로 공유하는 체제가 필요합니다. 특히 자원이 빈약한 우리나라의 대학들과 기업들이 서로의 자원을 공유함으로써, 배우는 사람들이 공간적 제약에서 벗어나 필요한 지식을 습득하는 체제가 요청됩니다.

(3) 고등 교육에서 평생 교육의 조건은 대학이 교육의 비전을 가져야 한다는 것입니다.

지식을 생산하고 분배하는 대학은 평생 교육을 지원하고 수행할 최적의 교육 기관이므로, 고등 교육에서 비전을 갖는 것은 모든 교육 내용, 방법, 활동의 방향성을 갖는 것이기 때문에 매우 중요합니다. 오늘 발제자는 〈지속 가능한 세계 교육 공동체의 형성〉이라는 비전을 고등 교육 기관이 가질 것을 제시하였습니다.

대학은 지식을 전수하고 생산하는 곳이므로 평생 교육 사업에서 주도적인 역할을 수행하여야 합니다. 대학의 교육 자원은 공유되고, 접근이 용이하여야 합니다. 또한 대학은 교육 자원의 공유를 통하여 공동체 활동을 각 지역 수준에서, 전국 수준에서, 지방 자치 단체와의 협약을 통하여, 사회 시민 단체 및 언론 기관과의 협력을 통하여 평생 교육 공동체를 형성하는 데 주도적인 역할을 수행하여야 합니다.

(4) 성인 교육에서 평생 교육의 조건은 평생 학습 공동체를 구성하는 것입니다.

여기서의 평생 학습 공동체는 현대의 갖가지 사이버 교육 매체를 동원하는 교육 환경에서 이루어지는 학습 공동체를 의미합니다. 이러한 학습 공동체는 학교 교육에 대한 대안으로서 효용성이 크고, 가상 공간을 이용한 평생 학습망을 구축하여, 원하는 사람은 누구나 자신의 개인적인 학습 목적에 따라 주도적으로 공동체를 구성하고 참여하여 원하는 지식을 습득하게 함으로써, 지식과 흥미의 결합으로 평생 교육을 성취하게끔 하는 학습 공동체라 할 수 있습니다. 이러한 평생 학습 공동체를 통하여 개인은 현대 사회에서 자신에게 특별히 요구되는 핵심적인 능력을 습득할 수가 있으며, 이를 향상하고, 실행하며, 통합하는 데 있어 교육적인 지원을 받을 수 있습니다.

넷째, 평생 교육 시스템의 구축이 가능하다는 것을 확인하였습니다.

오늘 심포지엄에서 제안된 많은 내용들은 현실적으로 실행이 가능하다는 것입니다. 우선 기초 교육의 개선을 위한 제언들 중에서 교사의 권위를 회복시키는 일에서는, 중요한 교육 행정 및 정책에 교사가 참여할 수 있는 기회를 보장하는 제도적 개선이 요청됩니다. 또한 기초 교육을 개선하는 작업에는 대부분 추가적인 교육 재정이 필요합니다. 그러나 교육 재원의 확보는 사회적 지지가 없으면 불가능합니다. 이에 대하여 이번 심포지엄은 사회적 지지를 얻기 위한 방법으로 학교 및 교육을 사회에 공개하는 작업이 필요하다고 주장합니다. 이러한 작업은 돈이 드는 것도 아니요, 시설이 필요한 것도 아니며, 단지 정보를 공개하는 용기와 절차상의 지혜만 필요한 것입니다.

전문 직업 교육과 고등 교육, 그리고 성인 교육에서 제시한 많은 정책적 제안들은 대체로 학력 인정의 기회를 부여하고, 다양한 평생 교육 기관을 운영하며, 전담 기구를 운영하고, 학습 지원 제도를 갖추어야 한다는 것으로 요약되는데 이러한 내용들은 최근에 제정된 〈평생 교육법〉에서 입법 취지에 제시되어 있으며, 사회 교육법에서 구체적으로 이의 지원을 약속하고 있습니다. 따라서 우리나라의 경우는 평생 교육 시스템의 구축을 지원하기 위한 기본적인 법적 정비를 성취한 경우입니다. 이제 우리에게 필요한 것은 평생 교육법과 사회 교육법의 정신을 실현하려는 교육계를 비롯한 사회 각 분야의 의지라고 할 수 있습니다.

그러한 점에서 오늘의 심포지엄은 혼돈과 허무주의로 이해되기 쉬운 새 천년의 시대에 우리 모두에게 희망을 주는 비전으로서 평생 교육 시스템의 구축을 제시하고 그 중요성을 확인하는 성과를 거둔 심포지엄이며, 개인의 발전과 국가의 발전 그리고 세계의 발전과 평생 교육 시스템이 어떤 관계를 갖는지를 우리 모두가 깨닫게 하는 심포지엄이라고 할 수 있습니다.

평생 교육 어떻게 할 것인가

1판 1쇄 찍음   2000년 11월 13일
1판 1쇄 펴냄   2000년 11월 17일

지은이 이규호·임길진·강상진 외
펴낸이 박맹호
펴낸곳 (주)민음사

출판등록 1966년 5월 19일(제16-490호)
서울시 강남구 신사동 506 강남출판문화센터 5층 (135-120)
대표전화 515-2000 팩시밀리 515-2007
www.minumsa.com

ISBN 89-374-2466-5 03370